Multimediale interaktive Lernsysteme
für Auszubildende

D1669323

Angewandte Sprachwissenschaft

Herausgegeben von Rudolf Hoberg

Band 1

PETER LANG

Frankfurt am Main · Berlin · Bern · New York · Paris · Wien

Karl-Heinz Jahn

Multimediale interaktive Lernsysteme für Auszubildende

Eine Untersuchung zur Erschließung von Fachtexten

PETER LANG

Europäischer Verlag der Wissenschaften

Die Deutsche Bibliothek - CIP-Einheitsaufnahme

Jahn, Karl-Heinz:

Multimediale interaktive Lernsysteme für Auszubildende : eine
Untersuchung zur Erschließung von Fachtexten / Karl-Heinz
Jahn. - Frankfurt am Main ; Berlin ; Bern ; New York ; Paris ;
Wien : Lang, 1998
   (Angewandte Sprachwissenschaft ; Bd. 1)
   Zugl.: Darmstadt, Techn. Univ., Diss., 1998
   ISBN 3-631-33484-2

Gedruckt auf alterungsbeständigem,
säurefreiem Papier.

D 17
ISSN 1435-4365
ISBN 3-631-33484-2

© Peter Lang GmbH
Europäischer Verlag der Wissenschaften
Frankfurt am Main 1998
Alle Rechte vorbehalten.

Das Werk einschließlich aller seiner Teile ist urheberrechtlich
geschützt. Jede Verwertung außerhalb der engen Grenzen des
Urheberrechtsgesetzes ist ohne Zustimmung des Verlages
unzulässig und strafbar. Das gilt insbesondere für
Vervielfältigungen, Übersetzungen, Mikroverfilmungen und die
Einspeicherung und Verarbeitung in elektronischen Systemen.

Printed in Germany 1 2 3 4 5 6 7

Inhaltsverzeichnis

Vorbemerkung

Diese Arbeit entstand im Rahmen der wissenschaftlichen Begleitung des Modellversuchs „Entwicklung einer Textbank zum fachsprachlichen Unterricht für ausländische Jugendliche an beruflichen Schulen" (TEFAS) an der Technischen Universität Darmstadt.

Projekte dieser Art ermöglichen eine seltene Arbeitskonstellation: Lehrer, also gestandene Praktiker, verlassen für einen kurzen Zeitraum die Schule und versuchen, mit den Wissenschaftlern der Universität Probleme zu lösen, die im beruflichen Alltag oft übergangen werden.

Das Problem *sprachliche Schwierigkeiten von ausländischen Jugendlichen* stand zu Beginn im Zentrum dieses Projektes. Es zeigte sich aber im Verlauf der Arbeit, daß deutschsprachige Jugendliche mit der Fachsprache ihres Berufes ähnliche Konflikte erleben wie die Ausländer und daß die Entwicklung der sprachlichen Fähigkeiten ein Anliegen beruflicher Bildung sein muß, weil erst auf diesem Weg berufliche Handlungsfähigkeit, die über den engen konkreten Arbeitsplatz hinausgeht, erreicht werden kann.

Das Lernen mit Multimediaprogrammen ist noch so neu, daß bislang kaum gesicherte Daten über die Nutzung vorliegen.

In der dualen Berufsausbildung sind neue Konzepte des Unterrichts als Antwort auf den Wandel industrieller Produktion zu verstehen.

An das Berufsbildungssystem, insbesondere an die berufliche Erstausbildung im dualen System, werden derzeit in verstärktem Maße Forderungen zur Flexibilisierung der Unterrichtsorganisation und zur Effizienzsteigerung beruflichen Lernens herangetragen.

Ohne einen Modellversuch dieser Art hätten die Fragestellungen nicht in dieser Weise entwickelt, an Schulen erforscht und in der Theorie reflektiert werden können. Weitere Modellversuche müßten nun die Konsequenzen für die Lehrerausbildung und die Curriculumentwicklung ermöglichen.

In dem Modellversuch haben viele mitgewirkt, ohne deren Hilfe auch diese Arbeit nicht hätte entstehen können.

An erster Stelle möchte ich meinen Betreuern, Herrn Prof. Dr. R. Hoberg und Herrn Prof. Dr. F. Hebel, für ihre weitreichende Unterstützung danken. Beiden gebührt Dank vor allem für das Interesse, mit dem sie die Entwicklung der multimedialen Module verfolgt und durch viele Beiträge bereichert haben. Die langjährige Zusammenarbeit – auch an anderen Projekten – hat sich auch in der Breite der wissenschaftlichen Fragestellung dieser Arbeit niedergeschlagen.

Wichtige Anregungen und Ermutigungen gingen auch von Frau Prof. Dr. Evelies Mayer und Herrn Prof. Dr. Leslie Siegrist aus, die diese Arbeit in der Endphase durch konstruktive Ideen weiterbrachten.

Meinen Kollegen Martin Brechtel, Klaus Halama, Günter Kroupa, Heiko Herr-mann, Claus Müller und Rolf Schellhaas – Berufsschullehrer an drei hessischen Berufsschulen – danke ich vor allem für die Nachsicht, die sie der Wissenschaft entgegengebracht haben, und für die vielen Gespräche, in denen linguistische Theorie mit pädagogischer Praxis konfrontiert wurde.
Peggy und Axel Scheer sowie Livia Maisch möchte ich dafür danken, daß sie bei der Literaturrecherche und der Manuskripterstellung geholfen haben, und Tho-mas Knoth dafür, daß er die Computerisierung der Materialien realisiert hat.

Darmstadt, April 1998

1 Einleitung

1.1 Ausgangslage

Die duale berufliche Ausbildung gerät zunehmend unter Rechtfertigungsdruck; die Wirksamkeit insbesondere des schulischen Teils der Ausbildung – Theorie- und Fachkunde sowie der allgemeinkundliche Unterricht – wird angezweifelt. In dieser Situation ist es notwendig, die wichtige Rolle des berufsbildenden Unterrichts, den nur die Schule vermitteln kann, herauszuheben.

Die Sprachstandsanalyse an beruflichen Schulen, der Kern dieser Arbeit, zeigt, daß Auszubildende mit unterschiedlichen schulischen Abschlüssen die besonderen sprachlichen Anforderungen der Berufsausbildung kaum bewältigen können. Auch der Einsatz multimedialer Lernsysteme schafft hier nicht die geforderte Effizienz.

Ein Ziel dieser Arbeit ist der Nachweis, daß Berufsausbildung ohne Sprachunterricht nicht wirksam werden kann. Daraus folgt die Entwicklung sprachdidaktisch begründeter Unterrichtsperspektiven, die die Möglichkeiten der multimedialen Lernsysteme nutzen. Wie essentiell der Sprachunterricht ist, zeigt sich daran, daß berufliche Kommunikation an Fachsprache gebunden ist, und daß Defizite in der sprachlichen Kompetenz auch die berufliche Kompetenz treffen.

In dieser Arbeit soll herausgestellt werden, wie multimediale Lernsysteme gestaltet werden müssen, damit berufliches und sprachliches Lernen gelingen kann. Ausgangspunkt sind Überlegungen zur besonderen Lage der zweitsprachigen Jugendlichen, deren Bedürfnis nach Sprachunterricht offenkundig ist. Die Vertiefung der sprachtheoretischen Reflexion zeigt aber, weshalb auch die erstsprachigen Auszubildenden wenig Fähigkeiten im Umgang mit der Fachspache ihres Berufsfeldes haben.

Die Entwicklung der Schülerzahlen zeigt, daß ein hoher, stetig wachsender Anteil von Auszubildenden mit geringen Deutschkenntnissen die beruflichen Schulen besucht (vgl. Berufsbildungsbericht 1996, S. 49–51). Gründe für diese Tendenz sind hauptsächlich die Wanderbewegungen von Spätaussiedlern, Asylsuchenden und Arbeitsmigranten. Einen weiteren Zuwachs zweitsprachiger Auszubildender wird die Freizügigkeit in der EU bringen.

Viele dieser Auszubildenden haben Schwierigkeiten, eine Berufsausbildung aufzunehmen, durchzuführen oder zu beenden, weil mangelhafte Deutschkenntnisse und das fehlende Verständnis für den Umgang mit der Fachsprache das Erreichen der Ausbildungsanforderungen erschweren (vgl. Beer-Kern 1992). Die Sprachbarrieren wirken als Handlungsbarrieren, die vorhandene praktische Fähigkeiten blockieren.

Hohe Chancen sind für eine Berufsausbildung und Berufstätigkeit von zweitsprachigen Auszubildenden aber gegeben, weil wegen zurückgehender Jahrgangsstärken deutschsprachiger Auszubildender ein Mangel in verschiedenen Berufsbereichen herrscht (vgl. Berufsbildungsbericht 1996).

Der Spracherwerb nimmt im Rahmen der Berufsausbildung für die zweitsprachigen Auszubildenden eine vorrangige Rolle ein, weil hier auch die Fähigkeiten zur sprachlichen Bewältigung berufsfachlicher Anforderungen entwickelt und gefestigt werden (vgl. Abschnitte 3 und 4 dieser Arbeit). Der fachsprachliche Unterricht muß eine Verbindung von sprachlichen und beruflichen Fähigkeiten herstellen (vgl. Fluck 1992).

1.2 Bestimmung der Zielgruppe des fachsprachlich orientierten Unterrichts für zweitsprachige Auszubildende

Die sozialen Daten der zweitsprachigen Auszubildenden können folgendermaßen beschrieben werden: Kenntnisse der deutschen Sprache und Erfahrungen mit berufsorientiertem Lernen sind in Grundzügen vorhanden, Qualifikationen für einen Beruf werden auf unterschiedlichen Ebenen, z.b. nach dem Durchlaufen des Berufsvorbereitungs- oder des Berufsgrundbildungsjahres, eingebracht. Der Erwerb von fachsprachlichen Kenntnissen ist eine Ergänzung und Vertiefung des an den Berufsschulen (und in den Betrieben) stattfindenden beruflichen Lernens (vgl. Abschnitte 3 und 4). Die Lernenden sind auf verschiedene Berufsfelder orientiert, sie unterscheiden sich in ihren Vorkenntnissen und Fertigkeiten, sie entstammen verschiedenen Kulturen und haben einen unterschiedlichen Zugang zur deutschen Sprache und zu Fachsprachen (vgl. Berufsbildungsbericht 1996, S. 50).

Die zweitsprachigen Auszubildenden an beruflichen Schulen sind keine homogene Lerngruppe. Schwerpunkte bilden traditionelle Gruppen von zweitsprachigen Arbeitnehmern (Türken, Italiener, Griechen), Spätaussiedler (aus Polen und Rußland) und Asylbewerber, einheitliche Lernvoraussetzungen sind nicht anzutreffen. Nicht nur die Kenntnis der deutschen Sprache, sondern auch die sprachlichen Fähigkeiten in der Muttersprache als Voraussetzung des Zweitsprachenunterrichts sind unterschiedlich ausgebildet (vgl. Oksaar 1983, Buhlmann/Fearns 1987, Felke-Sargut et al. 1989). Auf diese Bedingungen müssen das Textangebot und die Gestaltung der Arbeitsformen von Lernmaterialien abgestimmt werden.

1.3 Absichten der wissenschaftlichen Auseinandersetzung mit der Fachsprache in der Berufsausbildung

Diese Arbeit entstand im Rahmen des Modellversuchs TEFAS. Der Modellversuch wird an der Technischen Universität Darmstadt am Institut für Sprach- und Literaturwissenschaft und an drei hessischen Berufsschulen durchgeführt; hier bestehen langjährige Erfahrungen mit der Arbeit an Modellversuchen. Von 1979 bis 1981 fand der Modellversuch "Deutschunterricht an beruflichen Schulen (Hochschul-Curriculum)" unter der Leitung von Prof. Dr. Franz Hebel und Prof. Dr. Rudolf Hoberg statt, dessen Ergebnisse in Hebel/Hoberg (1985) beschrieben werden. In diesem Modellversuch wurden Perspektiven für die Ausbildung von Deutschlehrerinnen und -lehrern an beruflichen Schulen entwickelt.

1987 bis 1991 wurde der Modellversuch GOLEM am Institut unter der Leitung von Prof. Dr. Franz Hebel und der Mitarbeit von Oberstudienrat Karl-Heinz Jahn M.A. durchgeführt, dessen Ergebnisse in Hebel/Jahn (1991) veröffentlicht wurden.

In diesem Modellversuch wurden ein reichhaltiges Materialangebot für den Unterricht an Schulen und ein Kommentar des Materials für Lehrerinnen und Lehrer in Form von curricularen Bausteinen für den Unterricht erarbeitet.

Der Modellversuch TEFAS hat zum Ziel, Materialien zu sammeln und zu bearbeiten, die es ermöglichen sollen, den Lehrerinnen und Lehrern an Berufsschulen differenziertes Unterrichtsmaterial für den fachsprachlichen Teil des Unterrichts an beruflichen Schulen zur Verfügung zu stellen. In Abb. 1 wird der organisatorische Zusammenhang des Modellversuchs gezeigt.

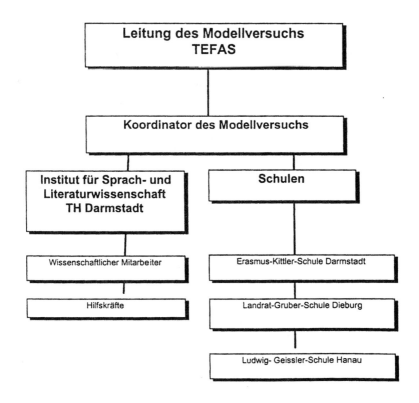

Abb. 1: Organisationsstruktur

13

Die Aufgabe des Verfassers dieser Arbeit besteht neben der Organisation des Modellversuchs und der Abstimmung der Arbeit der beteiligten Schulen und des Instituts darin, ein didaktisches und methodisches Konzept für ein Lernprogramm zur Erschließung von Fachtexten für die besonderen Belange zweisprachiger Auszubildender zu entwickeln.

Die Recherche der relevanten Literatur und die Planung der Sprachstandsanalyse, deren Durchführung an den beteiligten Schulen und die Auswertung wurden vom Bearbeiter dieser Arbeit selbständig durchgeführt.

Die Anregung zur vorliegenden wissenschaftlichen Arbeit, die die Vorgehensweise des Modellversuchs unterstützt, geht vor allem davon aus, daß es bislang keine Aussagen darüber gibt, wie Fachtexte von Auszubildenden verstanden werden und welche Prozesse der Dekodierung durchlaufen werden.

Über Prozesse dieser Art soll die im Rahmen dieser Arbeit konzipierte und analysierte Sprachstandsanalyse Auskunft geben. Erst die Ergebnisse dieser Analyse werden es ermöglichen, Textmaterialien didaktisch und methodisch so zu bearbeiten, daß integriertes sprachliches und beruflich-fachliches Lernen möglich wird.

Das angebotene Material soll die Versprachlichung und Verschriftlichung des beruflichen Lernens unterstützen und damit den Weg zur fachlichen Kommunikation erleichtern. Ein Schwerpunkt liegt dabei in der Aufnahme und Produktion von Texten, wie sie in Lehrbüchern, Berichtsheften und Prüfungen vorkommen, ein weiterer in der Erarbeitung von Grundlagen für eine selbständige fachliche Information.

Ursprünglich war geplant, den Lehrerinnen und Lehrern die bearbeiteten Materialien als Textbank zur Verfügung zu stellen. Die in den letzten Jahren sprunghaft verbesserten Möglichkeiten, mit Hilfe einer überschaubaren technischen Ausstattung computergestützte Medien für den Unterricht herzustellen, haben zu einer Änderung der Vorgehensweise geführt. Bei der im Rahmen der vorliegenden Arbeit durchgeführten Evaluation interaktiver Aufgabenstellungen (Abschnitt 7.2) konnte gerade bei zweisprachigen Auszubildenden Zustimmung und gesteigerter Lernerfolg ermittelt werden.

Weil die Beschäftigung mit der Sprache fachlicher Texte den Auszubildenden fremd ist und zum Teil vorausgegangener Unterricht darüber eine Abwehrhaltung erzeugt hat, sollen in dem Fachsprachen-Lernprogramm, das am Ende des Modellversuchs zur Verfügung steht, Fachtexte in alltägliche und berufliche Situationen eingebunden werden. Die Beschäftigung mit Sprache soll zur Lösung fachlicher Aufgaben genutzt werden.

Das fachsprachendidaktische Vorgehen hat zum Ziel, daß die Ursache der Verständnisschwierigkeiten der Auszubildenden bei fachsprachlichen Texten in der Abweichung der Fachsprache von der Gemeinsprache gesehen wird. Im Lernprogramm werden Strategien zu Überwindung der Verständnisschwierigkeiten entwickelt.

In dem laufenden Modellversuch konzentrieren sich die Bemühungen bei der Materialauswahl auf das **Berufsfeld Metall**, damit über die Textauswahl, die didaktische und methodische Bearbeitung und die Unterrichtserprobung exemplarisch die Einsatzbereiche und Entwicklungsmöglichkeiten der Textbank gezeigt werden können. Das Berufsfeld Metall erscheint deshalb als geeignet, weil die meisten zweisprachigen

Schulabgänger hier eine Ausbildung anstreben (vgl. Berufsbildungsbericht 1996, S. 49, 50).

Für den Untersuchungsansatz ist vor allem die Fachsprache, wie sie in Lernmedien und in den Prüfungen benutzt wird, relevant, weil von ihrer Beherrschung der Erfolg der Auszubildenden in der schriftlichen theoretischen Prüfung abhängt.

Die Art des Umgangs der erst- und zweitsprachigen Auszubildenden mit der Fachsprache soll in einer Sprachstandsanalyse erhoben werden. Hier sollen die fachsprachlichen Defizite der Auszubildenden festgestellt und ihre Ursachen analysiert werden.

Um einen Überblick über den Rahmen des Deutschunterrichts an beruflichen Schulen zu schaffen, wird zu Beginn der Arbeit der Stand der für die Thematik relevanten Diskussion in der Berufspädagogik und der Didaktik des Deutschunterrichts an berufsbildenden Schulen dargestellt. Der Bezug zur Didaktik der Fachsprachen wird hergestellt und mit Berichten von Konzepten zum Unterricht erweitert. Danach wird die spezifische Situation von Auszubildenden an beruflichen Schulen, die Deutsch nicht als Muttersprache sprechen, beschrieben. Die sich aus dieser Beschreibung ergebenden Forderungen werden in das Konzept mit eingearbeitet.

Um zu einer Konzeption für den Fachsprachenunterricht an berufsbildenden Schulen zu kommen, werden im nächsten Untersuchungsschritt die Merkmale der Fachsprache des Berufsfeldes Metall im Ausbildungszusammenhang anhand der ausgewählten Unterrichtstexte erfaßt. Das Berufsfeld Metall bietet ein geeignetes Beispiel für die Ermittlung fachsprachlicher Probleme zweitsprachiger Auszubildender, weil eine Berufsausbildung zum Kraftfahrzeugmechaniker oder Industriemechaniker zu den meist gewünschten Zielen der männlichen Angehörigen dieser Gruppe zählt.

Schließlich wird in der Durchführung der Sprachstandsanalyse geklärt, wie Auszubildende mit der Fachsprache ihres Berufsfeldes umgehen und wie sich die Leistungen von erst- und zweitsprachigen Auszubildenden unterscheiden.

Der theoretische Rahmen für die Fachsprachendidaktik, wie er in der Literatur repräsentiert ist (vgl. Buhlmann/Fearns), ist hauptsächlich an den Bedürfnissen des Fremdsprachenunterrichts orientiert, der sich an Lerner auf ganz unterschiedlichem Anforderungsniveau wendet.

Die Ziele des Fremdsprachenunterrichts Deutsch (DaF) sind an Zertifikate geknüpft; die Situation des Zweitsprachenunterrichts (DaZ) unterscheidet sich, wie die Erfahrungsberichte aus Modellversuchen zeigen (vgl. Abschnitt 4 und Barkowski 1995 und 1993), hiervon erheblich.

Im Zusammenhang dieser Arbeit müssen folgende Fragen geklärt werden:

1. Welche Merkmale haben Fachtexte für die Berufsausbildung der Teilzeitberufsschule?
2. Worin liegen die Unterschiede im Umgang mit der Fachsprache bei erst- und zweitsprachigen Auszubildenden?
3. Wie können die Defizite zweitsprachiger Auszubildender in der schriftsprachlichen beruflichen Kommunikation ausgeglichen werden?
4. Wie kann die Vermittlung der Fachsprachen bei erst- und bei zweitsprachigen Auszubildenden zuerst ähnliche Wege gehen, dann aber die spezifischen Unterschiede berücksichtigen?

Anstoß zu den Vorarbeiten für den Modellversuch TEFAS geben die in den 80er Jahren in Modellversuchen entwickelten und dokumentierten verschiedenen Konzepte zur Fachsprachenvermittlung an beruflichen Schulen. Lehrbücher, ein Lern-Karteisystem, eine Handreichung, die nach dem Kartenprinzip organisiert ist, und ein Videofilm stehen den Lehrern an beruflichen Schulen als Ergebnis zur Verfügung, in diesen Materialien wird die Verbindung von beruflichem und sprachlichem Lernen verwirklicht (vgl. Abschnitt 3.6).

Diesem Material ist gemeinsam, daß die Auszubildenden die Fachwörter ihres Berufsfeldes in Verwendungszusammenhängen lernen, Übungen zur Morphologie und Syntax durcharbeiten und die Gliederung von Fachtexten kennenlernen. Die meisten Materialien sind so konzipiert, daß die berufliche oder schulische Situation, in der die Texte verwendet werden, thematisiert wird.

Bei der Sichtung von erst kürzlich entwickelten computergestützten Lernprogrammen (Lektor CNC) zu beruflichen Inhalten stellt sich heraus, daß hier die Lernkonzeptionen, die sich auf die zweisprachigen Auszubildenden beziehen, nicht berücksichtigt werden. Das liegt daran, daß Materialien, die auf dem Papier vorhanden sind, nicht einfach auf das Medium Computer übertragbar sind; dies ist weniger ein technisches als ein konzeptionelles Problem. Der unterrichtliche Umgang mit dem Computer fordert ein eigenes sprachdidaktisches und -methodisches Konzept, das die Stärken (im multimedialen Bereich, in der Hypertextbildung und in der Vernetzung der Inhalte) und die Schwächen (in der „ja-nein" oder „richtig-falsch"-Struktur, die Lernen und Üben dominiert) des Systems berücksichtigt.

Die in den 80er Jahren entwickelten Konzepte zum fachsprachlichen Fremdsprachenunterricht berufen sich ebenso wie die Projekte für Deutsch als Zweitsprache explizit auf die linguistische Forschung, insbesondere auf die Text- und Fachtextlinguistik. Die Sprachhandlungstheorie, die pragmatische Wende in der Linguistik, und die kognitive Linguistik sind hier noch wenig beachtet. Beide Forschungsrichtungen können aber große Bedeutung für die Fachsprachendidaktik haben, weil sie helfen können, die in der Schule übliche Fixierung auf den materiell vorliegenden Schrifttext mit der isolierten Analyse der Wort-, Satz- und Textgliederungsebene zu durchbrechen. Die Ausweitung der Unterrichtsperspektive auf den Zweck und die Funktion der Kommunikation, die Intention der Texte und die darin enthaltenen Illokutionen kann den Bedürfnissen der Auszubildenden, die Deutsch nicht als Muttersprache haben, besser entsprechen. Der explizite Einbezug der geistigen Arbeit des Rezipienten bei der Rekonstruktion des Textes in die Texttheorie schafft eine Grundlage zur theoretischen Beschreibung der Leistungen, die Lehr- und Lernmaterialien ermöglichen müssen, damit berufliche Kommunikation glücken kann.

Die Bedingungen der modernen Industriegesellschaft führen dazu, daß das traditionelle Konzept der Berufsausbildung, die Grundausbildung in jungen Jahren führe zur lebenslang ausreichenden Qualifikation für einen Beruf, heute nicht mehr gelten kann. An der Spitze der Schlüsselqualifikationen und der Kompetenzen, die im modernen Berufszusammenhang gefordert werden, steht die Fähigkeit zur fachlichen Kommunikation am Arbeitsplatz und zum lebenslangen Lernen.

Auszubildende haben im Theorieunterricht der beruflichen Schulen signifikante Schwierigkeiten beim Umgang mit Fachtexten. Diese Schwierigkeiten beruhen auf der einen Seite in mangelnden Fähigkeiten bezogen auf die Sprache als System. Das bezieht sich auf die Wort- und Satzebene. Die Probleme scheinen aber tiefer zu liegen, denn die intensive Schulung sprachlicher Mittel bringt oft nicht die gewünschten Fertigkeiten, wie sie auch im Test- und Prüfungszusammenhang der Ausbildung benötigt werden. Offensichtlich sind noch andere Faktoren von Bedeutung, wenn es um die Entschlüsselung fachlicher Inhalte von Texten geht, die zum selbständigen Handeln innerhalb fachlicher Kommunikation notwendig sind.

Die Beschäftigung mit der Berufssprache ist den Ausbildern im Betrieb und den Fachlehrern in der Schule oft fremd. Der Blick auf Funktion und Leistung der Sprache, wie sie im Ausbildungszusammenhang in Form von Gesprächen und geschriebenen Texten verwendet wird, kommt aber gerade durch die vermehrte Ausbildung von zweisprachigen Auszubildenden zu Tage.

Als Ergebnis dieser Arbeit wird herausgestellt, wo die spezifischen sprachlichen Schwierigkeiten – auf grammatischer, kommunikativer und kognitiver Ebene – erst- und zweisprachiger Auszubildender beim Umgang mit der Fachsprache ihres Berufsfeldes liegen und wie diesen bei der Konzeption von Lehr- und Lernmaterialien begegnet werden kann.

2 Berufliche Qualifikation und Deutschunterricht

2.1 Deutschunterricht in der beruflichen Ausbildung

Der Stand der Diskussion des Deutschunterrichts an berufsbildenden Schulen wird vor allem in den Beiträgen auf den „Fachtagungen Deutsch" der Hochschultage Berufliche Bildung, die zweijährlich stattfinden, repräsentiert (Hg. Hebel 1989, Grundmann 1991, 1993, 1995). Einen tieferen Zusammenhang bieten Hebel (1983) und Hebel/Hoberg (1985).

Der Fachunterricht in der Berufsschule dient der beruflichen Qualifikation der Auszubildenden. Die Rahmenpläne, nach denen der Unterricht erteilt wird, orientieren sich an Berufsbildern. Diese Berufsbilder legen die Fertigkeiten und Kenntnisse fest, die in der Ausbildungszeit zu vermitteln sind.

Die Trennung der Stundentafel an berufsbildenden Schulen in fachliche und allgemeinbildende Fächer weist auf ein Dilemma hin, das die Didaktik dieser Schulform begleitet: Die Konkurrenz von allgemeiner und beruflicher Bildung. Der Deutschunterricht an berufsbildenden Schulen ist ein Teil des allgemeinbildenden Angebots für die Auszubildenden, das mit einer Wochenstunde unterrichtet werden soll. Eine inhaltliche Beschreibung der Entwicklung des Faches bietet Ludwigsen (1981), der die Rolle des Faches von den Anfängen bis in die berufspädagogische Diskussion der Gegenwart verfolgt und dabei feststellt, daß der Deutschunterricht an beruflichen Schulen von den Anfängen bis in die Gegenwart hauptsächlich von pragmatischen Inhalten bestimmt ist und daß er, „wie kaum ein anderes Fach im Spannungsfeld von beruflichen und allgemeinen Bildungsansprüchen zwischen den gegensätzlichen Interessen hin- und hergerissen wurde." (Ludwigsen 1981, S. 8)

Die Anfänge der Berufsschule weisen keinen Ansatz zu einem berufsbezogenen Deutschunterricht auf. Der Lehrkörper und die Unterrichtsinhalte sind nicht der spezifischen Lage von Berufstätigen angepaßt, sie stellen die Verlängerung des Elementar- und Volksschulunterrichts dar. Erst die Fortbildungsschule, gegründet am Ende des 19. Jahrhunderts, für die eine zweijährige Schulpflicht für Handwerkslehrlinge bestand, erfüllt einen engen Ausbildungszweck. Im preußischen Verwaltungsbericht 1909 erscheint die untergeordnete Rolle des Deutschunterrichts in dieser Schulform:
„Erziehung zum klaren, sachlichen Gedankenausdruck durch beständige mündliche und schriftliche Übung an Stoffen aus dem privaten, gewerblichen und öffentlichen Leben ..." (Ludwigsen 1981, S. 53)

Die Unterrichtsinhalte des Deutschunterrichts in der Fortbildungsschule lassen sich aus der Zusammenstellung des obligatorischen Lesebuchs von Heimcke ablesen: „Von den 160 vorgeschriebenen Lesestücken entfallen 85 auf wirtschaftskundliche, wirtschaftsgeografische, wirtschaftsgeschichtliche, berufs- und warenkundliche Themen. Die Auswahl folgt konsequent den „Vorschriften" von 1897, daß „poetische Stücke (...) nur in beschränkter Zahl zu behandeln" sind. Lediglich acht Texte aus dem Bereich der Lyrik lassen sich der ästhetischen Literatur zuordnen." (Ludwigsen 1981, S. 55).

Ebenso wie der Leseunterricht unterliegt auch der Schreibunterricht in der Folge der

Entwicklung den engen, funktionalen Anforderungen des Berufs. Es werden Formen des Geschäftsbriefs und der Amtskorrespondenz sowie der sachlich klare Ausdruck geübt. Themen des Schreibunterrichts sind hauptsächlich Berichte und Sachdarstellungen. Ein so geplanter Deutschunterricht an Berufsschulen bleibt auf einer funktionalen Ebene und zielt nur auf eng beruflich bedingte Schreibanlässe.

Ludwigsen stellt dar, daß eine verschärfte Polarisierung der Diskussion auf allgemeine und berufliche Bildung das Berufsschulkonzept als eine an strenger Nützlichkeit orientierte Vorstellung darstellt.

„Die Epigonen Kerschensteiners, der den allgemeinbildenden Fächern im Kanon der Bildungsgüter immerhin einen, wenn auch untergeordneten, Platz eingeräumt hatte, radikalisierten seinen Denkansatz und verfälschten damit seine pädagogischen Absichten in verhängnisvoller Weise: In einer Art Trotzreaktion auf den Allgemeinvertretungsanspruch der allgemeinbildenden Schulen auf Bildung beschränkten sich die Vertreter des Berufsbildungsgedankens auf die reine Fachbildung und schlossen allgemeinbildende Stoffe soweit wie möglich aus dem Fächerkanon der beruflichen Schulen aus. An die Stelle des humanistischen Bildungsideals trat das technische." (Ludwigsen 1981, S. 72)

Während der Literatur- und Sprachunterricht an den Gymnasien weiter eine wichtige Rolle im Rahmen der Menschenbildung spielt, wird er im berufsbildenden Bereich immer mehr verdrängt. An den Schulen wird er nach Ludwigsen (1981) zu einer Art Schichtindikator: Die durch fehlenden Literatur- und Sprachunterricht verursachte Zweiteilung des öffentlichen Schulwesens spaltet die deutsche Nation am Maßstab der Kenntnis von Literatur und Beherrschung der Hochsprache (auch im Sinne von Fachsprachen) in Gebildete und Ungebildete. Diese Trennungsgrenze deckt sich lange Zeit mit den Schichtgrenzen, die auch wegen der sonst fehlenden Allgemeinbildung selten überschritten werden konnten.

„Nicht zuletzt wegen des fehlenden Bildungsgutes Literatur und Sprache wurde Chancengerechtigkeit verhindert und die Arbeit der Berufsschule als Unterschichtenpädagogik diffamiert." (Ludwigsen 1981, S. 77)

In den 70er und 80er Jahren wurden neue Konzeptionen für den Deutschunterricht an berufsbildenden Schulen vor allem von Hebel, Hoberg und Grundmann vorgelegt. Im Rahmen des Modellversuchs „Deutschunterricht an beruflichen Schulen" (1985) wurde von Hebel/Hoberg die besondere Rolle des Deutschunterrichts im Ausbildungszusammenhang herausgestellt.

Hebel/Hoberg beziehen sich auf die Diskussion um die Qualifikation (Hebel/Hoberg 1985, S. 23 ff.) und berufen sich auf einen Beitrag von Offe (1970). Der Wandel der kontinuierlichen Aufgabenstruktur im Handwerk zur diskontinuierlichen Aufgabenstruktur in der Industrie ist Grundlage der Veränderungen der Qualifikationsanforderungen an Auszubildende. Die diskontinuierlichen Aufgabenstrukturen der Industrie sind Folge der Spezialisierung, sie bedingen, daß die strenge Wissens- und Handlungshierarchie, wie sie im Handwerk existiert, durchbrochen und dem einzelnen ein neuer Handlungsrahmen zugewiesen wird.

Es werden innere Regulative funktional erforderlich; weil Kontrollen abnehmen, muß der präventive Handlungsspielraum sensibel ausgenutzt werden.

In der Diskussion um die „Schlüsselqualifikationen im Deutschunterricht" (Grundmann 1991) weist Hebel auf den Zusammenhang der Forderungen des Arbeitsmarktes, des Wirtschaftssystems einerseits und des Bildungssystems andererseits hin.

„...'Schlüsselqualifikationen' sind Fähigkeiten und Fertigkeiten, die als Qualifikationspotentiale entsprechend den Qualifikationsanforderungen in der Produktion von Gütern und Dienstleistungen angeboten bzw. nachgefragt werden. Für beides, Nachfrage und Angebot, gilt, daß sie von den Zielen der Güter- und Dienstleistungsproduktion abhängig sind." (Hebel 1991, S. 29)

Die Ausbildung in Industrie und Handwerk, die diesen Vorstellungen folgt, vernachlässigt über der Förderung – für den betrieblichen Ablauf – funktionaler Fähigkeiten die innovatorischen Qualifikationen (vgl. Fricke 1979, S. 80):

– Berufsbezogene Qualifikationen, die technologische Entwicklungen antizipieren,
– die Kooperationsfähigkeit, die auf der Basis gemeinsam erarbeiteter Ziele beruht,
– die Kommunikationsfähigkeit, die die Artikulation der eigenen Bedürfnisse und Interessen voraussetzt,
– die Solidarisierungsfähigkeit, die die Vertretung kollektiver Interessen ermöglicht.

Die Diskussion um Kompetenzen und Schlüsselqualifikationen in der beruflichen Ausbildung wird im Abschnitt 3.2 ausführlicher geführt. Für den Rahmen des Deutschunterrichts an berufsbildenden Schulen gilt Hebels Einschätzung, die er mit Schmidt (1988, S. 177) entwickelt:

„Es sollen Qualifikationen erreichbar sein, die 'bildend' sind; der Zusammenhang der einzelnen 'Qualifikations- und Bildungskomponenten' könnte so dargestellt werden:" (vgl. Hebel 1991, S. 30).

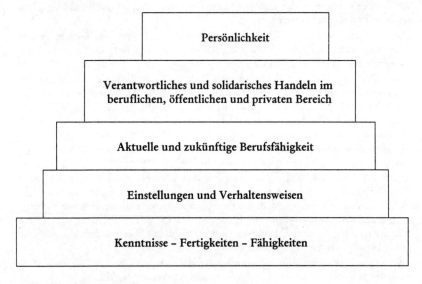

Persönlichkeit

Verantwortliches und solidarisches Handeln im beruflichen, öffentlichen und privaten Bereich

Aktuelle und zukünftige Berufsfähigkeit

Einstellungen und Verhaltensweisen

Kenntnisse – Fertigkeiten – Fähigkeiten

Abb. 2: Qualifikationsziele

2.2 Schlüsselqualifikationen und Wandel der industriellen Produktion

Die didaktischen Überlegungen in der gegenwärtigen Diskussion der Berufspädagogik, wie sie in den Beiträgen zum Symposion „Schlüsselqualifikationen – Fachwissen in der Krise?" (1993) deutlich werden, gehen vom Bild des selbständigen, kritischen, lernfähigen, demokratischen Bürgers aus, der im Betrieb seine berufliche Rolle als kompetenter Fachmann und sozialer Interaktionspartner wahrnehmen kann. Die Fähigkeiten, die zur Erreichung dieser Rolle notwendig sind, bezeichnet Reetz (1994) als Schlüsselqualifikationen. Reetz leitet sie aus der Diskussion um die Qualifikationen ab:

2.2.1 Qualifikationen

Qualifikationen spielen in drei theoretischen Zusammenhängen eine Rolle:
Erstens
– in der Arbeitsmarkt- und Berufsforschung, dort bildet Qualifikation gewissermaßen ein Bündel von arbeitsmarktverwertbaren Fähigkeiten.
Zweitens
– in der Curriculum- und Lernzieltheorie, und dort kann man Qualifikation als komplexes Lernziel auffassen;
und drittens gibt es eine
– aus der Kompetenztheorie zu begründende Auffassung von Schlüsselqualifikationen als persönliches Potential von Fähigkeiten.

2.2.1.1 Schlüsselqualifikationen

Mit Schlüsselqualifikationen meint Reetz das Potential an Selbst-, Sozial- und Methodenkompetenz, das hinter der jeweils abgeforderten Qualifikation steht (vgl. Reetz 1994, S. 30).
Auch Arnold (1994) weist auf das neue Verständnis beruflicher Bildung hin, wenn er darstellt, daß „Schlüsselqualifikation und Selbstorganisation (...) eine neue Vorstellung von Lehren und Lernen und von Führung und Kooperation" repräsentieren (Arnold 1994, S. 45).
Die neuen Technologien in Industrie und Handwerk führen zu einer Änderung der Qualifikationsanforderungen an Auszubildende.
„Richtet man seinen Blick auf die Entwicklung in Industrie und Handel, so ist ein beachtlicher Wandel unübersehbar. Einerseits wuchs der Anteil der Dienstleistungen recht deutlich, andererseits fallen in die Zeit von 1970 bis 1985 Umschichtungen zugunsten fortschreitender Automatisierung." (Tully 1994, S. 116)
Die automatisierten, computergestützten Anlagen in der modernen Fertigung sind in ihrem Einsatz erheblich flexibler, Spezialmaschinen des alten Typs werden nicht mehr benötigt. Besondere Anwendungsfälle können die chipgesteuerten Maschinen der modernen Fertigung bewältigen, ohne daß die großen Stückzahlen, die die Wirtschaftlichkeit der Maschinen der vorangegangenen Produktion gewährleisten, notwendig wären.

	– Massenproduktion	– Schlanke Produktion (lean production)
PRODUKTION	– Akzeptables Produkt (»gut genug«) – Akzeptable Fehlerquote – maximal akzeptabler Lagerbestand – kleines Sortiment standardisierte Produkte – Strategie: Stückkosten senken	– Perfektion – Null Fehler – Keine Lagerbestände – Produktvielfalt – Strategie: Starrheit vermeiden
ORGANISATION	– Verlagerung der Verantwortung in der Hierarchie nach **oben** – Differenzierte und steile Karriere-Leiter – Viele »Untergebene«	– Verlagerung der Verantwortung in der Hierarchie nach **unten** – Veränderung der Karriere durch Kooperation – Teamarbeit mit ständiger Herausforderung durch (neue) Aufgaben (PE)
QUALIFIKATION	– Arbeitsteilige Effizienz durch hierarchisch gestufte Spezialisierung – Hierarchisch gestufte Nischen-Qualifikation – Schlüsselqualifikationen (SQ) nur in der Spitze der Hierarchie	– Kooperative Effizienz durch breite berufliche Fähigkeiten und darin kreativen Einsatz im Team Problemlösungsfähigkeit – Schlüsselqualifikationen (SQ) auf allen Ebenen

Tabelle 1: Anforderungen durch die Betriebsorganisation

Gefordert wird nun der intelligente Arbeiter, der berufliche Kompetenz mit hoher geistiger Flexibilität verbindet, um die Maschinen der modernen Generation auch nutzen zu können. Reetz (1994, S. 34) stellt die Anforderungen (nach Womack et al. 1992) in einer Tabelle (vgl. Tabelle 1) dar.

Ziel der Betriebsorganisation ist die Verflachung der Hierarchien. Das bedeutet, daß beim einzelnen Kompetenzzuwachs erwartet wird, die Qualifikationsanforderungen sind stark erhöht. Diese Diskussion hebt sich von der Beurteilung der Qualifikationsentwicklung in den 60er und 70er Jahren ab, wie Tully (1994) schreibt. War zu dieser Zeit von Dequalifizierung und der Problematisierung der Entfremdung der Arbeit die Rede (vgl. Tully 1994, S. 115), so geht es heute unter dem Eindruck des Wandels in „Büro und Fertigung" um Kriterien, wie sie von Tully im „soziotechnischen Ansatz" formuliert werden, die neue Formen der Arbeit beschreiben, die „gleichermaßen human und wirtschaftlich sein sollten." (Tully 1994, S. 120)

Mit dem Kompetenzbegriff wird die Diskussion um die Qualifikationen, die berufliche Ausbildung vermitteln soll, fortgeführt.

„Kompetenzen sind das persönlichkeitsbezogene Fähigkeitspotential" (Reetz 1994, S. 30).

2.2.1.2 Berufspädagogik und Kommunikation

Ziel der modernen Berufsausbildung ist der autonome Facharbeiter, der in Gruppenarbeit, selbständig und in Kooperation mit anderen Facharbeitern die Probleme in der Fertigung löst. Hintergrund der Überlegungen ist der Wandel in der Produktion, ausgelöst durch den Einfluß der neuen Technologien. Kennzeichen industrieller Arbeit bisher ist die strenge Hierarchisierung der Entscheidungs- und Arbeitsprozesse in den Betrieben. Durch die neuen Technologien wird eine andere Arbeitsteilung möglich. Die Stärkung der Eigenverantwortung und Mitsprachemöglichkeit scheint auch Grundlage für wirtschaftliche Effizienz zu sein. Der Facharbeiter alten Stils, der Befehlsempfänger und Ausführende ist zu unflexibel für die Möglichkeiten, die die neue Technologie bietet.

Für die Ausbildung in Betrieb und Schule haben die Vorstellungen von Schlüsselqualifikationen und von Selbstorganisation des Lernens einschneidende Konsequenzen, sie können nicht „im Rahmen eines didaktisch vorweggeplanten Unterrichtsentwurfs eingeübt und entworfen werden; sie bestimmen nicht nur das Ziel, sondern auch die Methode des Unterrichts." (Arnold 1994, S. 56)

Arbeiten in Gruppen, Delegation von Verantwortung heißt aber auch, daß in Gruppen Handlungen antizipiert werden, die für den Produktionsprozeß nützlich sind. Problemlösendes Denken und gemeinsame Aktion ist ohne Kommunikation, hier verstanden als im Produktionszusammenhang motivierte Fachsprache, nicht möglich. Unter den Bedingungen der modernen Produktion ist die Sprachkompetenz wichtiger Teil der Berufskompetenz.

2.3 Anpassungs- versus Eingriffsqualifikation

Fertigkeiten und Kenntnisse ergeben die berufliche Qualifikation, die in erster Linie eine Anpassungsqualifikation ist. Der Auszubildende muß lernen, Maschinen und Verfahren anzuwenden sowie mit den sozialen Gegebenheiten am Arbeitsplatz fertig zu werden. Auf die Organisation des Arbeitsplatzes hat er wenig Einfluß. Dementsprechend stehen in den Berufsbildern auch die Anpassungsqualifikationen an erster Stelle. Die Eingriffsqualifikationen, die darauf hinauslaufen, daß der Auszubildende einen Einfluß auf die Gestaltung des Arbeitsplatzes und der Arbeit hätte, sind eher gering beachtet. Diese Tendenzen setzen sich auch außerhalb des Berufes fort, Anpassung statt Eingriff und Beteiligung gilt auch in den Bereichen der Öffentlichkeit und der Freizeit. Für das selbstbewußte Einfordern von Handlungsmöglichkeiten im gesellschaftlichen Zusammenhang haben die Auszubildenden wenig Übungsraum. „Die Fähigkeit zu politischem Handeln droht durch Anpassung an die Anforderungen der bürokratisch organisierten Entscheidungsträger zu verkommen, statt daß Möglichkeiten eingreifender Mitbestimmung und vorausschauender Veränderung entwickelt würden." (Hebel 1984, S. 26)

Auch Brater geht von der These aus, daß eine berufliche Ausbildung, die nur an den fachlichen Anforderungen der Berufsbilder ausgerichtet ist, kaum in der Lage sein wird, berufliche Handlungsfähigkeit zu erreichen.

Um diese These nachzuweisen, zeigt er das Wesen der Berufe in der modernen Gesellschaft auf:

„Berufe im Sinne dauerhafter, einzelperson-unabhängiger Vorgaben fachlicher Fähigkeits- bzw. Tätigkeitsbündelungen entstehen, so zeigt die soziologische Analyse, dort, wo arbeitsteilige Spezialisierung einer Person, bzw. einer Personengruppe, in der für die Bedürfnisse anderer gearbeitet wird, unmittelbar Basis des eigenen Einkommens, der Gegenleistung der anderen wird. Immer dort nämlich, wo eine arbeitsteilige Leistung „Berechnungsgrundlage" für die Gegenleistung wird, wo also Arbeit für andere und eigenes Einkommen direkt miteinander verkoppelt werden, muß diese Arbeit für andere – als eigene Subsistenzchance – gegen fremde Konkurrenten abgeschottet werden, entstehen also fixierte „Kompetenzbereiche", zu denen der Zugang mehr oder weniger streng geregelt wird und die deutlich gegen andere Kompetenzbereiche abgegrenzt werden." (Brater 1984, S. 14)

Berufe dienen demnach der

– Einkommenssicherung durch Arbeit für die Bedürfnisse anderer, sie sind

– „Kompetenzbereiche", die zur Abschottung gegen Konkurrenten fixiert wurden.

Die Organisation der Tätigkeitsfelder, in denen die Menschen arbeiten, ergibt sich also kaum aus arbeitsinhaltlichen Gründen. Vielmehr sind sie das gesellschaftliche Produkt der sozioökonomischen Bedingungen des „Warentausches". Brater formuliert, daß Berufe aus interessen- und konfliktgeleiteten sozialen Auseinandersetzungen um Kompetenzen entstehen; mit ihnen sind Einkommens-, Macht- und Einflußchancen verbunden. Pädagogische Überlegungen gehen in den Prozeß der Berufsbildung, im Sinne einer Festschreibung der Tätigkeiten, nicht ein, ebensowenig wie die Frage, wie denn die Berufsbilder zusammengesetzt sein müßten, um eine volle „berufliche Handlungsfähigkeit" zu entwickeln (vgl. Brater 1984, S. 15).

2.3.1 Persönlichkeitsschablonen

Für die Berufsanfänger wirken die Berufe als „Entwicklungsschablonen" der Persönlichkeit, die unter bestimmten gesellschaftlichen Verhältnissen in Persönlichkeitsschablonen umgesetzt werden. Berufe wirken so als „sozialisatorische Medien", deren Wirkung ungeplant verläuft und die Handlungs- und Persönlichkeitsstrukturen erzeugen, die die Erfahrungs- und Lernmöglichkeiten widerspiegeln, die in den Berufsbildern enthalten sind.

Unter den dargestellten Umständen tritt eine *dreifache Instrumentalisierung* der individuellen Fähigkeiten und Kräfte eines Berufstätigen ein:

2.3.1.1 Instrumentalisierung des Arbeitsprodukts

Dem Arbeitenden ist bewußt, daß er seine Arbeit für andere tut. Für ihn hat sie den Zweck der Subsistenzsicherung. In vielen Fällen ist der Arbeitende in eine Arbeitsorganisation hineingesetzt, die er nicht selbst bestimmt und die nicht nach den objektiven Möglichkeiten, sondern in vielen Fällen durch die von außen kommende Kontrolle der Arbeitsprodukte strukturiert ist.

2.3.1.2 Instrumentalisierung der sozialen Beziehungen

Der Arbeitende sieht sich im Rahmen seines Berufs in einer individualisierenden, sozialdistanzierten und unpersönlichen Situation, in der kein Raum für die Wahrnehmung des anderen als Person bleibt. Da der Arbeitende seine Arbeit als Ware anbietet, geht er am Arbeitsplatz eine Warenbeziehung ein. Er wird in die Hierarchie eines Betriebes eingegliedert, die Beziehung zu anderen ergibt sich aus der Logik des Produktionsablaufs.

2.3.1.3 Selbstinstrumentalisierung

Durch die Schablonierung der Berufsbilder geraten die persönlichen Fähigkeiten der Auszubildenden außer Betracht. In der Berufsausbildung wird die Aufgabe nicht dar in bestehen, die individuellen Fähigkeiten eines Auszubildenden freizulegen, sondern vielmehr darin, die Fähigkeiten auf die Vorgabe des Berufsbildes zu formen.

„Die Ausbildung ist damit immer „final" an einem bestimmten Kranz zu vermittelnder Fähigkeiten und Kenntnisse orientiert, sie reproduziert immer nur bestimmte Qualifikationsbündel, ohne daß sie auf die unter Umständen weit darüber hinausreichenden Möglichkeiten des einzelnen oder auf individuelle Entwicklungsdifferenzen zwischen verschiedenen Aspiranten eingehen könnte." (Brater 1984, S. 17)

Der Auszubildende wird Fachmann in einem schmalen Fachgebiet, er ist Laie in anderen Arbeits- und Lebensbedingungen. Der Begriff der „Finalität" deutet darauf hin, daß die Ausbildung geschlossen bleibt und den gegenwärtigen Rahmen eines Berufsbildes nicht überschreitet. Das legt den Arbeitenden fest, räumt ihm kaum Möglichkeiten der Weiterentwicklung ein. Die Konsequenz ist, daß aus der Berufsausbildung die Förderung der Formen der Identitätsbildung herausgelöst wird, die neben der beruflichen Identität liegt. Das führt letztlich dazu, daß die Auszubildenden keine Grundlage für die Entwicklung einer autonomen Handlungsfähigkeit haben.

„Damit hängt zusammen, daß in der Berufsausbildung die Jugendlichen wohl eher die eigene Beschränktheit als die eigenen Kräfte und Entwicklungsmöglichkeiten erfahren. Außerdem lernen sie kaum, sich selbst im gesellschaftlichen Zusammenhang zu begreifen, wie auch die existenziellen Sinnfragen, die in diesem Alter notwendig aufbrechen, im Beruf bzw. in der beruflich geprägten Ausbildung immer nur platt utilitaristisch beantwortet werden." (Brater 1984, S. 21)

Aus dieser Kritik gegenwärtiger Berufsbildung entwickelt Brater eine Reihe von Forderungen.

2.3.2 Forderungen an die berufliche Bildung

Die Auszubildenden sollen zur Erlangung einer beruflichen Handlungsfähigkeit lernen:
- objektive Aufgaben wahrzunehmen, d.h. Arbeitsprozesse und Strategien selbständig aufzubauen,
- flexibel auf den Arbeitsmarkt zu reagieren, d.h. eine breite Fähigkeitsebene zu entwickeln, die sich neuen Berufsfeldern und Aufgaben anpaßt,
- Umgang mit Menschen zu lernen, d.h. die Überwindung einseitiger Konkurrenzverhältnisse hin zur Kooperation.

Aus dieser Reflexion über gegenwärtige Berufsausbildung ergeben sich für Brater Forderungen, die an das alte Verhältnis von beruflicher und allgemeiner Bildung anschließen.

„...Dazu gehören historische Betrachtungen (z.B. Technik-Geschichte) ebenso wie eine Entwicklung der Wahrnehmungsfähigkeit, der begrifflichen Ausdrucksfähigkeit..." (Brater 1984, S. 25)

Der Ort des Deutschunterrichts in der Berufsausbildung wird von Brater so bestimmt:„...er hätte durchaus im Kontext beruflicher Handlungsfähigkeit sich weit darüber hinaus auch mit den Sinnfragen und Orientierungsproblemen, mit den Motiven und Hintergründen der Berufsarbeit zu befassen und diese in einen übergreifenden kultur- und sozialgeschichtlichen Zusammenhang zu stellen..." (Brater 1984, S. 25)

Ebenso wie Brater sieht Hebel, daß der Berufsausbildung oft ein zu enger Begriff des Lernens zugrunde liegt. Er stellt fest, daß die Priorität des zweckrationalen Handelns die Fähigkeit zur Symbolbildung zurückdrängt, die zu Begründung und Reflexion von Erfahrungen notwendig ist. Gemeint ist hier sprachliche, bildnerische und musikalische Ausdrucksfähigkeit, die Fähigkeit zu kultureller Tätigkeit.

„Kultur ist dabei nicht abgehoben von der alltäglichen Erfahrung verstanden, sondern als formgebende Leistung, durch die Erfahrung symbolisch gebunden und auf diese Weise der Verständigung über handlungsrelevante Ziele zugänglich gemacht wird." (Hebel 1984, S. 27)

Fähigkeiten dieser Art werden in der Familie, der Schule, der Kirche, der Altersgruppe usw. entwickelt. Entscheidend ist, daß die Beteiligten eine gemeinsame „Lebensanschauung" erwerben, d.h. sich über eine gemeinsame Deutung der Wirklichkeit verständigen. Diese Fähigkeit kann in der Berufsausbildung kaum gefördert werden; daher kommt der Berufsschule die Funktion der Ausgleichsleistung zu. Hebel erörtert zwei Aspekte der Ausgleichsleistung:

„1. die Spannung zwischen Qualifikation und sinnfordernden Deutungsleistungen
2. der Unterschied zwischen abschließender Identitätsfindung und offener Identitätsbildung." (Hebel 1984, S. 27)

In der Berufsausbildung werden Qualifikationen erworben:
- Ausführen von Arbeitstätigkeiten,
- regulative Normen (Genauigkeit, Tempo, Zuverlässigkeit),
- normative Orientierungen (Berufsstolz, Berufsethos).

2.4 Aufgaben des Deutschunterrichts in der beruflichen Bildung

Die dem Deutschunterricht zukommende Aufgabe ist, die Qualifikationen auf den oben genannten drei Ebenen symbolfähig zu halten. Wenn Hebel fordert, die Qualifikationen auf *sinnfordernde Deutungsleistungen* zu beziehen, ist damit gemeint, daß der mechanische Vollzug der Arbeiten durchbrochen wird und ein Sprechen und Nachdenken über Arbeit beginnt. Auf der Ebene der regulativen Normen geht es um die Einstellung zur und den Umgang mit der Arbeit, das Verhalten des „perfekten" Technikers oder des „genauen" Kaufmanns gilt nur im Bereich der engeren Berufstätigkeit als erfolgreich. Im Privatleben oder im öffentlichen Leben kann die Fixierung auf solche Berufseinstellungen verhängnisvoll werden.

„Die regulativen Normen, die den Habitus des einzelnen mitbestimmen, führen dort zur Inhumanität, auch zum Scheitern, wo sie sich von den Arbeitstätigen ablösen und auf Bereiche übertragen werden, in denen sie verdecken, statt zu erschließen. Max Frischs „Homo Faber" ist ein Beispiel dafür." (Hebel 1984, S.29)

2.4.1 Verschiedene Arbeitsbereiche des Deutschunterrichts an berufsbildenden Schulen

Der Deutschunterricht an berufsbildenden Schulen darf sich nicht auf die Bearbeitung fiktionaler Texte beschränken. Nicht nur von Ausbildern und Lehrern, sondern auch von den Auszubildenden selbst werden Forderungen gestellt, die zur Sicherung der beruflichen Existenz beitragen. Der geübte Umgang mit Sprache in mündlicher und schriftlicher Form in der beruflichen Kommunikation und die Kenntnis der Rechtschreibregeln sind Fähigkeiten, die über die bislang besprochenen Ziele hinausgehen. In den Überlegungen zu den Qualifikationszielen des Deutschunterrichts an berufsbildenden Schulen, der in den **drei Arbeitsbereichen**

* Mündliche und schriftliche Kommunikation
* Umgang mit Texten
* Reflexion über Sprache

stattfindet, merkt Hebel zu Reflexion über Sprache und Umgang mit pragmatischen Texten an:

„– durch Reflexion über Sprache können Schülerinnen und Schüler Distanz zu Sprache und der über sie vermittelten Realität gewinnen (...)
– der Umgang mit pragmatischen Texten ermöglicht bei Analyse und Informationsentnahme eine Nutzung nach eigenen Interessen und eigenem Informationsbedarf. (...)" (Hebel 1991, S. 38).

2.4.2 Auseinandersetzung mit fachsprachlichen Texten

In der Diskussion um den Deutschunterricht an berufsbildenden Schulen gibt es viele Stimmen, die vor dem Einbezug pragmatischer, beruflich nutzbarer Inhalte in den Deutschunterricht warnen. Nach den Vorstellungen von Hebel dürfen diese Themen nicht aus dem Unterricht ausgespart werden (vgl. Hebel 1983), weil sie existentielle

Subsistenzbedürfnisse der Schüler betreffen, die die Schule einlösen muß. Fluck beklagt einen Mangel an Perspektive für den fachsprachlichen Deutschunterricht – auch – an berufsbildenden Schulen.

„Zwar gibt es inzwischen, neben einer reichlich vorhandenen unterrichtspraktischen Literatur, verschiedene Ansätze in dieser Richtung und auch brauchbare Einzelergebnisse (z.b. Robinson 1984, Buhlmann/Fearns 1987, Hutchinson/Waters 1987, Schröder 1988 für das Feld ›Fremdsprachenunterricht‹), eine übergreifende didaktische Konzeption fehlt aber immer noch. Dies hängt wohl damit zusammen, daß zum einen unter dem Begriff Fachsprache recht verschiedene wissenschaftliche Konzepte vertreten sind (z.b. Terminologieforschung, Funktionalstilistik, Fachtextlinguistik) und so, selbst in Teilgebieten, kein einheitlicher Begriff von Fachsprachendidaktik entstehen konnte. Zum anderen ist die Vermittlungsproblematik aufgrund der vielfältigen Vermittlungssituationen, Fächer und Zielstellungen in einer übergreifenden Didaktik der Fachsprache (als universale Struktur) nicht anwendungsorientiert darstellbar. Dieser Sachverhalt führte zu einer bisher überwiegend fächer- und/oder ausbildungsspezifischen Annäherung an die Thematik, vor allem aus unterrichtspraktischer Perspektive (z.B. Fluck u.a. 1985, Buhlmann/Fearns 1987, Schröder 1988 a, Monteiro 1990)." (Fluck 1992, S. 6)

Hebels Forderungen an den Deutschunterricht an berufsbildenden Schulen gelten auch für die Didaktik der Fachsprachen, mit ihnen gewinnt der fachsprachliche Unterricht einen Anspruch, an der sich Unterrichtsprojekte messen lassen.

Am Beispiel der Rechtschreibung macht Hebel deutlich, welchen Prämissen der Unterricht folgen muß. Hebel unterschiedet zwischen *Verfügungswissen* und *Zugriffswissen*, das sich einmal auf die Fachkunde, das andere Mal auf Deutsch bezieht. Für eine Schreibkraft im Büro ist die Beherrschung der Rechtschreibregeln ein wichtiger Teil ihrer Berufstätigkeit, das Wissen muß verfügbar sein. Andere Berufe benötigen Kenntnisse in der Rechtschreibung nur gelegentlich, Grundkenntnisse reichen hier für die Auszubildenden aus, sie sollten wissen, wo sie sich im Bedarfsfall informieren können.

„Man muß den Zugriff kennen, die Rechtschreibung wird als Zugriffswissen gebraucht." (Hebel 1983, S. 90)

Zur Bearbeitung von Fachsprachen im Unterricht stellt Hebel fest:

„Außerdem ist zu bedenken, daß die Schüler mit dem Berufseintritt oft auch in eine Beziehung zur Sprache gesetzt werden, die die vorhandene Bereitschaft und Fähigkeit, auf der Formulierung des Gemeinten durch die Bedeutung der Wörter hindurch zu bestehen, mindert. Denn die Fachsprache der Berufe ist, im Unterschied zur Alltagssprache, in ihren Bedeutungen festgelegt, die Fachwörter haben einen erklärenden Text, man kann mit ihnen nicht wie mit den Wörtern der Alltagssprache etwas „meinen", oder man kann dies nur in ganz engen Grenzen. Der rigide Sprachgebrauch im Zusammenhang mit dem Fachsprachenerwerb kann dazu führen, daß die Schüler die dort berechtigten neuen Regeln fälschlicherweise auf die Alltagssprache übertragen und nun ein streng normatives, autoritäres Sprachverhalten zeigen." (Hebel 1983, S. 219)

Bezogen auf die Vorstellung von Verfügungswissen und Zugriffswissen ergibt sich für die Behandlung von Fachsprachen im Deutschunterricht an berufsbildenden Schulen, daß die für das Verständnis fachlicher Informationen notwendigen Fähigkeiten vermittelt werden müssen (Verfügungswissen), daß aber auch zusätzlich Fähigkeiten entwickelt werden sollen, eigenständig den Zugriff auf Fachsprachen zu ermöglichen (Zugriffswissen). Ein entscheidender Faktor bei der Vermittlung der Fachsprachen wird aber deren *kulturelle Aneignung* sein, für die der Unterricht die Basis legt.

In „Aneignung statt Akzeptanz – eine Aufgabe des Deutschunterrichts" zeigt Hebel (1987) den Unterschied auf: „'Aneignung' schließt Rationalität und Beteiligung der Betroffenen ein. 'Akzeptanz' zielt auf Anerkennung und Hinnahme, weil die 'Wissenden' darüber zu entscheiden haben, was erträglich ist; die 'Unwissenden' sind ihrer Autorität unterlegen." (Hebel 1987, S. 6)

Es kann also nicht nur darum gehen, lediglich Informationsentnahmestrategien zu entwickeln, die sich auf das Material aus Schulbüchern und Prüfungsfragen eines Berufsfeldes beziehen, vielmehr müssen auch wesentliche Merkmale der Herausbildung der Fachsprachen, deren Zweck z.B. in Technik und in betrieblichen Abläufen, ein Überblick über die vielfältigen Mittel der fachlichen Kommunikation – zumindest in Ansätzen – geboten werden, damit sich Auszubildende Fachsprachen kulturell aneignen und auch in anderen Zusammenhängen als in Betrieb und Schule nutzen können. Eine Beschäftigung mit Fachsprachen im Unterricht müßte also – soll es Aneignung und nicht nur Akzeptanz sein – kulturelle Tätigkeit „in einer von Technik durchwirkten Kultur" (Hebel 1987, S. 5) sein.

Hoberg (1997) entwickelt zwei sprachdidaktische Perspektiven für den Umgang mit den Fachsprachen im Deutschunterricht an beruflichen Schulen. Er schlägt vor, die Dreiteilung des Deutschunterrichts an beruflichen Schulen zu überdenken und statt dessen von den übergeordneten Lernzielen „gesteuerte Kommunikationsförderung" und „Reflexion über Sprache" auszugehen (vgl. Hoberg 1997, S. 3).

Diese Bestimmung der Ziele des Deutschunterricht an beruflichen Schulen könnte dessen Eigenständigkeit gegenüber anderen Fächern, in denen auch mit Texten umgegangen wird, deutlich machen. Das wesentliche Moment, das die Beschäftigung mit Fachsprachen im Deutschunterricht an beruflichen Schulen gegenüber anderen Fächern ausmacht, ist die bewußte und gesteuerte Förderung der mündlichen und schriftlichen Kommunikation ohne unmittelbaren Bezug auf die Verwendungszusammenhänge der Fachsprache (vgl. Hebel/Hoberg 1994, S. 67).

Als besondere Aufgabe des fachsprachlichen Unterrichts im Deutschunterricht an beruflichen Schulen sehen Hebel/Hoberg (1994) an, „den Schüler mit sprachlichen Mitteln vertraut zu machen, die nicht nur für eine Fachsprache, sondern für die meisten von ihnen kennzeichnend sind – mit der Sprachschicht also, die man Wissenschafts- oder Bildungssprache nennen kann." (Hebel/Hoberg 1994, S. 67)

Die Beschäftigung mit Fachsprachen im Unterricht unter den Gesichtspunkten von Kommunikationsförderung und Reflexion kann zwei unterschiedlichen Zielen dienen:

„– Eine oder mehrere Fachsprachen sollen erlernt werden, so daß der Schüler sie verstehen und richtig anwenden kann.

- Es soll über Fachspachen – ihre Struktur, ihre Rolle in Erkenntnis-, Wahrneh-
mungs- und Kommunikationsprozessen, ihre gesellschaftliche Bedeutung u.a. – reflektiert werden." (Hoberg 1997, S. 2)

Hoberg (1994) geht bei seinen Vorschlägen für die Behandlung der Fachsprachen im
Deutschunterricht von einem Modell der Sprache (vgl. Abb. 3, Hoberg 1994, S. 342)
aus, in dem die Bildungssprache eine Varietät der Gemeinsprache darstellt. Die Bildungssprache wird unterteilt in verschiedene Wissenschaftsbereichssprachen, einer
„Ebene, auf der die grundsätzlichen Unterschiede zwischen den Sprachen der Natur-,
Ingenieur-, Sozial- und Geisteswissenschaften herausgearbeitet werden." (Hoberg
1994, S. 343) Diese Wissenschaftsbereichssprachen untergliedern sich in Fachbereichs-
sprachen und Fachgebietssprachen. Aus diesem Modell (vgl. Abb. 3) läßt sich entwik-
keln, mit welcher Schicht der Sprache Auszubildende in der schriftlichen beruflichen
Kommunikation konfrontiert werden, und welche Texte für die Zusammenstellung
von Lehr- und Lernmaterialien relevant sind.

Bei der didaktischen und methodischen Planung des Einsatzes der gewonnenen Lehr-
und Lernmaterialien sollen auf der Wort-, Satz- und Textebene Schwerpunkte gebildet werden, in denen folgende Aspekte erarbeitet werden: Auf der Wortebene „ist vor
allem zu klären, wie sich Termini von anderen Lexemen unterscheiden – auch das
Verfahren der Definition muß eingeführt werden – und wie Terminologien aufgebaut
sind." (Hoberg 1997, S. 9)

„Darüber hinaus müssen besonders intensiv und anhand ausgewählter Texte die Morphologie und Syntax – die Frequenzunterschiede zur Gemeinsprache – und die verschiedenartigen Textstrukturen (Textsorten) behandelt werden." (Hoberg 1997, S. 9, 10)

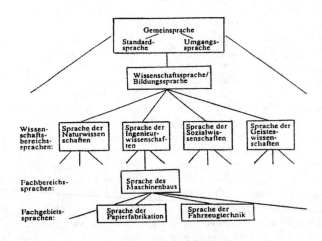

Abb. 3: Modell der Sprache

Zur Förderung der Kommunikation reicht es nicht aus, nur textinterne Faktoren in den Unterricht einzubeziehen, vielmehr müssen „... sprachsystembezogene Betrachtungsweisen der Fachsprachen durch kommunikations- und handlungsorientierte Konzeptionen ergänzt und sprachexterne Rahmenbedingungen mit einbezogen werden." (Hoberg 1997, S. 10)

Ein wesentliches Merkmal der Fachsprachen, das in einem reflektierenden Unterricht bearbeitet werden soll, ist „... daß sie die Gemeinsprache vielfältig bereichern, daß sie aber auch zur Abkapselung von Expertengruppen dienen, zum Jargon werden und Verständigungsprozesse erschweren können." (Hoberg 1997, S. 11)

2.5 Didaktik der Fachsprachen

Für den Fachsprachenunterricht werden in der Literatur im Rahmen des Deutsch- oder des Fachunterrichts an berufsbildenden Schulen wenig Angebote gemacht. Eingeführte Unterrichtswerke wie „Zugriffe – Deutschbuch für Berufsschüler" (Funnekötter/Hebel 1985), „Verständigung, Deutsch für berufliche Schulen" (Brandt et al. 1987), „Gesagt – getan, Deutsch für Berufsschulen und Berufsfachschulen in Bayern" (Halbritter/Weidinger 1992) führen in einzelne Elemente wie Informations-entnahme aus Texten, Komposita in den Fachsprachen, exaktes Lesen ein; es wird jedoch kein systematischer Zusammenhang der Fachsprachen in der Berufsausbildung entwickelt. Im Rahmen der Erarbeitung von Lehr- und Lernmaterialien für den Unterricht mit den Rahmenrichtlinien Deutsch in Hessen wurde vom HILF (Hessisches Institut für Lehrerfortbildung Kassel) ein Band „Fachsprachen" (Fellner von Feldegg/Macht 1984) herausgegeben, in dem Elemente der Fachsprachen in ihrer historischen Entwicklung, ihrer Rolle im Betrieb und in der Ausbildung thematisiert werden. In den eingeführten Fachbüchern zur Fachtheorie im Berufsfeld Metall werden zur Fachsprache keine Hinweise gegeben, obwohl Fachsprachen – vgl. DIN 2330 – Instrument beruflicher Kommunikation sind.

Die Beschäftigung mit Fachsprachen wird in den Lehrwerken für den Fachsprachenunterricht für Deutsch als Fremdsprache und Deutsch als Zweitsprache breit gefächert angeboten. Einen guten Überblick über Arbeitsformen, die sprachliches und fachliches Lernen verbinden, bietet Leisens „Handbuch des deutschsprachigen Fachunterrichts" (1994), das als methodische Grundlage von Unterrichtsprojekten auch an der Berufsschule dienen kann. In der Reihe „Fremdsprachenunterricht in Theorie und Praxis" werden didaktische Grundlagen des Fremdsprachenlernens (Strauss 1991), Lern- und Übungsformen (Neuner/Krüger/Grewer 1994), Aspekte der Grammatikarbeit mit zweisprachigen Auszubildenden (Meese 1990) und Möglichkeiten der Lernerfolgskontrollen (Doyé 1988) diskutiert. Eine Darstellung der Methoden des Fremdsprachenunterrichts, in der auch die kognitiven und konstruktiven Bedingungen herausgestellt werden, geben Krumm (1986 in Bausch et al.) und Wendt (1996). Klein/Schwarz (1994) verweisen auf das Heft 2-3/1989 der Zeitschrift „Deutsch Lernen", das einen „...hervorragenden Überblick über die damalige (und seitdem quasi stehengebliebene) sprachdidaktische Diskussion und Materialisierung

..." (Klein/Schwarz 1994, S. 263) bietet. Die Beiträge dieses Heftes bearbeite ich im Abschnitt 4.6.2.

Speziell für die Belange der Benachteiligtenförderung an berufsbildenden Schulen ist die „Handreichung Fachsprachen" von Albers et al. (1987) zusammengestellt, die in drei Abschnitten die Praxis des Unterrichts mit Hilfe einer Lernkartei anleitet und den fachsprachenlinguistischen Aspekt ausführlich darstellt. Auch für die Belange der Benachteiligtenförderung an berufsbildenden Schulen stellt Barth (1991) einen Kurs zu den Fachsprachen zusammen.

Im Rahmen von Modellversuchen wurde der Zweitsprachenerwerb in der Berufsausbildung reflektiert, zur Stützung des Unterrichts wurden begründete und erprobte Lehr- und Lernmaterialien zusammengestellt (vgl. Abschnitt 6.1).

Um die Belange der „Gastarbeiter" bemühte sich Barkowski (1986). Ziel seiner Arbeit ist die Entwicklung einer „Kommunikativen Grammatik". Den Stand der Diskussion bilden die Jahrbücher „Deutsch als Fremdsprache" ab.

Das „Hamburger Gutachten" und vorbereitende Arbeiten Beier/Möhn (1981 u. 1983) und „Fachsprachen" von Möhn/Pelka (1984) beschäftigen sich mit der Beschaffung und der didaktischen und methodischen Bearbeitung von authentischen Texten für den Fremdsprachenunterricht Deutsch. Ziel der Untersuchungen ist, den Ablauf der betrieblichen Kommunikation und die dabei eingesetzten Textsorten zu beschreiben und für den Unterricht verfügbar zu machen. Die Autoren gehen dabei über die sonst in der Fremdsprachendidaktik feststellbare Grenze von Sprache als System hinaus und berufen sich in ihren Arbeiten auf die Ergebnisse der Textlinguistik und Funktionalgrammatik.

Die Arbeiten von Hoffmann (1985), Gläser (1989) und Baumann (1992) repräsentieren die Ergebnisse der ostdeutschen Fachsprachenlinguistik. Wesentliche Ergebnisse stammen hier aus der Auseinandersetzung mit dem Fachtext-in-Funktion.

Einen Beitrag zur Typologie der Fachtexte liefert Göpferich (1995), wobei für die Belange der Berufsschule die Beschreibung der Makrostruktur der instruktiven und informierenden Texte und die Herausbildung von Konventionen bei der Fachtexterstellung wichtig ist.

Einen wichtigen Beitrag zur Diskussion des fachsprachlich orientierten Unterrichts leistet die „Didaktik der Fachsprachen" von Fluck (1992). Hier werden die Ergebnisse der Didaktik der Fachsprachen gesammelt und im Überblick dargestellt.

Wichtige Beiträge zur Didaktik der Fachsprachen leisten auch Buhlmann/Fearns (1987), von Hahn (1983), Möhn/Pelka (1984), Hoffmann (1985), Albers et al. (1987), Barth (1991), Oldenburg (1992) und Baumann (1994).

Einen Teil der Darstellungen Flucks (1992) macht die Auseinandersetzung mit dem Fachsprachenunterricht an berufsbildenden Schulen aus; auch hier wird deutlich, daß sich der Unterschied in „den unterschiedlichen Zielvorstellungen allgemeiner und beruflicher Bildungswege" (Fluck 1992, S. 70) in einer verschiedenartigen Beschäftigung mit den Fachsprachen niederschlägt. Die Beschäftigung mit den Fachsprachen bleibt den Bildungsgängen für Benachteiligte vorbehalten, ist also hauptsächlich für Belange des Unterrichts Deutsch-als-Zweitsprache konzipiert.

Wie wichtig die Auseinandersetzung mit der Fachsprache aber wäre, wird aus Forschungsergebnissen für andere Schulzweige deutlich, wie Fluck darstellt.

2.5.1 Fachsprachenlinguistik und relevante fachwissenschaftliche Unterrichtsforschungen

Der Fachsprachenunterricht ist in seiner Auslegung horizontal und vertikal breit gestaffelt und folgt damit der Differenzierung der Fachsprachen in Gliederung und Schichtung, die durch die Verfolgung unterschiedlicher kommunikativer Ziele entsteht. So ist der Fachsprachenunterricht Bestandteil verschiedener Fächer in unterschiedlichen Anforderungsprofilen.

„Vielfalt und Komplexität des Gegenstandes erfordern jedoch eine umfassendere Näherungsweise und eine entsprechend weitgefaßte Konzeption von Fachsprachendidaktik. Wir verstehen daher unter einer solchen Didaktik der Fachsprache ein ganzheitliches Konzept zur Theorie und Praxis des Lehrens und Lernens fachbezogener Sprechweisen, sowohl mutter- wie fremdsprachliche. Ihre Basis bilden die Ergebnisse der Fachsprachenlinguistik und der relevanten fachwissenschaftlichen Unterrichtsforschungen (insbesondere Pädagogik, Psychologie, Sprachlehrforschung und Methodik). Ihr Ziel besteht in der Reflexion der Voraussetzungen und Bedingungen des Erwerbs und der Vermittlung von Fachwissen und Fachsprache im Hinblick auf eine Optimierung praktischer Lern- und Lehrtätigkeit für die sprachliche Bewältigung fachlicher Situationen, d.h. im Hinblick auf das allgemeine Lernziel ›Kommunikationsfähigkeit im Fach‹. Es sei ausdrücklich erwähnt, daß die Eingrenzung »im Fach«, entsprechend den weithin akzeptieren Auffassungen zur fachsprachlichen Schichtung, nicht nur den innerfachlichen, sondern auch den zwischen- und überfachlichen sowie den öffentlichkeitszugewandten Kommunikationsbereich von Fachsprache beinhaltet." (Fluck 1992, S. 5 f.)

2.5.2 Verhältnis von Fachunterricht und Fachsprachendidaktik

Fluck verweist auf ein gravierendes Dilemma des Fachunterrichts, wenn er darstellt, daß für die Fremdsprachen auf unterschiedlichstem Niveau modifizierte fachsprachendidaktische Überlegungen angestellt worden sind, der muttersprachliche Fachunterricht aber kaum fachsprachendidaktisch reflektiert wird.

„Während hier mit Bezug auf Fremdsprachen Fachsprachendidaktik durchaus ihren Platz gefunden hat, ist dies im eigentlichen Fachunterricht, soweit er muttersprachlich abläuft, und im muttersprachlichen Unterricht nicht in demselben Maße der Fall." (Fluck 1992, S. 6)

Ziele des Unterrichts, wie sie Buhlmann/Fearns für den Fremdsprachenunterricht formulieren, ließen sich durchaus auch auf muttersprachlichen Unterricht anwenden:

„Unter sprachlicher Handlungsfähigkeit im Fach verstehen wir die Fähigkeit (...), sich angemessen zu informieren und zu verständigen. Angemessen verstehen bedeutet in diesem Zusammenhang, daß der Lerner in der Lage ist, mit sprachlichen Mitteln unter Nutzung von Arbeitsstrategien Texten ein Maximum an Informationen zu entnehmen. Angemessene Verständigung bedeutet, daß sich der Lerner auf der Wissensstufe, auf der er sich gerade befindet, eindeutig und sachlich ausreichend differenziert äußern kann." (Buhlmann/Fearns 1987, S. 9)

2.5.2.1 Vernachlässigung der fachsprachendidaktischen Überlegungen im Fachunterricht

Den Grund für die Vernachlässigung der fachsprachendidaktischen Überlegungen für den muttersprachlichen Fachunterricht sucht Fluck darin, daß die Rolle der Sprache in fachlichen Vermittlungsprozessen viel zu wenig thematisiert wird, obwohl Sach- und Fachunterricht immer auch Sprach- und Fachsprachenunterricht darstellen oder wenigstens fachsprachliche Komponenten enthalten. Zwar geht es in diesem Fachunterricht weniger als etwa im fremdsprachlichen Fachsprachenunterricht um den gezielten Erwerb und die Beherrschung einer bestimmten Fachsprache in ihren diversen kommunikativen Strukturen, doch ist der Zugang zur Fachinformation und das Ziel von Einführungen in fachspezifische Sachverhalte auch in der Muttersprache an das Verfügen über Kenntnisse und sprachliche Kompetenzen in der Fachkommunikation geknüpft (vgl. Fluck 1992, S. 28).

Wie Fachsprachenforschung und Fachsprachendidaktik einander zuarbeiten können, stellt Fluck so dar:

„Während die Fachsprachenforschung die Bestimmung, Untersuchung und Beschreibung der verschiedenen Erscheinungsformen von Fachsprache zu ihren Hauptaufgaben rechnet und die spezifischen Strukturen und Funktionen von Fachkommunikation und Fachtext im Mittelpunkt der Beobachtung stehen, geht es der Fachsprachendidaktik vor allem um die Frage, welche Ausschnitte fachlicher Kommunikation und welche sprachlichen Mittel für die Vermittlung fachlicher Inhalte und die Produktion und Rezeption von Fachtexten relevant sind, welche Rolle diese beim Lernen und Lehren spielen und wie die einzelnen fachsprachlichen Elemente im Hinblick auf bestimmte unterrichtliche Bedingungsgefüge (Ziele, Adressaten, institutionelle Voraussetzungen etc.) zu vermitteln sind." (Fluck 1992, S. 16)

2.5.2.2 Rolle der Fachsprachen im fachtheoretischen Vermittlungsprozeß

Mit der Erweiterung des Katalogs der Schlüsselqualifikationen unter dem Eindruck des Wandels in der Produktion (s. Abschnitt 3.2) kommt die kommunikative Kompetenz der Auszubildenden in den Blick. Aus der Sicht der Berufspädagogik ist der Begriff von Kommunikation auf ein schmal begrenztes Feld bezogen, das die Beziehungen der Teilnehmer am Produktionsprozeß untereinander reflektiert (vgl. Schapfel/Rützel 1995). Der Begriff von Kommunikation, wie er in der Linguistik entwickelt wurde, kann weitere Perspektiven eröffnen. Berufliche Kommunikation bedeutet auch den Umgang mit beruflich begründeten fachlichen Texten; im Rahmen dieser Arbeit wird insbesondere die Vermittlung fachlicher Inhalte über fachliche Texte zur Information, also fachliches Lernen, bearbeitet. Die Rolle der Fachsprachen im Vermittlungsprozeß wird aber, wie Fluck darstellt, in der Berufsausbildung zu wenig beachtet.

Das Verfügen über Fachsprachen ist nach Fluck „mehr als eine bloß formale Qualifikation" für den theoretischen Unterricht an berufsbildenden Schulen. Mit der Beherrschung der Fachsprachen ist die Teilnahme an der Systematisierung des beruflichen Wissens der Auszubildenden verbunden. Wird die Fachsprache des Berufsfeldes nicht beherrscht, ist der Erwerb der Fachkompetenz beeinträchtigt.

„Im allgemeinen geht man bei fachlichen Lehr-/Lernprozessen davon aus, daß mit dem Erwerb von Fachkompetenz, d.h. mit der Einführung ins Fach, zugleich eine Einarbeitung in die jeweilige Fachsprache erfolgt, die gewissermaßen ›von selbst‹ oder ›nebenbei‹ abläuft." (Fluck 1992, S. 28)

Im dualen System arbeiten sich die Auszubildenden an zwei Lernorten – Betrieb und Schule – in Fach und Fachsprache ein. Obwohl die Rolle der Fachsprachen im Rahmen des beruflichen Lernens von vielen Autoren erkannt wird, werden für den muttersprachlichen Fachunterricht bislang wenig Materialien angeboten, die den fachsprachlichen Teil betreffen. Für ausländische Auszubildende wurde hauptsächlich im Rahmen von Modellversuchen reichhaltiges Material (vgl. Abschnitt 6.1) erarbeitet.

„Erste Überlegungen und praktische Lernhilfen wurden dazu im Rahmen der sprachbezogenen Ausbildungsförderung ausländischer Jugendlicher in der Bundesrepublik Deutschland entwickelt. Denn in den damit in Zusammenhang stehenden Modellversuchen zur Überwindung der Fachsprachenproblematik in einzelnen Berufsfeldern glaubt man erkannt zu haben, daß sowohl ausländische *und* deutsche Jugendliche Schwierigkeiten im Umgang mit Fachtexten haben." (Fluck 1992, S. 70)

Daß der Fachsprachenunterricht durch Ausbilder und Fachlehrer an berufsbildenden Schulen gegeben wird, ist wichtig, weil „deren Vorbildung und ihre Interessen für die Vermittlung einer Fachsprache, insbesondere für Umfang und Verständnisgrad von Fachwortschätzen bei den Auszubildenden, maßgeblich (sind)." (Fluck 1992, S. 71)

Fluck stellt dar, daß für die Prüfungszusammenhänge Auszubildende fachsprachliche Kenntnisse haben müssen, weil fachliches Wissen im theoretischen Teil auf sprachlichem Weg geprüft wird.

„Die Kenntnis des Fachwortschatzes und funktionaler Sprachtätigkeiten wie Erklären oder Beschreiben erlangt für den Auszubildenden nicht nur in der unmittelbaren Lernsituation Bedeutung, sondern ist auch mitentscheidend über den Ausbildungserfolg. In Gesellenprüfungen etwa müssen häufig Werkzeug- oder Geräteabbildungen benannt und unter funktionalem Aspekt (Bauart, Verwendungsmöglichkeiten) beschrieben und erklärt werden." (Fluck 1992, S. 71)

Fluck beschreibt die Problematik, die die Unterrichtsmaterialien, die für den Fachunterricht konzipiert wurden, aufwerfen, folgendermaßen: die Praxis der Prüfungen, vor allem nach PAL, bringt es mit sich, daß verstärkt Fachbegriffe abgefragt werden.

„Derartige Prüfungsanforderungen finden ihren Reflex in entsprechend begrifflich orientierten Lehrwerken: Fachausdrücke werden häufig graphisch hervorgehoben, zahlreiche Lerndefinitionen sind vorhanden und die Aufgabenstellungen überprüfen fachliche Kenntnisse anhand des Verfügens über Fachbegriffe und -bezeichnungen. Dies führt teilweise zu einem hohen Abstraktionsniveau und einer extremen sprachlichen Komprimierung, die das Verstehen von Fachtexten in berufskundlichen Lehrwerken für die Auszubildenden unnötig erschwert." (Fluck 1992, S. 71 f.)

Die Materialien der Sprachstandsanalyse, die alle aus eingeführten Schulbüchern entnommen sind (vgl. Abschnitt 6.1), zeigen diese Problematik.

Wie Auszubildende mit Fachsprache umgehen, und welche Defizite sie dabei entwickeln, wird in der Sprachstandsanalyse geklärt (vgl. Abschnitte 7.1 und 7.2).

2.5.3 Zusammenfassung

In der „Didaktik und Methodik des Deutschunterrichts an berufsbildenden Schulen" entwickelt Hebel ein gedankliches Modell zur Überwindung des einseitigen Anspruchs in der betrieblichen Ausbildung nach Qualifikationen. Er stellt ihnen die sinnfordernden Deutungsleistungen gegenüber. So sollen nur auf den Beruf bezogene, funktionale Fertigkeiten erweitert und auf alle Lebensbereiche bezogen werden. Dem zweckrationalen Handeln im Beruf wird die kulturelle Aneignung entgegengesetzt, mit der das berufliche Wissen von der Ebene der Anpassung auf die Ebene des Eingriffs gehoben wird. Für die Auseinandersetzung mit den Fachsprachen bedeutet das, daß Auszubildende die Kenntnis im Umgang mit Fachsprachen im Rahmen der betrieblichen Kommunikation und für den Unterricht in der Berufsschule dringend benötigen. Der Deutschunterricht wird zum Lesen und Verstehen fachlicher Texte befähigen; die erworbenen Qualifikationen werden aber auch ausreichen, fachliche Texte in der Öffentlichkeit und im privaten Bereich zu nutzen und so z.B. fundiert an Diskussionen zum Thema „Technik und Umwelt" teilzunehmen.

3 Zweitspracherwerb in der beruflichen Ausbildung

In der Literatur zum Zweitspracherwerb wird zu den Belangen der Berufsschulen wenig beigetragen. Erwerbsverläufe und dabei auftretende Konflikte werden hauptsächlich im Zusammenhang des Primarbereiches diskutiert. Im Rahmen von Modellversuchen wurden aber gesicherte Ergebnisse zur Fragestellung des Umgangs von Auszubildenden mit Fachsprache gewonnen.

Einführende Literatur zur Thematik des Zweitspracherwerbs stellen Apeltauer (1987), Lipold (1991) und Bausch et al. (1995/3) dar. Im Sammelband von Bausch et al. geben insbesondere die Beiträge von Barkowski (1995), Thürmann (1995), Neumann (1995), und Königs (1995) wichtige Hinweise zum Zweitspracherwerb. Sie klären vor allem den begrifflichen Zusammenhang der Diskussion. Kupfer-Schreiner (1994), Klein (1992) und Handwerker (1995) geben den Zusammenhang des Zweitspracherwerbs mit den Zielen einer interkulturellen Erziehung an, wobei Klein (1992) den konstruktivistischen Aspekt des Zweitspracherwerbs bearbeitet.

3.1 Zweitspracherwerb

Unter *Zweitspracherwerb* versteht Apeltauer (1987) „jede Aneignung einer weiteren Sprache (neben der Muttersprache (...), wobei die einzelnen Formen dieses Aneignungsprozesses sich nach *Lernalter* (gleichzeitig/nachzeitig zum Erstspracherwerb) und *Lernkontext* (natürlich/gesteuert) weiter differenzieren lassen." (Apeltauer 1987, S. 9)

Lipold (1991) grenzt die Zweitsprache gegenüber der Fremdsprache dadurch ab, „daß bei der Zweitsprache außerhalb der Schule (des Kurses) auch noch genügend Kontakt der Einzelperson zu nativen Sprechern ('Sprachbad' oder *immersion*) dieser Sprache besteht." (Lipold 1991, S. 19)

Die Aneignung einer weiteren Sprache unter schulischen Bedingungen ist ein nachzeitiger Zweitspracherwerb. Besteht für die Lerner keine Möglichkeit, außerhalb der Schule mit Sprechern Kontakt aufzunehmen, die diese Sprache als Muttersprache sprechen, wird vom Erwerb einer Fremdsprache gesprochen.

3.1.1 Zweitsprache lernen oder erwerben

„*Erwerben* bezeichnet den 'außerunterrichtlichen', den 'natürlichen', 'ungesteuerten' Vorgang der Aneignung einer fremden Sprache. Im Gegensatz dazu versteht man unter *Lernen* das 'unterrichtliche', 'gesteuerte', wenn man so will, das 'unnatürliche' Gegenstück dazu." (Königs 1995, S. 428)

Der Zweitspracherwerb im natürlichen Kontext geschieht durch dauernden Kontakt des Lerners mit *native speakers* der Zielsprache.

„Erwerb ist in diesem Zusammenhang die Aneignung einer Kompetenz in einer Sprache durch eine Einzelperson" (Lipold 1991, S. 19), die vor allem in einem natürlichen und ungesteuerten Vorgang verläuft.

Das Nebeneinander von gleichwertigen Kompetenzen in verschiedenen Sprachen nennt man Bilingualismus.

Das *Lernen* einer Sprache geschieht im Rahmen einer gezielten Steuerung von außen, z. B. im Sprachunterricht (formeller Kontext), hier werden Aneignungsprozesse meist mit Hilfe von Lehrverfahren gesteuert, in Alltagssituationen (informeller Kontext) entwickeln sich die sprachlichen Fähigkeiten auf natürliche Weise. Apeltauer (1987) nimmt an, daß auch unter natürlichen Bedingungen eine relativ feste Abfolge von Erwerbsstadien durchlaufen wird.

Eine präzisere Zuordnung schlägt Rösler vor:

„Es ist genauer, wenn auch weniger umfassend, die Unterscheidung zwischen 'institutionell gesteuert' und 'nicht institutionell gesteuert' verlaufen zu lassen." (Rösler 1995, S. 150)

3.1.2 Soziale Bedingungen des Zweitspracherwerbs

Als besonders problematisch erweist sich der Zweitspracherwerb für Jugendliche mit doppelseitiger Halbsprachlichkeit.

„Es ist bekannt, daß ausländische Kinder häufig weder ihre Muttersprache noch die Zweitsprache richtig beherrschen. Diese 'doppelseitige Halbsprachlichkeit' verhindert in vielen Fällen auch die Entwicklung des kognitiven Potentials der Lerner, die Begriffsentwicklung, die bei Kindern an den Erst- und Zweitspacherwerb gekoppelt ist, häufig unverbunden parallel läuft, wodurch Schulversagen programmiert wird." (Apeltauer 1987, S. 10)

Barkowski stellt heraus, daß die Rolle der Zweitsprache in Deutschland für die Lerner eine existentielle Bedeutung hat:

„Dabei betont die Bezeichnung „Zweitsprache" zutreffend, daß sich der existentielle Status von Deutsch als Zweitsprache weit mehr mit der Muttersprache, also der Erstsprache, vergleichen läßt (...) die Zweitsprache ist ihrem Range nach die zweite Sprache und folgt der Muttersprache hinsichtlich ihrer sozialen und kommunikativen Bedeutung." (Barkowski 1995, S. 360)

Neumann (1995) arbeitet heraus, daß die potentiellen Lerner sozial eingrenzbar sind:

„Die Arbeitsmigration seit Beginn der sechziger Jahre und die Flüchtlingsbewegungen (z.B. aus Vietnam, Afghanistan, der Türkei, dem Iran, Sri Lanka, Polen und einigen afrikanischen Staaten) der letzten fünfzehn Jahre haben in der Bundesrepublik Deutschland zu einem relativ konstanten Anteil ausländischer Wohnbevölkerung von 8%, bezogen auf alle Bundesländer, geführt." (Neumann 1995, S. 95)

„Deutsch als Zweitsprache fungiert dabei in erster Linie als Fachterminus für den unterrichtlich unterstützten sowie den außerunterrichtlichen Spracherwerb von Arbeitsmigranten („Gastarbeitern") und deren Kindern, trifft aber in den zentralen Merkmalen auch für die Gruppe der Flüchtlinge, Aus- und Umsiedler zu." (Barkowski 1995, S. 360)

Thürmann und Neumann stellen die Zahlenverhältnisse dar, die die Menschen betreffen, die Deutsch als Zweitsprache erwerben müssen, um in Deutschland eine Existenzgrundlage zu haben:

Es „leben in Deutschland mindestens 7 Millionen Menschen in einer sehr unterschiedlich ausgeprägten Zweisprachigkeitssituation, in die eingebettet der „Zweitsprachenunterricht Deutsch" betrachtet werden muß." (Neumann 1995, S. 95)

„Der überwiegende Teil dieser Menschen kommt aus den Ländern, in denen die deutsche Wirtschaft bis Ende der sechziger Jahre Arbeitskräfte angeworben hat. Aus der Türkei stammen mehr als 1,8 Millionen Menschen (...), über 70 % der Menschen aus den ehemaligen Anwerbeländern (leben) inzwischen mehr als 10 Jahre in der Bundesrepublik." (Thürmann 1995, S. 100)

3.2 Aspekte des Zweitspracherwerbs

Apeltauer nennt positive und negative Aspekte, die beim Zweitspracherwerb auftreten können:

Positive Aspekte des Zweitspracherwerbs bei den Lernern:
- Reflexionsfähigkeit über Sprache entwickelt sich;
- Wenn die Erst- und Zweitsprache gut beherrscht werden, sind die Fähigkeiten der Begriffsbildung besser entwickelt; Zweitsprachlerner sind im Bereich des divergenten und produktiven Denkens den anderen überlegen.

Negative Aspekte des Zweitspracherwerbs bei den Lernern:
- Zweitsprachlerner haben oft einen geringeren Wortschatz;
- Zweitsprachlerner benötigen bei den sprachlichen Aufgaben mehr Zeit;
- Verstehensprozesse werden, z.B. durch Lücken im Text, leichter gestört;
- Textzusammenfassungen fallen den Zweitsprachlernern schwer.

3.3 Förderung des Zweitspracherwerbs

Das Lernen in der Zweitsprache kann durch Gefühle der Bedrohung der persönlichen oder kulturellen Identität gestört werden.

Wichtige Begriffe bei der Bewertung der Situation, in der sich Zweitsprachlerner befinden, sind Akkulturation und Segregation. Akkulturation ist die physische, psychische und soziale Einordnung in den Bereich der Zielkultur (vgl. Lipold 1991). Diese Einordnung kann unter zwei Aspekten erfolgen, sie geschieht entweder als Integration oder als Assimilation.

„Während bei der Integration die eigene Ausgangskultur beibehalten wird, es sich daher um eine Kompetenzerweiterung handelt, wird bei der Assimilation die eigene Ausgangskultur schrittweise aufgegeben. Somit handelt es sich bei der Assimilation um eine Kompetenzsubstitution." (Lipold 1991, S. 29)

Die Akkulturation kann als Teil der Integration in die fremdsprachige Umgebung gesehen werden, im Gegensatz zur Segregation, die Ghettobildung und Absonderung meint.

Auernheimer (1990) weist auf die Bedingungen des Spracherwerbs durch den unterschiedlichen Grad von Eingliederung hin:

„Je mehr der Zugang zu gesellschaftlichen Positionen und Gütern erschwert ist (...), desto unwahrscheinlicher oder eingeschränkter ist die Assimilation." (Auernheimer 1990, S. 93)

Lipold (1991) weist darauf hin, daß Akkulturation nur möglich ist, wenn „die Lebensformen der autochthonen Sprechergruppe zumindest teilweise von der allochthonen Gruppe übernommen werden, ohne daß Grundwerte der eigenen Herkunftssprache oder -kultur 'verraten' werden müßten." (Lipold 1991, S. 31)

Autochthonie bezeichnet hier die Situation von Menschen, die sich mit ihrer angestammten Kultur und Sprache in einem auch historisch und traditorisch definierbaren Raum befinden, während die in der Situation der Allochthonie lebenden Menschen aus ihrem historisch und traditorisch definierbaren Raum herausgetreten sind.

Zweitsprachlernen ist ein kompliziertes Zusammenwirken unterschiedlicher Faktoren. Externe Faktoren sind die Sprecher der Zielsprache, die Problemsituationen und die Spracheingangsdaten; interne Faktoren sind Sprachlernerfahrungen, kognitiver Entwicklungsstand und das Selbstwertgefühl des Lerners.

3.3.1 Natürlicher Spracherwerb

Erwachsene Lerner profitieren vom natürlichen Spracherwerb mehr als von formalen Lernangeboten, wenn die Akkulturationsbereitschaft, d.h. die Bereitschaft, sich im sozialen wie auch im psychischen Bereich auf die Gruppe der Zielsprache-Sprecher einzulassen, vorhanden ist.

Offensichtlich ist der Lernerfolg um so größer, je geringer die wahrgenommene sozio-kulturelle Distanz zur Gruppe der Zielsprache-Sprecher ist. Bei einer großen Distanz übernehmen die Zweitsprachlerner in der natürlichen Lernsituation oft die Zielsprache mit Vereinfachungen, es entsteht die „Gastarbeitersprache" auch Pidginisierung genannt.

„Das Gastarbeiterdeutsch ist keine fixierte, abgegrenzte Sprache mit für alle Benutzer identischen Merkmalen und Eigenschaften, sondern eine Sammelbezeichnung für unterschiedliche lernersprachlichen Annäherungen an die Zielvarietät 'Standarddeutsch'." (Barkowski 1995, S. 362)

Eine Pidginsprache ist verkürzt, sie wird nie als Muttersprache erlernt, sie ist weniger komplex als die Zielsprache. Lipold (1991) spricht von einer „stillen Übereinkunft" zwischen den Pidginsprechern und den *native speakers* über die Verkürzung der grammatischen Strukturen zum Zweck der erleichterten Verständigung.

Die Kreolisierung besteht darin, daß eine ursprüngliche Pidginsprache zum üblichen Kommunikationsmittel einer Sprachgemeinschaft wird.

„Das Deutsch, das Zweitsprachen-Sprecher im außerunterrichtlichen Erwerb lernen, (ist) aufgrund der in besonderem Maße einschränkenden sozialen Bedingungen und

40

des nahezu völligen Fehlens qualifizierter Unterstützung in der Regel sehr defizitär und von zahlreichen Normabweichungen geprägt. Im Mittelpunkt des Unterrichts müssen deshalb gerade die Eigenschaften des Deutschen stehen, die im außerunterrichtlichen Spracherwerb nur unter großer Mühe, selten fehlerfrei und häufig überhaupt nicht erlernt werden." (Barkowski 1995, S. 361)

Auf die Bereitschaft, eine Zielsprache richtig und vollständig zu lernen, wirken sich nach Apeltauer (1987) mehrere Faktoren aus:

1. Die Beziehung der Lerner und der Muttersprachler
2. Die angestrebte Lebensform (Integration, Assimilation, Segregation)
3. Die Kontaktmöglichkeiten der Gruppen
4. Die Größe der Gruppen
5. Die beabsichtigte oder gewährte Aufenthaltsdauer

3.3.2 Symmetrie und Asymmetrie

Die Beziehungen der Gruppen der Lerner und der Muttersprachler können symmetrisch oder asymmetrisch sein. Unter Symmetrie versteht Lipold (1991) im Zusammenhang des Zweitspracherwerbs die Bereitschaft der autochthonen Gruppe, die Lebensformen der allochthonen Gruppe zu respektieren und partiell zu übernehmen, während die asymmetrische Beziehung die Dominanz der autochthonen Gruppe bezeichnet. Fühlt sich eine der beiden Gruppe kulturell, ökonomisch oder technisch unterlegen, so verringert sich deren Bereitschaft zur Akkulturation. Auch das Prestige der Sprachen ist an die Bewertung der Sprachgruppe gebunden (vgl. Apeltauer 1987, S. 13).

Die Bereitschaft zur Integration in die aufnehmende Gesellschaft hängt auch von der erwarteten Aufenthaltszeit ab, gerade bei den Arbeitsmigranten ist die erwartete Aufenthaltszeit oft viel kürzer als die tatsächlich in der aufnehmenden Gesellschaft verbrachte Zeit. Aus diesem Grund wurde von den Arbeitsmigranten oft von Anfang des Aufenthalts an wenig in den Erwerb der Sprache der aufnehmenden Gesellschaft investiert. Die Größe der Lernergruppe und ihr Bestreben, die eigenen kulturellen Formen zu bewahren, spielt eine wichtige Rolle im Zweitspracherwerbsprozeß. Wenn die Lerner Inseln in der Zielsprachengruppe bilden, sich z.B. nur untereinander besuchen, dann wird der Lernprozeß eingeschränkt sein.

Eine positive Sprachlernsituation würde durch folgende Merkmale charakterisiert:

„Zwischen beiden Gruppen herrscht symmetrische Beziehung, beide Gruppen sind bereit, Werte und Lebensformen der jeweils anderen (wenigstens partiell) zu übernehmen, es existieren viele Kontaktmöglichkeiten, die L2-Gruppe ist relativ klein, die kulturellen Unterschiede sind nicht groß, beide Gruppen haben positive Einstellungen zueinander und die L2-Gruppe beabsichtigt, auf Dauer (oder zumindest sehr lang!) im Gebiet der L1-Gruppe zu bleiben." (Apeltauer 1987, S. 15)

Faktoren, die den Zweitsprachlernprozeß beeinflussen:

– die Art der zustandekommenden Interaktion
– das gewählte Sprechermodell
– die Einstellung der Eltern und Lehrer zur Zielsprache und -kultur

Die Integration von Spätaussiedlern in die Gesellschaft der Bundesrepublik Deutschland wird durch politische Maßnahmen in besonderer Weise vorangetrieben. Erfahrungen aus einem Modellprojekt für Aussiedler aus Osteuropa zeigen, daß bei deren Eingliederung Schwierigkeiten – die auch auf den Prozeß des Spracherwerbs Auswirkungen haben – auftreten können:

„Die Akkulturation der Aussiedler verläuft jedoch nicht so problemlos, wie das gewöhnlich erwartet wird. Nach der Übersiedlung treten die Differenzen in der kulturellen und gesellschaftlichen Realität offen zu Tage. Die Konfrontation mit Anpassungserwartungen führt dann oft nicht zu den erwünschten Integrationsleistungen und Wertneuorientierungen, sondern im Gegenteil häufig zu einem Rückzug auf die traditionellen Orientierungen ihrer sozialen und kulturellen Herkunftsbedingungen. Aussiedler sind daher auf eine umfassende sozialpädagogische Betreuung angewiesen, die sich an Konsequenzen und Erfahrungen einer Ausländerpädagogik unter dem Stichwort der „Interkulturellen Erziehung" orientiert." (Dobischat et al. 1994, S. 6)

3.3.3 Die caretaker language

Die Interaktionsart der angepaßten natürlichen Kommunikation kann den Spracherwerbsprozeß unterstützen. Diese Interaktionsart – die *„caretaker language"* – ist den sprachlichen Fähigkeiten des Lerners angepaßt, sie wird mit der sprachlichen Entwicklung des Lerners fortgeführt. Apeltauer (1987) beschreibt sie so:

„ – konkret und situationsgebunden, unter Einbeziehung von konkreten Gegenstän-den;
 – gegenwartsbezogen, d.h. es wird beschrieben, was augenblicklich passiert, bzw. was getan wird; es werden Handlungsanweisungen und Fragen zu Tätigkeiten der Kinder formuliert;
 – eingeschränkte Themenwahl; reduzierte Sprechgeschwindigkeit;
 – Gebrauch und Wiederholung einfacher Worte;
 – kürzere und einfachere Äußerungsformen;
 – hoherer Anteil an Imperativen und Fragen;
 – Dekodierungspausen, d.h. längere Sprechpausen, die dem Lerner Gelegenheit geben sollen zu dekodieren;
 – höherer Anteil an korrekteren Äußerungsformen (als in normaler Rede)." (Apeltauer 1987, S. 16)

Im Unterschied zu der Hinwendung von erstsprachigen an zweitsprachige Auszubildende in Form des „Ausländerdeutsches", des Pidgin, (Infinitivformen, Grundformen der Sätze) wird die *„caretaker language"* von den Sprechern beständig den sich verändernden sprachlichen Gegebenheiten des Lernenden angepaßt.

Günstig für die Sprachentwicklung sind die Kontakte zu *peers* und zu „freundlichen Nachbarn", auch mäßiger Mediengebrauch kann sich günstig auswirken, insbesondere, wenn die Verstehensprozesse durch bestimmte Aufgaben angeleitet werden.

3.3.4 Zweitspracherwerb und Identität

Lipold (1991) verweist auf die besondere Situation der Auszubildenden beim Erwerb der Zweitsprache, er betont, wie wichtig für diese Gruppe die Interaktion mit den L1-Sprechern ist und wie bedeutsam die Art des Kontakts für den Aufbau der Sprache ist.

„Die Art der zustandekommenden sprachlichen Interaktion wird vor allem durch das vom L2-Erwerbenden bevorzugte Sprechermodell mitbestimmt. Darunter versteht man jene Personen, in denen der Heranwachsende ein Vorbild für die von ihm angestrebte L2-Kompetenz sieht." (Lipold 1991, S. 46)

Bei der Auswahl des Sprechermodells werden von den Auszubildenden meist Gleichaltrige (peers), aber auch Kollegen und Meister bevorzugt, weil sie deren Sicht von der Welt eher teilen als die von Eltern oder älteren Geschwistern.

Der positive sprachliche Einfluß der peers und der Kollegen scheint stärker zu sein als der sprachliche Einfluß der Eltern, es liegen hierfür aber noch keine gesicherten Forschungsergebnisse vor.

Der negative sprachliche Einfluß von Personen, Gruppen oder dem aufnehmenden Land, die von den Lernern nicht akzeptiert werden, scheint sich ebenso stark auf den Spracherwerb auszuwirken wie der positive Einfluß der peers. Apeltauer (1987) berichtet von Kindern, die zwar Anweisungen in einer fremden Sprache befolgen konnten, sie aber nicht sprachen, weil sie das vor ihrer Bezugsgruppe nicht rechtfertigen konnten: „weil ich Mexikaner bin", „weil ich sonst von meinen Klassenkameraden geschnitten worden wäre."

„Bedenkt man, daß auch der Zweitsprachunterricht seine Bedeutung für die Identitätsfindung und -festigung hat, so wird (...) verständlich, weshalb Lernziele nicht nur an sprachlichen Fertigkeiten allein orientiert sein sollten, sondern auch an Interaktionsstrategien (...) sowie an den Bedürfnissen und Interessen der Schüler." (Apeltauer 1987, S. 19)

3.3.5 Einfluß der Muttersprache auf den Zweitspracherwerb

„Der Muttersprache kommt beim Zweitspracherwerb eine Schlüsselfunktion zu, da einerseits auf Fähigkeiten, die beim Erstspracherwerb entwickelt wurden, zurückgegriffen werden muß, andererseits die Entfernung (bzw. Nähe zur Zielsprache) Auswirkungen auf den Lernprozeß hat." (Apeltauer 1987, S. 30)

Für einen Türken, der Deutsch lernt, bedeutet das, daß er nicht nur neue Strukturen der Sprache, sondern auch neue Perzeptions- und Produktionsstrategien lernen muß. Zwischen den Sprachen bestehen Kontraste, die grundsätzliche Schwierigkeiten verursachen. Für türkische Lerner des Deutschen ist es z.B. schwierig, die Kategorie des Genus und die damit verbundenen Artikelformen, die es in ihrer Sprache nicht gibt, zu lernen.

Apeltauer (1987) weist aber darauf hin, daß sich die konkreten Schwierigkeiten eines Lerners erst auf der Grundlage seines Sprachstandes bestimmen lassen. Dazu würde auch die Analyse seines Sprachentwicklungsstandes in der Muttersprache gehören, weil hier die Basis zum Zweitspracherwerb gelegt ist.

Ein von Apeltauer (1987) geforderter Unterricht in der Muttersprache wird aber an beruflichen Schulen – aus Gründen, die an anderer Stelle diskutiert werden – nicht erteilt.

3.4 Analyse der Sprachentwicklung

Die Analysen der Sprachentwicklung beziehen sich auf die Faktoren der Fehleranalyse z. B. in Diktaten und Aufsätzen, in denen die Annäherung an die korrekten Formen des Deutschen geprüft wird und auf die Verstehensprüfung im Umgang mit der Sprache in Gesprächen und in Schrifttexten, die als Sprachstandsanalysen bezeichnet werden.

Bei der Bearbeitung der Materialien der Sprachstandsanalyse im Rahmen des Modellversuchs TEFAS sind die Verstöße gegen Rechtschreib- und Zeichensetzungsregeln weniger von Belang als die Prüfung der Verstehensleistungen, wie sie unten besprochen werden.

3.5 Die existentielle Bedeutung des Zweitspracherwerbs

Die existentielle Bedeutung für die Lebenschancen, die den Deutschkenntnissen zukommt, stellt Neumann dar:

„Die Deutschkenntnisse stehen in engem Zusammenhang mit dem Beruf und der Stellung im Betrieb (21 % der Ungelernten, aber nur 5 % der Facharbeiter stufen ihre Kenntnisse als 'schlecht' ein). Die besten Deutschkenntnisse müssen nach diesen Ergebnissen (der Selbsteinschätzung, K.-H. Jahn) die Auszubildenden aufweisen (90% 'gut' bis 'sehr gut') obwohl nachgewiesen werden konnte (Beer/Wagner 1985), daß Deutschkenntnisse keineswegs notwendige Eingangsvoraussetzungen für eine erfolgreiche Ausbildung sind, wenn eine entsprechende Förderung erfolgt. Dennoch gilt in der Breite der Bildungssituationen wie von Beginn der Arbeitsmigration an, daß der Bildungserfolg eng an Deutschkenntnisse gebunden ist." (Neumann 1995, S. 96)

Für die Auszubildenden wird an den Berufsschulen wenig zur Steigerung ihrer Deutschkenntnisse getan, Zweitspracherwerb erfolgt hauptsächlich in Sondermaßnahmen:

„In Berufsschulen findet Zweitsprachenunterricht Deutsch in Sondermaßnahmen für die 16-18jährigen statt, dies sind vor allem Kinder von Aussiedlern oder Flüchtlingen (...)" (Neumann 1995, S. 97)

Welche Aktivitäten in Modellversuchen entwickelt wurden, wird in Abschnitt 6 dargestellt.

3.6 Lage der zweitsprachigen Auszubildenden

Die Schulabschlüsse der Auszubildenden, die Rate von Ausbildungsabbrüchen und ihre Gründe geben einen Hinweis zu der Fragestellung, welche (fach)sprachlichen Fähigkeiten notwendig sind, um eine betriebliche Lehre beginnen und erfolgreich abschließen zu können.

Von den Schulabgänger in den alten Bundesländern hatten 1995 190.940 einen Hauptschulabschluß, 228.797 einen Realschulabschluß und 203.284 die Hochschulreife. Grob gerechnet hatten sie zu je einem Drittel Hauptschulabschluß, Realschulabschluß oder Hochschulreife (Fachhochschul- und allgemeine Hochschulreife zusammengerechnet) (vgl. Berufsbildungsbericht 1995, S. 182).

Von den Auszubildenden, die heute eine betriebliche Lehre durchlaufen, – zweitsprachige Auszubildende in Klammern – sind 3,5 % (18,8 %) ohne Hauptschulabschluß, 34 % (39,4 %) haben einen Hauptschulabschluß, 35 % (28,8 %) einen Realschulabschluß, 26 % (13,7 %) das Abitur.

Bei den männlichen Auszubildenden sind die am stärksten besetzten Ausbildungsberufe Kraftfahrzeugmechaniker und Elektroinstallateur, bei den weiblichen Arzthelferin und Kauffrau.

Die Zahl der ausländischen Schulabgänger lag 1993 bei 11 %. Deren Abschlüsse haben sich zwischen 1983 und 1993 wie folgt geändert (vgl. Tabelle 2, gekürzt aus Berufsbildungsbericht 1995, S. 58).

Schulabschlüsse	1983	1993
Ohne HS – Abschluß	30,5	18,8
Mit HS – Abschluß	44,5	39,4
Mit Realschul – Abschluß	19,5	28,8
Mit Hochschulreife	5,5	13,0
davon aus BS	8,0	12,0

Tabelle 2: Zweitsprachige Schulabgänger

Von den Auszubildenden, die die Teilzeitberufsschule besuchen, sind 7,8 % zweitsprachige Auszubildende. Die Türkei ist das am stärksten vertretene Land (Zahlenwerte aus: Berufsbildungsbericht 1995, S. 58).

Aus der Sichtung der Ausbildungsinhalte an der Berufsschule, den Prüfungsanforderungen und der Schulbücher ergibt sich, daß sich die Anforderungen an die Auszubildenden, die die Berufsausbildung stellt, gegenüber den 70er Jahren gewandelt haben; theoretische Inhalte haben eine größere Bedeutung bekommen.

Auch die Struktur der Berufe hat sich gewandelt, den lebenslang ausgeübten Beruf wird es in Zukunft nicht mehr geben. Das berufliche Wissen erneuert sich in viel schnellerer Zeit, nur die Bereitschaft zu lebenslangem Lernen wird die berufliche Kompetenz des einzelnen erhalten können.

An diesen kurz skizzierten Bedingungen der gegenwärtigen Ausbildungssituation scheitern viele Auszubildende, darunter viele zweitsprachige Auszubildende. Ausbildungsverhältnisse werden abgebrochen oder nicht erfolgreich beendet.

In vielen Fällen sind die Gründe für das Scheitern darin zu suchen, daß Auszubildende keine Motivation für den Beruf aufbringen konnten, daß Streitigkeiten entstanden oder daß die Anforderungen des theoretischen Unterrichtes nicht erfüllt werden konnten.

Die Übersicht über die Gründe von Ausbildungsabbrüchen muß mit Vorsicht gelesen werden, weil die Nennungen tatsächliche Vorkommnisse auch verschleiern könnten. Daß Sprachschwierigkeiten nur mit einem Prozentpunkt als Abbruchgrund angegeben werden, widerspricht den Erfahrungen aus den vorangegangenen Modellversuchen (vgl. Tabelle 3, Schweikert 1993, S. 40), die Tatsache weist darauf hin, daß sprachliche Schwierigkeiten entweder nicht wahrgenommen oder nicht problematisiert werden.

Inwieweit sprachliche Defizite Ursache dafür waren, daß Ausbildung keinen Spaß machte oder zu schwierig war, daß Schwierigkeiten mit Kollegen, Ausbildern und Lehrern entstanden, daß es Probleme in der Berufsschule gab, kann nur in Einzelgesprächen mit Betroffenen geklärt werden.

Gründe für den Abbruch der Berufsausbildung	Prozent
Zwang/Wunsch Geld zu verdienen	32
Ausbildung macht keinen Spaß	28
Ausbildung war zu schwierig	9
Ausbildung war körperlich zu anstrengend	6
Gesundheitliche Gründe	13
Schwierigkeit mit Kollegen	14
Schwierigkeiten mit Ausbildern/Lehrern	18
Sprachschwierigkeiten	1
Konflikte in der Familie	9
Probleme in der Berufsschule	4
war zwischendurch länger im Herkunftsland	2
Heirat	6
Sonstiges	8

Tabelle 3: Abbruch der Berufsausbildung

In einer Befragung von Dagmar Beer-Kern, deren Ergebnisse in der Tabelle 4 (Beer-Kern 1992, S. 91 gekürzt) dargestellt werden, werden die sprachlichen Faktoren der Schwierigkeiten von Auszubildenden herausgestellt.

Aus dieser Zusammenstellung wird deutlich, daß die ausländischen Auszubildenden erhebliche Schwierigkeiten in Betrieb und Schule haben, die durch Mängel in den (fach)sprachlichen Fähigkeiten bedingt sind.

Vor diesem Hintergrund wurde die Idee des Modellversuchs TEFAS entwickelt, ein Lernprogramm für ausländische Jugendliche einzurichten, das helfen kann, die sprachlichen – ganz speziell die fachsprachlichen – Schwierigkeiten in der Berufsausbildung zu beheben.

Die technische Entwicklung im EDV-Bereich erlaubt es, mit begrenzten Mitteln Lernprogramme zu konzipieren, in denen Text-, Bild- und Tonelemente zu motivierenden Lernerlebnissen verknüpft werden können.

Schwierigkeiten in der Berufsschule/im Betrieb	Mehrfach-nennungen in %
Berufsschule	
Ich verstehe oft nicht die fachspezifischen Ausdrücke im Unterricht	86,8
Ich habe Verständnisprobleme, meine deutschen Sprachkenntnisse sind nicht so gut	67,7
Die Lehrer gehen zu schnell voran bei der Lernstoffvermittlung	71,5
(...)	
Betrieb	
Ich habe Verständnisprobleme, meine deutschen Sprachkenntnisse sind nicht so gut	68,4
Ich kann nicht so schnell arbeiten, wie es verlangt wird	49,5
Ich habe Schwierigkeiten mit deutschen Auszubildenden, weil ich Ausländer bin	38,2
Ich habe andere Schwierigkeiten	41,5

Tabelle 4: Die vier am häufigsten genannten Schwierigkeiten in der Berufsausbildung

3.6.1 Erfahrungsberichte abgeschlossener Modellversuche und andere Forschungsbeiträge zum Fachsprachenunterricht für Auszubildende an beruflichen Schulen

Eine mit Material gut versehene Dokumentation von Modellversuchen mit wissenschaftlicher Begleitung und von wissenschaftlichen Untersuchungen zur Thematik des Zweitspracherwerbs für Benachteiligte wurde 1989 vorgelegt. Das Ziel der Modellversuche war, Unterrichtsmaterialien zu entwickeln, in denen fachliches und sprachliches Lernen integriert wird. Die Beiträge beschäftigen sich mit den Problemen von Auszubildenden, die ein Ausbildungsverhältnis für juristische, medizinische, technische, landwirtschaftliche und baufachliche Berufe eingegangen sind (Menk, Reich, Felke-Sargut, Zielke, alle 1989). Den Darstellungen ist gemeinsam, daß die sprachlichen und fachsprachlichen Defizite der Auszubildenden beschrieben und ihre Ursachen in Ansätzen erklärt werden. Die Konzepte zur Behebung der sprachlichen

und fachsprachlichen Probleme werden beschrieben und deren Realisierung in Lehr-
und Lernmaterialien (LLM) dargestellt.

In allen Beiträgen wird deutlich, wie Fortschritte in sprachlichem und fachlichem
Lernen miteinander verbunden sind.

3.6.2 Die Konzepte im einzelnen

Der Sprachstand der jungen zweitsprachigen Auszubildenden, die einen Ausbildungsplatz erhalten haben, wird für alle Modellversuche so dargestellt, „daß ein systematischer Anfängerunterricht in deutscher Sprache nicht nötig war und nicht sinnvoll
gewesen wäre." (Reich 1989, S. 140)

Bei einer Erhebung der fachsprachlichen Fähigkeiten ergab sich folgendes Bild:

„Die folgenden sprachlichen Erscheinungen haben sich als besonders problemträchtig
erwiesen:

– Satzgefüge, insbesondere mit Relativsätzen,

– Passiv-Konstruktionen,

– Nomen mit Vor- und Nachsilben,

– Verben, die als Nomen gebraucht werden,

– Wörter, die gleich lauten, aber verschiedene Bedeutung haben." (Reich 1989, S. 140)

Zu den Problemen, die die Fachsprache in diesem engeren Sinn aufwirft, kommt eine
weitere Schwierigkeit hinzu, die Reich so beschreibt: „der Allgemeinwortschatz, der
einer gehobenen Stilschicht angehört und sich nicht selten in Fachtexten findet."
(Reich 1989, S. 140)

Menk berichtet von ähnlichen Schwierigkeiten bei der Bearbeitung von Fachtexten.
Sie beschäftigt sich mit der Ebene des Wortschatzes und stellt dabei drei Gruppen, in
denen die Probleme auftreten, heraus.

„(1) Fachwortschatz im engeren Sinne

(2) Standardwortschatz

(3) Strukturwörter" (Menk 1989, S. 157)

Bei ihrem Beispieltext machen die Fachwörter 11 % des Gesamttextes aus, die im
Rahmen einer fachlich orientierten Unterrichtseinheit erworben werden. 24 % der
Gesamtzahl der Wörter ordnet sie der Standardsprache zu. Sie stellt fest, daß
zweisprachigen Auszubildenden, denen diese Wörter fehlen, die entscheidenden Gedanken des Textes nicht verständlich sein können. Ähnliches gilt für den Struktur-
wortschatz. Fehlt er, ist das Erkennen der logischen Bezüge und der Handlungsabfol-
gen erschwert. Aus diesen Beobachtungen leitet Menk das Verhältnis von Fach- und
fachsprachlich orientiertem Unterricht ab.

„Es erscheint einleuchtend, daß ein Fachunterricht im herkömmlichen Sinne die
sprachlichen Mittel zur Erarbeitung eines solchen Textes nicht bereitstellen kann."
(Menk 1989, S. 158)

Dies ist eine Beobachtung, die in allen Modellversuchen gemacht wird.

– Wenn der Fachunterricht allein die sprachlichen Probleme zweitsprachiger Jugendlicher nicht lösen kann, dann entsteht die Frage, in welchen Zusammenhängen
Sprache unterrichtet wird, und dabei gibt es zwei Möglichkeiten. Entweder wird

fachsprachlicher Unterricht in eigenen Kursen angeboten oder die sprachliche Schulung wird in den fachkundlichen Unterricht integriert. In allen erwähnten Modellversuchen wird einhellig die Meinung vertreten, daß nur der in den Fachkundeunterricht integrierte sprachliche Unterricht zum Erfolg führen kann.

„Ich gehe deshalb davon aus, daß ein vom Fachunterricht losgelöster Sprachkurs auf diese Anforderung von Fachtexten nur in geringem Umfang und sehr zufällig vorbereiten kann. Zwar gilt ganz allgemein, daß mit wachsender Beherrschung der Standardsprache Lerner zunehmend besser mit Fachtexten umgehen können, dennoch ist unter den gegebenen Lernbedingungen eine unspezifische Vorbereitung zu aufwendig." (Menk 1989, S. 158)

Die Forderung Menks heißt schließlich, daß die Erarbeitung des Standardwortschatzes auch in den Fachunterricht integriert werden müsse.

Reich schwächt diese Forderung ab, weist aber auch darauf hin, daß der Sprachunterricht nicht vom beruflichen Lernen abgelöst werden sollte.

„Es gibt zwar benennbare typische Sprachschwierigkeiten bei der Gruppe unserer Jugendlichen, aber diese sind zum größeren Teil gebunden an einzelnes Wortmaterial, so daß die tatsächlich auftretenden Verstehensprobleme nur sehr bedingt vorhersehbar sind. Ein vom Verlauf des Fachkunde-Unterrichts abgehobener Sprachunterricht würde daher auch nur sehr bedingt als Hilfe beim fachlichen Lernen erfahren werden können." (Reich 1989, S. 140)

Sprachlernen ist an den lebendigen Fachunterricht geknüpft. Nach Reich steht dabei eher das zufällige, spontane Lernen am auftretenden Einzelfall im Vordergrund.

„Ausdrücke der fachlichen Unterweisung werden aufgegriffen und erklärt; die sprachlichen Indikatoren einer Gedankenverbindung (vor allem Konjunktionen) werden bewußt gemacht und auf parallele Beispiele übertragen; deutsche Begriffe werden auf Türkisch umschrieben; Etymologien werden benutzt, wenn sie hilfreich sind, d.h. wenn griechische oder italienische Jugendliche sich in der Gruppe befinden; Fachtermini werden mit umgangssprachlichen Umschreibungen eingeführt; Wortbildungen werden durchsichtig gemacht usw." (Reich 1989, S. 140)

Die Erarbeitung der fachsprachlichen Elemente ordnet sich in jedem Fall den Verständnisschwierigkeiten, die die Auszubildenden haben, unter. Die Sprachförderung setzt an den wahrgenommenen Sprachbedürfnissen der Auszubildenden an. Sie hilft Mißverständnisse, Ungenauigkeiten und Schwierigkeiten im Ausdruck auszugleichen. Mit dieser Vorgehensweise kann auch einer Schwierigkeit begegnet werden, die Menk beschreibt.

„Die Auszubildenden mit langjährigem Aufenthalt hatten trotz ihrer Defizite im Bereich der Standardsprache eine deutlich erkennbare Abneigung gegen Sprachunterricht:

– Sie hatten das Selbstverständnis, daß sie genug Deutsch könnten.

– Die jahrelange Ausgrenzung durch Vorbereitungs- und Förderklassen in der Schule, die hauptsächlich mit Sprachdefiziten begründet wird, hatte im Bewußtsein der Auszubildenden der Sprachförderung das Stigma des „Andersseins", „Noch-nicht-so-gut-wie-die-Deutschen-seins"gegeben.

- Dagegen war ein deutlich erkennbares Interesse für den Beruf und berufsspezifische Lerninhalte vorhanden, das genutzt werden konnte. Die hierbei auftretenden Sprachprobleme waren evident, traten aber oft gar nicht als solche, sondern eher als Fachprobleme oder Methodenfragen in Erscheinung." (Menk 1989, S. 156)

Für den konzeptionellen Ansatz – Sprachunterricht integriert in den Fachunterricht – ergeben sich reichhaltige Argumentationen.

„Im Verlauf des Fachunterrichts kann der Sprachstand erweitert werden, ohne daß der Unterricht seinen Fachcharakter verlieren muß. Dabei profitiert der Spracherwerb von der Motivation für den Fachinhalt." (Menk 1989, S. 160)

Bei dem Beitrag „Ausbildungsbegleitender (Fach-)Sprachunterricht" von Dagmar Beer (1989), vertieft in Beer-Kern „Lern- und Integrationsprozeß ausländischer Jugendlicher in der Berufsausbildung" (1992), handelt es sich um eine Darstellung der Chancen zweisprachiger Auszubildender im Ausbildungssystem der Bundesrepublik Deutschland. Insbesondere geht es um die Probleme fachsprachlicher und fachlicher Ausbildung.

Es werden die Möglichkeiten ausbildungsbegleitenden Sprachunterrichts beschrieben. Eine der hauptsächlichen Beobachtungen von Beer ist (und das deckt sich mit vielen Modellversuchen mit Benachteiligten im Berufsschulwesen), daß auch bei einem erfolgreichen langjährigen Schulbesuch in der Bundesrepublik und bei guten umgangssprachlichen Leistungen die ausländischen Jugendlichen bei den fachtheoretischen Anforderungen überfordert sind." (Beer 1989, S. 7)

Beer weist darauf hin, daß diese Situation auch für viele erstsprachige Auszubildende mit oder ohne Hauptschulabschluß gilt und sie folgert, daß Grund- und Hauptschulen insbesondere junge Ausländer nicht so sprachlich und fachlich fördern, wie es für eine erfolgreiche Berufsausbildung notwendig wäre (vgl. Beer 1989, S. 7).

Eine verblüffende Beobachtung ist, daß das Leistungsniveau und der Prüfungserfolg von jungen Ausländern mit kurzer Verweildauer in Deutschland wesentlich besser ausfällt als der von jungen Ausländern mit langjährigem Aufenthalt und Schulbesuch in der Bundesrepublik (vgl. Beer 1989, S. 7).

Die Sprachprobleme junger zweisprachiger Auszubildender schlagen sich darin nieder, daß sie häufig am theoretischen Teil der Ausbildung scheitern.

„Es zeigt sich nahezu durchgängig, daß die für die Alltagskommunikation und für die fachpraktische Unterweisung im Betrieb meist ausreichende Sprachkompetenz zum Verständnis fachtheoretischer Inhalte nicht ausreicht." (Beer 1989, S. 7)

Offensichtlich besteht eine große Differenz zwischen der Sprache des fachtheoretischen Unterrichts – wie sie zum Beispiel in Lehrwerken realisiert wird – und der fachpraktischen Ausbildung im Betrieb, in der die Umgangssprache eher dominiert.

„Das sprachliche und fachliche Anforderungsniveau vieler fachtheoretischer Lehrwerke, die in der Berufsschule verwendet werden, legt die Vermutung nahe, daß viele Autoren dieser Fachbücher weniger ihre originäre Zielgruppe, die Auszubildenden, im Auge haben, als vielmehr die Fachkollegen der jeweiligen Bezugswissenschaft." (Beer 1989, S. 7)

Diese Einschätzung von Beer möchte ich dahingehend relativieren, daß Fachbuchautoren Konventionen unterliegen, die sie sich in ihrer Fachausbildung angeeignet haben, und die ihnen nicht bewußt sind. Didaktische und methodische Diskussionen in der Berufspädagogik, die in den letzten Jahren den Handlungsaspekt gegenüber dem kognitiven Aspekt bevorzugen, schlagen sich auch in den Vertextungsstrategien von Lehrbüchern nieder, was ein Plus an Übersichtlichkeit und Zuwendung an die Adressatengruppe ergibt. Die an der Ingenieurwissenschaft orientierten fachsprachlichen Elemente bleiben aber durchaus noch erhalten.

Die Beobachtungen von Beer laufen darauf hinaus, „daß die Hauptschwierigkeit beim Verständnis fachtheoretischer Texte kaum der originäre Fachwortschatz ist – diesen zu erlernen bereitete den Jugendlichen weniger Schwierigkeiten – sondern vorrangig bei den im Vergleich zur Gemeinsprache unüblichen und selten gebrauchten Satzstrukturen sowie den gehobenen allgemeinsprachlichen Wortschatz liegt, wie er in Fachtexten vorkommt." (Beer 1989, S. 7)

In den verschiedenen Ebenen der beruflichen Ausbildung müssen die Auszubildenden verschiedene sprachliche Fähigkeiten erwerben. Sie werden mit zum Teil erheblich voneinander abweichenden Sprachebenen konfrontiert. Das reicht von der komplexen Ebene der Wissensaneignung zur situationsgebundenen Betriebssprache im betrieblichen Handlungsablauf bis zum Beratungsgespräch mit Kunden.

„Die Erfahrung in den Modellversuchen zeigt, daß berufliches Handeln und seine Versprachlichung um so schwieriger ist, je mehr es an Anschaulichkeit verliert. Das Auseinanderklaffen theoretischer und praktischer Wissensvermittlung in Betrieb und Berufsschule wirkt sich vor diesem Hintergrund für den sprachlichen und fachlichen Lernfortschritt der jungen Ausländer fatal aus." (Beer 1989, S. 8)

Offensichtlich reicht zum Verständnis von Fachtexten nicht allein die Beherrschung der jeweiligen Fachterminologie aus. Die Fachterminologie ist entscheidend für das thematische Verstehen. Bei den didaktischen Überlegungen zur Vermittlung von Fachsprache müssen auch Hilfen für die Auflösung einzelner Sätze in Fachtexten, über den Aufbau der Fachtexte, die Beziehungen der einzelnen Sätze untereinander und die logische Verknüpfung der Sachverhalte, z.B. durch Pronomen und Konjunktionen, im ausbildungsbegleitenden Sprachunterricht thematisiert werden (vgl. Beer 1989, S. 8).

Beer formuliert (mit Surek/Bergerhoff/Dahms/Schäffner 1983): „Es müssen sprachliche Aufschlüsselungshilfen zur sinnhaften Zergliederung von Fachtexten gegeben werden, und zwar mit dem längerfristigen Ziel, die Jugendlichen zu einer «immer selbst[st]ändigere(n) und eigenständigere(n) komplexere(n) Verstehens- und Formulierungsleistung» zu bringen." (Beer 1989, S. 8)

Die Unterrichtsbeobachtungen und Interviews mit den Lehrern und Auszubildenden zeigen, daß im fachtheoretischen Unterricht das Lesen und Verstehen von Fachtexten im Vordergrund steht. Das bedeutet, daß das passive Sprachverständnis gegenüber der produktiven Sprachleistung dominiert. Die aktive Sprachleistung in der praktischen Ausbildung war von vielen zweisprachigen Auszubildenden relativ schnell und leicht erreichbar. Die Verständnisprobleme konzentrieren sich hauptsächlich auf den fachtheoretischen Unterricht in der Berufsschule. Ein Hauptgrund wird von Beer darin gesehen, daß die standardisierte Fachsprache im fachtheoretischen Unterricht nicht als eigenständiger Lerninhalt einbezogen ist (das führte zu Problemen nicht allein für die ausländischen, sondern auch für die deutschen Auszubildenden).

„Der sprachliche Zugang zu Fachtexten, der Umgang mit entsprechenden Hilfsmitteln, das Verfügen über Lerntechniken zum Auflösen des Textes, werden als schon vorhandene Kompetenzen vorausgesetzt." (Beer 1989, S. 9)

Beer fordert vom fachtheoretischen Unterricht, daß „auch bei guter Gemeinsprachkompetenz ... ausbildungsbegleitende fachliche und sprachlichen Förderung ... erforderlich (ist)." (Beer 1989, S. 9)

Die sprachliche Kompetenz der jungen zweisprachigen Auszubildenden wurde durch die Lehrer des von Beer beschriebenen Modellversuchs am Anfang wie folgt eingeschätzt: Über 60 % haben mündlich und schriftlich gute oder sogar sehr gute Fähigkeiten. Über 90 % der Einschätzungen im mündlichen Bereich sind gut oder sehr gut.

Auffällig an der Untersuchung von Beer ist, daß zweisprachige Auszubildende, die das deutsche Schulsystem mit Hauptschulabschluß durchlaufen haben, in der Regel geringe fachsprachliche Leistungen zeigen und nicht in der Lage sind, Motivation zum Sprachlernen aufzubauen. D.h., sie haben das Bewußtsein, daß ihre sprachlichen Fähigkeiten ausreichen, um alle Situationen, mit denen sie konfrontiert werden, meistern zu können.

„Gerade diese Gruppe erlebt in ihrem gesamten Lebenskontext, daß ihre bisher erreichte Sprachkompetenz sowohl für die praktische Berufsausbildung als auch für die Alltagskommunikation ausreicht. Diesen Jugendlichen die Notwendigkeit der Teilnahme an einem ausbildungsbegleitenden Sprachunterricht zu verdeutlichen, bereitet oftmals Schwierigkeiten." (Beer 1989, S. 17)

3.6.3 Zusammenfassung

Für den Untersuchungsansatz dieser Arbeit ergibt sich aus den Erfahrungen der vorangegangenen Modellversuche, daß die Beherrschung der Fachsprache von entscheidender Bedeutung für den Erfolg der Berufsausbildung ist.

Die Schwierigkeiten der zweisprachigen Auszubildenden liegen nicht im Umgang mit der allgemeinen, alltäglichen Sprache, die sie meist angemessen beherrschen. Probleme haben die zweisprachigen Auszubildenden mit der Fachsprache, dabei aber nicht nur beim Verständnis von Fachwörtern, sondern auch mit Wörtern aus dem Standardwortschatz und bei Strukturwörtern, bei der Bildung von Sätzen und bei der Produktion von Texten.

Alle Modellversuche hatten als Ergebnis Materialien für den Unterricht vorzuweisen, die auch für unser Vorhaben wichtige Impulse bieten können. Eine entscheidende Beobachtung war aber immer, daß es nicht auf das Material allein ankommt, sondern auf die Bereitschaft der Lehrer, sich mit den Problemen der zweisprachigen Auszubildenden zu beschäftigen.

Bei der Durchführung des Unterrichts in den Modellversuchen zeigte es sich, daß der Fachsprachenunterricht in den Fachunterricht integriert werden muß, um eine Ablehnungshaltung bei den Auszubildenden zu vermeiden, die z.T. auf die besondere Lage der zweisprachigen Auszubildenden als Außenseiter in der Schule zurückzuführen ist.

4 Lehr- und Lernmaterialien in der Berufsausbildung

Im Zusammenhang dieses Kapitels sollen die Forschungsergebnisse der Fachsprachenlinguistik insoweit dargestellt werden, als es für die Analyse und Begründung der Auswahl von Lehr- und Lernmaterialien für den Unterricht relevant ist. Das schließt auch ein, daß bereits vorliegende Konzeptionen, wie sie in den Abschlußberichten von Modellversuchen dokumentiert werden, auf *Anschlußmöglichkeiten* hin untersucht und einer *kritischen Analyse* unterzogen werden.

Als Lehr- und Lernmaterialien für den Unterricht werden hier die Medien für die Ausbildung in Theorie und Praxis, wie Arbeits- und Informationsblätter, Tafelbilder, OH-Folien, Schulbuch, Leittexte und multimediale Informations- und Lernprogramme, des Berufsfeldes Metall in beruflichen Schulen verstanden.

Lehr- und Lernmaterialien für den Unterricht			
durch den Lehrer erstellt		durch öffentliche Institutionen verbreitet	
schriftlich	*gegenständlich*	*traditionell*	*Neue Technologie*
Arbeits- und Informationsblätter, Leittexte, Tafelbild, OH-Folie	Modelle, Präparate, (Sonderform: durch Leittexte angeleitete Arbeit an Arbeitsgeräten und Maschinen)	auditive, visuelle, audiovisuelle Textsorten wie Rundfunkbeitrag, Fachbuch, Dia, Lehrfilm, Video	multimediale Textsorten wie Computerlernprogramme

Tabelle 5: Lehr- und Lernmaterialien

Die Überlegungen zu den Fachsprachen sollen helfen, das Material für die Aufgabenstellungen der Sprachstandsanalyse zu beschreiben, die Auswahl zu begründen und die Analyse der Ergebnisse der Sprachstandsanalyse mit zu ermöglichen. Weiter sollen in diesem Kapitel die Grundlagen für die Auswahl und die Bearbeitungsmethoden der Lehr- und Lernmaterialien für das Lernprogramm TEFAS geschaffen werden.

4.1 Aufgaben der Fachsprachen in der Berufsausbildung

Die Fachsprachen werden als eine Folge der Arbeitsteilung in der gesellschaftlichen Entwicklung bezeichnet (Baumann 1992). Die Fächer haben sich im Laufe eines historischen Prozesses herausgebildet. Aus dieser Sicht gehören die Metallberufe zum Fächerbereich der Naturwissenschaften, der Technik, der Technik der Metall- und der Kunststoffbearbeitung; Fachleute, die mit den Fragen der Metallbearbeitung befaßt sind, tun das auf sehr verschiedenem Spezialisierungsniveau.

Hoffmann (1985) stellt für Fachsprachen im wissenschaftlichen Verwendungszusammenhang Forderungen an die sprachlichen Leistungen:

„Der wissenschaftliche Stil ist ein Sprachstil, der

1) nach Genauigkeit, Einfachheit und Klarheit,

2) nach logischer Strenge und emotionaler Einprägsamkeit,

3) nach ständigem Austausch mit der Gemeinsprache,

4) nach einer strengen Determinierung sorgfältig durchdachter Termini,

5) nach weitgehender Nutzung unterschiedlicher stilistischer Mittel der Sprache,

6) nach einer überlegten Verwendung der notwendigen Ziffern, Symbole und Zeichen strebt." (Hoffmann 1985, S. 41)

Obwohl einzelne der genannten Merkmale auch in anderen Sprachstilen auftreten könnten, sei ihre spezifische V e r b i n d u n g eben für den Stil der wissenschaftlichen Darstellung charakteristisch.

Die Fachsprachen haben typische Merkmale, im folgenden Überblick sind sie nach einer Übersicht von Hoffmann (1985) gekürzt zusammengestellt:

– Sachlichkeit, Objektivität, Logik, Genauigkeit, Exaktheit, Informationsfülle und -dichte;

– logische sprachlich-architektonische Gliederung der Texte, feste Textbaupläne, fehlende Expressivität;

– Aussagesatz, komplexe syntaktische Konstruktionen, Passivkonstruktionen, Partizipial-, Infinitiv- und Gerundialkonstruktionen, Vollständigkeit des Satzes, Unpersönlichkeit, starke Attribuierung, Spaltung des Prädikats;

– Beweisen, Erörtern, Argumentieren;

– Nominalität, Termini, Begrifflichkeit (Fehlen von Bildhaftigkeit), gegenständlichlogische Bedeutung, Abstrakta, lateinische und griechische Wurzelmorpheme, unproduktive Suffixe, Verbalsubstantive, Desemantisierung der Verben;

– Singulargebrauch und Genitivhäufung bei den Substantiven, „zeitloses" imperfektives Präsens, unpersönliche und passivische Formen des Verbs;

– nichtsprachliche Hilfsmittel wie Tabellen, Diagramme und Abbildungen (vgl. Hoffmann 1985, S. 42).

Fachsprachliche Elemente dieser Art finden sich in den Lehr- und Lernmaterialien für die Berufsausbildung wieder. Insgesamt dienen sie der Kondensierung (v. Hahn 1983, S. 117) der Schriftsprache in beruflichen Zusammenhängen.

Hoffmann (1985) entwickelt aus dieser Vorstellung eine Bestimmung des Begriffs der Fachsprache, die sich als Subsprache von der Standardsprache unterscheidet:

„*Fachsprache – das ist die Gesamtheit aller sprachlichen Mittel, die in einem fachlich begrenzbaren Kommunikationsbereich verwendet werden, um die Verständigung zwischen den in diesem Bereich tätigen Menschen zu gewährleisten.*"

(Hoffmann 1985, S. 53)

4.2 Gliederung und Schichtung der Fachsprachen

Ob die Verständigung zwischen den Menschen im fachlich begrenzten Kommunikationsbereich durch Fachsprachen auch immer gewährleistet ist, scheint zumindest im schulischen Bereich auf Grund der in dieser Arbeit vorgestellten Untersuchungsergebnisse fraglich. Grundlage für die Analyse von Kommunikationskonflikten im fachsprachlichen Bereich sind die Vorstellungen zur Gliederung und Schichtung der Fachsprachen, wie sie Hoffmann (1985) und v. Hahn (1983) darstellen. In einer Fachsprache erzeugen Sprecher bzw. Schreiber „unterschiedlicher Sozialisation unterschiedliche Textsorten mit unterschiedlichem Sprachbestand" (Buhlmann/Fearns 1987, S. 13).

Zur Kennzeichnung dieses Sachverhaltes ist der Begriff der vertikalen Schichtung einer Fachsprache geprägt worden. Für Hoffmann sind deren Kriterien „die Abstraktionsstufe, die äußere Sprachform, das Milieu und die Teilnehmer an der Kommunikation." (Hoffmann 1985, S. 184 ff)

Unter vertikaler Schichtung einer Fachsprache versteht man die Schichtung der Fachsprache nach dem Grad ihrer inhaltlichen Spezialisierung.

„So ist z. B. ein Text aus einem Chemie-Schulbuch niedriger spezialisiert als ein Aufsatz in einer chemischen Fachzeitschrift; ein Text über „Bewegung" in einem Lehrbuch der Sekundarstufe I ist niedriger spezialisiert als einer aus einem Buch für die Sekundarstufe II oder aus einem Fachlexikon. Kriterium dieser Art von Einteilung ist also der Grad der fachlichen Vereinfachung von Sachverhalten." (Buhlmann/Fearns 1987, S. 13)

Hoffmann spricht von einer horizontalen Gliederung der Fachsprachen – es gibt nicht eine bzw. die Fachsprache, sondern so viele Fachsprachen wie Fachrichtungen – und von einer vertikalen Schichtung von Fachsprachen – eine Fachsprache ist in sich nicht homogen, sondern weist innerhalb ihrer verschiedenen Textsorten einen unterschiedlichen Sprachbestand auf.

Fachsprache wird als Kommunikationsmittel, als ein Ergebnis der Sozialisation innerhalb einer bestimmten Disziplin betrachtet, das von den anderen Ergebnissen dieser Sozialisation nicht abzulösen sei. Als solches sei sie dadurch gekennzeichnet, daß sie bestimmte Denkstrukturen widerspiegelt, die durch die Methoden des Faches bestimmt seien und bestimmte Mitteilungsstrukturen aufweise, die durch das Erkenntnis- bzw. Forschungsinteresse des Faches bestimmt seien. Fachsprachen dienen der Kommunikation über Fachinhalte – Gegenstände, Operationen, Prozesse, Verfahren, Theorien etc. – und benutzen dazu die sprachlich kürzeste und präziseste Form, nämlich den Fachterminus, der als sprachliches Zeichen des Fachbegriffes eine eindeutige Verständigung über den Gegenstand als den Inhalt des Fachbegriffes erlaubt (vgl. Buhlmann/Fearns 1987).

Fachsprache ist also gebunden an
– die Denkelemente des Faches, die in den Fachtermini bestehen,
– die Denkstrukturen des Faches,
– die Mitteilungsstrukturen, die im Fach üblich sind.

Von Hahn (1983, S. 76) erläutert die horizontale und vertikale Struktur der Fachsprachen in einem Schaubild (vgl. Abb. 4).

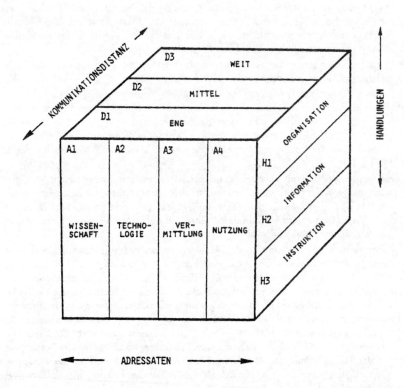

Abb. 4: Gliederung der Fachsprachen

4.3 Fachtexte im Theorieunterricht

Im Unterricht treffen Lehrer und Auszubildende aufeinander, die grundsätzlich verschiedene Anforderungen an sprachliche Leistungen durch ihre sprachliche Sozialisation im Fach erfüllen können. Die Lehrer, die meist eine ingenieurwissenschaftliche Ausbildung absolviert haben, kennen die Fachsprache als einen selbstverständlichen Teil ihres Wissens, die Auszubildenden wurden in den abgebenden allgemeinbildenden Schulen wenig auf den präzisen Umgang mit Sprache, wie er in fachlichen Zusammenhängen gefordert ist, vorbereitet. In Arbeits- und Informationsblättern, Tafelbildern, Folien und anderen Unterrichtsmedien werden die fachsprachlichen Mittel meist unreflektiert genutzt.

In einer Analyse von Schulbüchern für die körperpflegenden Berufe stellt Peters (1994) fest, daß die Konventionen der Schulbücher sich eher an den Bedürfnissen von Fachkollegen als an denen der Auszubildenden orientieren.

Die besondere sprachliche Schwierigkeit, die sich in der Ausbildungssituation ergibt, liegt darin begründet, daß verschiedene Stufen der fachsprachlichen Schichtung aufeinandertreffen und vermittelt werden müssen.

Welche Konflikte mit der Fachsprache sich bei Auszubildenden ergeben, ist die Fragestellung der in dieser Arbeit thematisierten Sprachstandsanalyse. In den Vorüberlegungen soll geklärt werden, worin die Besonderheiten des begrifflichen Denkens in fachlichen Zusammenhängen liegen und welche kommunikativen Mittel den Fachsprachen zur Verfügung stehen.

4.3.1 Lehrbücher in der Berufsausbildung

Die Lehrbücher der Berufsausbildung sind didaktische Texte, die spezielle Elemente der Fachsprache des jeweiligen Berufsfeldes aufweisen. Nach der Klassifikation von Hoberg (vgl. 1994, S. 343) handelt es sich bei den Lehrbuchtexten, die in den Klassen des Modellversuchs verwendet werden, um Bildungssprache aus dem ingenieurwissenschaftlichen Bereich, in diesem Fall des Fachgebiets Maschinenbau (vgl. Abb. 5, Braun, C./Diekmann, H. et al. 1993, S. 71).

Die Superstruktur (vgl. v. Dijk 1980, S. 128 f.) eines Lehrbuchtextes umfaßt verschiedene Mittel der fachlichen Kommunikation. Die Diskussion unter fachsprachendidaktischem Aspekt um die Schwierigkeiten, die beim Verständnis der einzelnen Elemente der fachlichen Kommunikation entstehen, führe ich in den Kapiteln 7 und 8.

Die in Abb. 5 dargestellte Schulbuchseite zu dem fachlichen Thema Löten zeigt neben dem geschriebenen Text Merkmale der fachlichen Kommunikation, die vom Rezipienten verarbeitet werden müssen:

- Die Numerierung des Kapitels und seiner Unterabschnitte bezieht sich auf die im Inhaltsverzeichnis des Lehrwerkes wiedergegebene Gliederung. Der laufende Text ist durch farbliche Abhebungen, Kästen, Fettschrift, Absätze und Spalten markiert.
- Durch Abbildungen wie Schemazeichnung, Fotografie, Schnittbild, Grafik, Kurve und Tabelle werden die Aussagen im Text erklärt.

Im Rahmen des Modellversuchs stellte sich die Frage, wie weit die Lehrbuchtexte Hilfe zum Verständnis praktischer beruflicher Erfahrungen anbieten können und ob das Verständnis der Texte durch Auszubildende möglich ist.

Der Anspruch des Theorieunterrichts an beruflichen Schulen muß darin liegen, konkrete Erfahrungen der Auszubildenden in systematisches, theoretisches Wissen umzusetzen.

Die Leistung, die Lehrer und Auszubildende hier aufbringen müssen, besteht in der Überführung von Regel- und Prozeßwissen in versprachlichtes Wissen, das in Beratungssituationen mit Kunden, in der Kommunikation am Arbeitsplatz und in Prüfungssituationen aktiviert werden kann.

Vor- und Nachteile der Klebverbindungen

Vorteile:
● Unterschiedliche Werkstoffe können gefügt werden.
● Keine Beeinflussung der Bauteile durch hohe Temperaturen.
● Für die Fügeflächen sind keine Paßmaße erforderlich.
● Es lassen sich gas- und flüssigkeitsdichte Verbindungen herstellen.
● Bei Blechkonstruktionen sind glatte Außenflächen möglich.
● Gleichmäßige Kraftübertragung
● Die Klebschicht wirkt schwingungsdämpfend
● Das Kleben kann mit einfachen Mitteln durchgeführt werden.

Nachteile:
● Die Klebflächen müssen vorbereitet werden.
● Manche Klebstoffe benötigen eine lange Abbindezeit
● Klebungen können nicht alle Belastungsarten aufnehmen
● Begrenzte Warmfestigkeit
● Veränderung der Klebstoffestigkeit durch Alterungsvorgänge.

1 Hartmetallbestücktes Sägeblatt

2 Diffusionszonen einer Lötnaht

2.4.5.2 Löten

Das abgebildete Sägeblatt ist mit Hartmetallschneiden ausgerüstet. Mit den Schneidplatten können nur dann gute Arbeitsergebnisse erzielt werden, wenn sie ordnungsgemäß an dem Träger (Sägeblatt) befestigt sind. Ein Festklemmen der Schneidplatten – wie bei Drehmeißeln oder Fräswerkzeugen – ist bei dem Sägeblatt nicht möglich, denn die Bedingungen, die in diesem Fall vorliegen, sind dafür zu ungünstig. Aufgrund der Zerspanung könnte die Schneidplatte nur mit der unteren Seite formschlüssig angelegt werden. Ein Festklemmen ist unter diesen Umständen zu unsicher.
In Frage kommt eine stoffschlüssige Verbindung. Kleben ist in diesem Fall aber nicht möglich, weil die Klebfläche zu klein und die Beanspruchung der Klebschicht zu ungünstig ist. Schweißen scheidet auch aus, denn damit können nur gleichartige Werkstoffe verbunden werden. Diese Einschränkung besteht beim Löten nicht.

Beim Löten werden die Bauteile mit einem flüssigen Zusatzwerkstoff, dem Lot, verbunden. Die Bauteile bleiben dabei im festen Zustand. Es ist deshalb möglich, Metalle oder Legierungen miteinander zu verbinden, deren Schmelzpunkte weit auseinander liegen.

Das geschmolzene Lot dringt in die Randschichten der Bauteile ein und bildet mit dem Grundwerkstoff eine Legierung. Als Lot werden Metalle (z.B. Kupfer) oder Legierungen (z.B. aus Kupfer und Zinn) verwendet.
Das Eindringen des Lotes in den Grundwerkstoff wird als Diffusion bezeichnet.

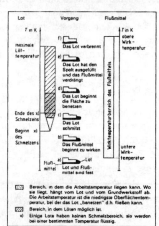

3 Wichtige Temperaturbegriffe beim Löten

Abb. 5: Schulbuchseite

5 Konzeption der Sprachstandsanalyse

Die Erhebung der sprachlichen Fähigkeiten der am Modellversuch beteiligten Auszubildenden unter besonderer Berücksichtigung der zweitsprachigen Auszubildenden war in zwei Stufen geplant.

Auf der *ersten Stufe* wurde eine Voruntersuchung durchgeführt, die Daten über Herkunft, Schulkarriere, Ausbildungsberuf, Leseverhalten und Werturteile gegenüber Schulbüchern geben soll. Parallel dazu wird eine Befragung von Lehrern an Berufsschulen durchgeführt, die Auskunft über die sprachliche Leistungsfähigkeit von Auszubildenden geben soll.

Die *zweite Stufe* ist eine praktische Untersuchung an Berufsschulen, der die Grundlagen zur Analyse der sprachlichen Fähigkeiten der am Modellversuch beteiligten Auszubildenden abgeben soll. Der Versuch wird in zwei Gruppen durchgeführt. In einer Gruppe wird das Medium Arbeitsblätter, in der anderen das Medium Computer eingesetzt. Es werden 13 Aufgabenstellungen gleichen Inhalts in unterschiedlichen – an das jeweilige Medium angepaßten – Arbeitsformen gegeben.

Mit den Aufgabenstellungen soll untersucht werden, wie Auszubildende mit Fachtexten der Berufsausbildung umgehen. Wichtig ist dabei zu prüfen, wie Texte von den Auszubildenden verstanden und nach vorgegebenen Fragen ausgewertet werden.

Bei der Untersuchung gehe ich von der Hypothese aus, daß die Auszubildenden bereits berufliche Kenntnisse besitzen, aber oft nicht in der Lage sind, diese sprachlich umzusetzen. Im Rahmen der beruflichen Kommunikation – in dieser Untersuchung liegt der Schwerpunkt der Analyse auf der schriftlichen beruflichen Kommunikation – spielen Fähigkeiten der Informationsaufnahme und -verarbeitung eine wichtige Rolle. Nicht zuletzt hängt der Erfolg in der theoretischen Prüfung von der sprachlichen Fähigkeit bei der Bewältigung der Fragestellungen ab.

Ziel der Untersuchung ist es, die sprachlichen Schwierigkeiten von Berufsschülern genau zu beschreiben und die besondere Rolle der Auszubildenden, die nicht Deutsch als Muttersprache haben, darzustellen.

Es geht bei der Untersuchung weniger darum, den Umgang der Auszubildenden mit den fachsprachlichen Mitteln zu belegen, als vielmehr um Verstehensleistungen und den produktiven Gebrauch des Begriffssystems des Faches. Fluck (1996/5, S. 152 f.) hat auf die besondere Weise des Umgangs mit Fachsprache an beruflichen Schulen hingewiesen und dabei auf die Forschungsergebnisse von Lisop (1973) Bezug genommen, die nachweist, daß der auf ein Minimum gekürzte Text in Schulbüchern für die Denk- und Sprachfähigkeit der Auszubildenden nichts mehr leisten könne. Unter diesem Gesichtspunkt soll herausgestellt werden, wie die Fachsprache gegenwärtiger Schulbücher das fachliche Wissen von Berufsschülern erweitern kann.

5.1 Erhebung der Sozialdaten der an der Sprachstandsanalyse beteiligten Auszubildenden

Die Untersuchung der statistischen Daten der am Modellversuch beteiligten Auszubildenden wurde mit einem standardisierten Fragebogen (vgl. Anhang 1.) durchgeführt:

Alter	% der erstsprachigen Auszubildenden	% der zweitsprachigen Auszubildenden
16	28,1	22,9
17	37,7	37,2
18	17,8	17,1
19	9,6	17,1
20 und mehr	6,8	5,7

Tabelle 6: Altersstruktur

Geschlecht	% der erstsprachigen Auszubildenden	% der zweitsprachigen Auszubildenden
weiblich	1,4	0
männlich	98,6	100

Tabelle 7: Geschlecht

Ausbildungsberufe	% der erstsprachigen Auszubildenden
Kraftfahrzeugmechaniker	26,1
Industriemechaniker	22,5
Heizungsbauer	13,8
Metallbearbeiter, -bauer	8,7
Feinmechaniker	7,2
Maschinenbaumechaniker	4,3
Werkzeugbauer, -mechaniker	4,3
Teilezurichter	3,6
Karosseriebauer, -spengler	2,9
Konstruktionsmechaniker	1,5
Gas- und Wasserinstallateur	1,5
Schlosser	1,5
Isolierer	0,7
Modellbauer	0,7
Verfahrensmechaniker	0,7

Tabelle 8: Ausbildungsberufe der Auszubildenden, die Deutsch als Muttersprache haben

Ausbildungsberufe	% der zweitsprachigen Auszubildenden
Industriemechaniker	28,5
Kraftfahrzeugmechaniker	25,7
Heizungsbauer	14,3
Teilezurichter	8,6
Feinmechaniker	5,7
Karosseriebauer, -spengler	5,7
Metallbearbeiter, -bauer	5,7
Werkzeugbauer, -mechaniker	2,9
Gas- und Wasserinstallateur	2,9

Tabelle 4: Ausbildungsberufe der zweitsprachigen Auszubildenden

Schule	% der erstsprachigen Auszubildenden	% der zweitsprachigen Auszubildenden
BVJ, EBA o.ä.	7,6 %	8,6 %
Hauptschule	39,7 %	57,2 %
Realschule	31,5 %	17,1 %
Gesamtschule	18,5 %	17,1 %
Gymnasium	2,7 %	0

Tabelle 10: Schulbesuch

Abschluß	% der erstsprachigen Auszubildenden	% der zweitsprachigen Auszubildenden
Realschulabschluß	36,3 %	22,9 %
Hauptschulabschluß	58,2 %	71,4 %
Abitur	1,4 %	0
ohne Schulabschluß	4,1 %	5,7 %

Tabelle 11: Schulabschluß

Muttersprache	%
Deutsch	79
Türkisch	7,5
Russisch	2,5
Arabisch	2,5
Italienisch	2
Kurdisch	1,3
Französisch	1,3
Polnisch	1,3
Portugiesisch	0,6
Kroatisch	0,6
Bosnisch	0,6
Serbisch	0,6
Berberisch	0,6

Tabelle 12: Muttersprache der
Auszubildenden

Herkunftsland	%
Deutschland	79,5
Türkei	8
Russland	2,5
Marokko	2
Polen	2
Italien	0,6
Rumänien	0,6
Spanien	0,6
Kroatien	0,6
Bosnien	0,6
Serbien	0,6
Tunesien	0,6
Syrien	0,6
Kasachstan	0,6

Tabelle 13: Herkunftsland der
Auszubildenden

5.2 Bezug der Auszubildenden zur Fachsprache des Theorieunterrichts

Aus der Erhebung wird deutlich, daß 20 % der am Modellversuch beteiligten Auszubildenden eine andere Sprache als Deutsch zur Muttersprache haben. Unter den zweisprachigen Auszubildenden, die aus 11 unterschiedlichen Ländern stammen, haben die Türken mit ca. 1/3 den größten Anteil. Unter den zweisprachigen Auszubildenden ist kein Mädchen, die meisten Auszubildenden sind 17 Jahre alt. Die Vorbildung der Auszubildenden ist für die Klassen der Teilzeitberufsschule typisch, 58 % aller Auszubildenden haben einen Hauptschulabschluß, ca. 36 % aller Auszubildenden einen Realschulabschluß. Dagegen haben von den zweisprachigen Auszubildenden nur 23 % den Realschulabschluß, aber 71 % den Hauptschulabschluß, der oft im BVJ (Berufsvorbereitungsjahr an beruflichen Schulen) erworben wurde.

Medium	% der erstsprachigen Auszubildenden	% der zweitsprachigen Auszubildenden
Tageszeitung	56,2	48,6
Zeitschrift	26,0	20,0
Fachzeitschrift	12,3	0
Magazin für Auto	39,7	37,1
Motorrad	19,2	14,3
Bike	8,9	2,9
andere	39,0	42,9
keine	2,7	2,9
kaum	1,4	2,9

Tabelle 14: Lesen in der Freizeit

Zum Leseverhalten befragt, geben 95 % der Auszubildenden an, in ihrer Freizeit zu lesen, wobei die Tageszeitung, an vorderster Stelle BILD, am meisten gelesen wird. Auch Magazine für den Autosport stellen eine beliebte Lektüre dar. Die zweitsprachigen Auszubildenden nutzen die Medien in geringerer Zahl, auffällig ist, daß kein zweitsprachiger Auszubildender eine Fachzeitschrift liest.

Bekannte Unterrichtsmedien/erstsprachige Auszubildende	Nennungen
Fachkunde Metall	76
Fachrechnen	35
Tabellenbuch	65
Grundkenntnisse Metall (Handwerk und Technik)	27
Fachkunde Kfz-Technik	5
Fachrechnen Kfz	1
Fachmann Kfz	1
Facharbeiter Metall	1
Formelsammlung	1
PAL – Aufgabenbuch	1
Technische Kommunikation und Arbeitsplatz in Metallberufen	1

Tabelle 15: Kenntniss von Fachbüchern des Berufsfeldes Metall bei erstsprachigen Auszubildenden

Bekannte Unterrichtsmedien/zweisprachige Auszubildende	Nennungen
Fachkunde Metall	13
Fachrechnen	10
Tabellenbuch	10
Grundkenntnisse Metall (Handwerk und Technik)	11
Fachkunde Kfz-Technik	1
Technologie für Metall	1
Autofachmann	1
Fachpraxis Metall	1

Tabelle 16: Kenntniss von Fachbüchern des Berufsfeldes Metall bei zweisprachigen Auszubildenden

Meinung	% der erstsprachigen Auszubildenden	% der zweitsprachigen Auszubildenden
geben an, das Lehrbuch zu verstehen	49,3	28,6
haben zum Teil Schwierigkeiten mit dem Lehrbuch	21,2	22,9
verstehen das Lehrbuch nicht	15,8	22,9
äußern sich zu dieser Frage nicht	13,7	25,6

Tabelle 17: Einschätzung der Verständlichkeit der Lehrbücher für den Fachkundeunterricht

Meinung	% der erstsprachigen Auszubildenden	% der zweitsprachigen Auszubildenden
sind an Änderungen des Lehrbuchs interessiert	30,1	37,2
sind mit dem Lehrbuch zufrieden	37,7	37,1
äußern sich zu dieser Frage nicht	32,2	25,7

Tabelle 18: Änderungsvorschläge

Die in der Schule eingeführten Fachbücher für die Grundstufe kannten alle Auszubildenden. Auffällig ist die Einstellung der Auszubildenden gegenüber dem Fachbuch. 38 % der befragten Auszubildenden finden es angemessen geschrieben und geben an, es verstehen zu können. 30 % der Auszubildenden sind an Änderungen interessiert, 32 % können oder wollen sich zu der Frage nicht äußern. Die zweitsprachigen Auszubildenden geben an, Schwierigkeiten beim Verstehen der Fachbuchtexte zu haben.

Die Änderungswünsche der Auszubildenden beziehen sich hauptsächlich auf die Vermittlungsstrategie der Autoren, sie wünschen verständlichere Texte, einen Überblick über die Fachwörter in einem Anhang, bessere Erklärungen und übersichtlichere Gestaltung. Auch hier fordern die zweitsprachigen Auszubildenden Änderungen, die helfen, ihre Verstehensschwierigkeiten zu beheben.

Bei dem Vergleich von Schulabschluß und der Bereitschaft zur Auseinandersetzung mit Verständnisproblemen fällt auf, daß sich gerade Auszubildende mit höheren Abschlüssen kritisch mit dem Lehrbuch auseinandersetzen. Auszubildende mit niederen Abschlüssen können mit der Nachfrage offensichtlich kaum umgehen.

5.3 Bezug der Lehrer zur Fachsprache des Theorieunterrichts

Die Einstellung der Lehrer zu den notwendigen fachsprachlichen Fähigkeiten der Auszubildenden sind differenziert, sie zeigen ein unterschiedliches Bild der Anforderungen, die sie an Auszubildende stellen. Viele Vorstellungen decken sich mit den Anforderungen, die in der Literatur zum Thema referiert werden.

Die Argumente der Lehrer für den fachsprachlich orientierten Unterricht lassen sich grob in drei Gruppen einteilen:
1. Entwicklung von (schrift-)sprachlicher Kompetenz;
2. Entwicklung von Wissen, das Lernstrukturen öffnet;
3. Entwicklung der Fähigkeit, die Inhalte fachlich instruktiver Texte zu erfassen und in Handlungen umzusetzen.

Die Einschätzung der fachsprachlichen Fähigkeiten der Auszubildenden durch die Lehrer fällt meist negativ aus. Sie werden als verbesserungsbedürftig, gering bis mangelhaft eingestuft. Die von den Lehrern geforderten fachsprachlichen Kenntnisse können die Auszubildenden ihrer Meinung nach nicht einbringen.

Die von den Lehrern festgestellten Schwierigkeiten der Auszubildenden mit der Fachsprache können den oben dargestellten Kriterien zugeordnet werden.

zu 1.: Entwicklung von (schrift-)sprachlicher Kompetenz

Die Fähigkeiten in der Beherrschung der allgemeinen Sprache sei zu gering ausgebildet, so daß auch berufliche Zusammenhänge nicht dargestellt werden können.

zu 2. Entwicklung von Wissen, das Lernstrukturen öffnet

Die Darstellung fachlicher Zusammenhänge kann in schriftlichen und mündlichen Zusammenhängen oft nur schwer oder auch gar nicht erfaßt werden.

zu 3. Entwicklung der Fähigkeit, die Inhalte fachlich instruktiver Texte zu erfassen und in Handlungen umzusetzen.

Es wird mangelnde Übung der Auszubildenden festgestellt, die ihnen das Umsetzen von Texten in Handlungen sehr schwer macht.

5.4 Daten zu den Medien des Theorieunterrichts

Aus der Übersicht über die Materialien im Fachunterricht läßt sich ein gesichertes Bild über den Einsatz von Schulbüchern gewinnen. Aus weiteren Befragungen ergab sich, daß weitere Materialien die im Fachunterricht Verwendung finden – wie OH-Folien, Tafelbilder, Arbeits- und Informationsblätter – aus den Schulbüchern entwikkelt sind (vgl. Tabelle 5).

Die im Rahmen der Befragung genannten Unterrichtswerke sind:

Grundkenntnisse Metall, Fachkunde Metall, Fachkunde Kfz-Technik, Fachmann Kfz, Facharbeiter Metall, PAL-Aufgabenbuch, Technische Kommunikation und Arbeitsplatz in Metallberufen

Für die Konzeption der Sprachstandsanalyse ergibt sich, daß eine Prüfung der sprachlichen Fähigkeiten der Auszubildenden an Materialien aus eingeführten Schulbüchern wie diesen Auskunft über die fachsprachlichen Fähigkeiten im Rahmen des Theorieunterrichts geben kann.

5.5 Aspekte der Sprachstandsanalyse

In ihrer Untersuchung zum Verstehen von Fachtexten stellt Jahr (1996) fest, daß Verstehen von Texten an verschiedenartigen Kriterien gemessen werden kann:
Leser müssen in der Lage sein, einen Text wiederzugeben, sie sollen ihn in eigene Worte fassen können, sie sollen Fragen beantworten können, zu denen der Text Informationen gibt, sie sollen die wichtigsten Informationen aus einem Text zusammenfassen können, und sie sollen Handlungen, die ein Text vorschreibt, ausführen können (vgl. Jahr 1996, S. 7 f.). Die Aufgabenstellungen der im Rahmen dieser Arbeit durchgeführten Sprachstandsanalyse fordern Lösungen dieser Art.

Wichtige Theorieansätze zur Textverstehensforschung sind von Groeben (1978, 1982) und Christmann (1989) entwickelt worden.

Groeben (1978, 1982) hat die Textverständlichkeit in den Rahmen einer Leserpsychologie gestellt, in deren Mittelpunkt die Leser-Text-Interaktion steht.

Groeben (1978, 1982) untersucht den Aspekt des Verstehens beim Lesen, das er als aktive Konstruktion einer kognitiv-semantischen Struktur (vgl. Groeben 1982, S. 273 f.) versteht. Im Rezeptionsprozeß nimmt der Leser neue Inhalte in seine kognitive Wissensstruktur auf. Groeben unterscheidet dabei Textverständlichkeit und Textverständnis. Die Verständlichkeit konzentriert sich auf zwei Dimensionen, erstens die Dimension der „sprachlichen Oberflächenstruktur" (Groeben 1982, S. 173) und zweitens auf den „Prozeß der Textverarbeitung als eine Interaktion zwischen Leser und Text" (Groeben 1982, S. 186). Die Verständlichkeit wird in Lesbarkeitsformeln ausgedrückt, sie ist gebunden an das Wortmaterial, die Syntax und den Textaufbau. Darüber hinaus ist aber für die Verständlichkeit auch wichtig, wie der Text an das Vorwissen des Rezipienten anschließt.

Für die Ermittlung der Verständlichkeit von Fachtexten nennt Jahr (1996) im Anschluß an Groeben vier Faktoren:

„1. Stilistische Einfachheit

z. B. kurze Satzteile, aktive Verben, keine Nominalisierungen, keine Satzschachtelungen

2. Semantische Redundanz

u. a. keine wörtliche Wiederholung wichtiger Inhaltselemente, keine Weitschweifigkeit

3. Kognitive Strukturierung / inhaltliche Gliederung

Der Rezeptionsprozeß wird als Eingliederung von bedeutungshaltigem Material in die kognitive Struktur des Lesers aufgefaßt, die von der kognitiven Struktur des Rezipienten – insbesondere Tiefe und Umfang der Wissensvoraussetzungen – und von Merkmalen des Lernmaterials abhängig ist.

4. Konzeptueller Konflikt

Darunter wird die Neuerzeugung beim Leser durch die Neuheit und Überraschung der Textinformation und alternative Fragen bzw. Problemlösungen verstanden." (Jahr 1996, S. 12)

In Untersuchungen konnte belegt werden, „daß der wichtigste Faktor zur Verständlichkeit von Textinformationen in der kognitiven Gliederung bzw. der inhaltlichen Strukturierung zu suchen ist, wogegen die sprachliche Einfachheit und die semantische Redundanz nur von untergeordneter Bedeutung sind." (Jahr 1996, S. 12)

Jahr (1996) weist in ihrer Darstellung darauf hin, daß „Textverständlichkeit als Interaktion von Text- und Lesermerkmalen" (Jahr 1996, S. 155) beschrieben wird. Verständlichkeit kann nur in Bezug auf spezifische Leser beschrieben werden. Wesentlich ist, daß Rezipienten in der Lage sein müssen, fachliche Zusammenhänge in ihr kognitives Wissensmodell einzuordnen.

Diese Beobachtung stützt die These, daß sprachliches und berufliches Lernen nicht zu trennen ist. Die Erschließung fachlicher Texte durch Auszubildende wird einerseits deren Oberflächenstruktur und andererseits deren kognitiven Gehalt erfassen müssen. Verstehen wird nur möglich sein, wenn beide Aspekte gelöst werden.

In einer früheren Untersuchung der Verständlichkeit von Unterrichtstexten führt Groeben (1978) aus, wie wichtig die Motivation der Leser für deren Verstehensleistungen ist.

„Gerade für unseren Gegenstand des komplexeren Lernens kommt es weniger auf Leistungsdruck und seine eventuell motivierende Wirkung als auf Motivierungen an, die sich in einer mehr spielerisch-produktiven Weise aus den sinnhaften Gegenständen selbst ergeben." (Groeben 1978, S. 58)

Ein wesentliches Moment der Motivation ist das Neugierverhalten. Optimale Texte geben dem Leser einen Anreiz, neue Sachverhalte erfahren zu wollen, sie wecken Interesse. Das Interesse an der Sache wird zum Anreiz, auch komplexere Zusammenhänge in Texten zu entschlüsseln.

Für die Planung eines Lernprogramms zur Stützung der Fähigkeit, Fachsprachen der Berufsausbildung zu entschlüsseln, ergeben sich durch diese Aspekte wichtige Perspektiven, die in die Analyse der Ergebnisse der Sprachstandsanalyse eingehen müssen.

Die im Abschnitt 4.6 referierten Untersuchungen zum Umgang zweisprachiger Auszubildender mit der Fachsprache bleiben bei der Analyse der fachsprachlichen Fähigkeiten von Auszubildenden auf die Perspektive der Wort-, Satz- und Textebene beschränkt. Der Untersuchungsansatz dieser Arbeit geht darüber hinaus. In einer umfassenden Analyse sollen neben der Akzentuierung der Schwierigkeiten, die sich aus sprachsystematischen Gesichtspunkten ergeben – Morphologie, Syntax und Text – auch die kommunikativen und kognitiven Schwierigkeiten, die die Texte der Berufsausbildung gegenüber den Auszubildenden aufwerfen, in den Blick treten.

Aus diesem Grund werde ich in der Analyse in **drei Schritten** vorgehen und die Ergebnisse der Sprachstandsanalyse unter den Aspekten der **sprachsystematischen**, der **kommunikativen** und **kognitiven** Schwierigkeiten bearbeiten. Die komplexen Vorgänge der Begriffsbildung und der Definition von Begriffen diskutiere ich im Zusammenhang der Darstellung möglicher Schwierigkeiten im Umgang mit den Benennungen.

Weil die Auseinandersetzung mit den Fachsprachen im besonderen kommunikativen Rahmen der beruflichen Ausbildung stattfindet, soll der Formulierung von Aufgabenstellungen für die Sprachstandsanalyse und der Auswertung der Ergebnisse eine Darstellung der Bedingungen beruflicher Ausbildung vorangestellt werden. Der Fähigkeit des Umgangs mit fachsprachlichen Texten kommt im Rahmen der Berufsausbildung ein wichtiger Stellenwert zu, der zum Erfolg und Mißerfolg der Berufsausbildung beitragen kann. Aus diesem Grund soll, von der besonderen Rolle des Deutschunterrichts an beruflichen Schulen ausgehend, die Diskussion der Didaktik der Fachsprachen dargestellt und deren Relevanz für die Berufsschule ermittelt werden. Da der Berufsschule auch die Förderung des Zweitspracherwerbs der Auszubildenden zukommt, sollen in einem weiteren Schritt die Ergebnisse von Modellversuchen und anderen Forschungsbeiträgen referiert werden, die die besondere Lage der zweisprachigen Schüler beruflicher Schulen thematisieren.

6 Beschreibung der Aufgabenstellungen der Sprachstandsanalyse

6.1 Beschreibung der für die Analyse ausgewählten Materialien

Aus den angegebenen Schulbüchern für das Berufsfeld Metall wurden Materialien ausgewählt, die unterschiedliche Textsorten repräsentieren. Dabei wurden Schrifttexte gewählt, die
- verschiedene Schwierigkeitsgrade der Grammatik beinhalten,
das Thema schwerpunktmäßig
- deskriptiv entfalten
- explikativ entfalten
auf begrifflich-definitorischer Ebene die Bezüge
- logisch oder
- ontologisch herstellen.
Die Texte sind
- durch Abbildungen unterstützt oder
- kommen ohne Abbildungen aus.
Zur Auswahl der Materialien diente u.a. das von v. Hahn (1983) entwickelte System der fachsprachlichen Zeichenklassen (vgl. Tabelle 19, v. Hahn 1983, S. 83).
Die aus den Materialien entwickelten Aufgabenstellungen müssen mehreren Kriterien gerecht werden:

- Das dargestellte fachliche Thema soll aus dem Lehrstoff des ersten Ausbildungsjahres stammen.
- Das Thema soll sich – wegen der Vergleichbarkeit – über alle Aufgabenstellungen erstrecken.
- Die Aufgabenstellungen sollen an einem Vormittag bewältigbar sein.
- Innerhalb der Aufgabenstellungen soll eine Progression der fachlichen und sprachlichen Anforderungen möglich sein.

Als übergreifendes Thema wurden die Fügetechniken gewählt, den Schwerpunkt bildet dabei das Löten.
Die Analyse der Materialien erfolgt nach Kriterien, in denen die fachsprachlichen Merkmale in systematischer Sicht wiedergegeben werden. Im Abschnitt 8.1.3 führe ich die fachsprachendidaktische Diskussion zum Zusammenhang von Textstruktur und Verständlichkeit.

ZEICHEN-KLASSE	BEISPIEL	ELEMENTE
WORT	TREIBRIEMEN, PVC	BUCHSTABEN SONDERZEICHEN
NAME	DUNLOP, BDF	BUCHSTABEN SONDERZEICHEN
ZAHL	II/3789-1	ZIFFERN SYMBOLE
FORMEL	√39, H-C-C-H	SYMBOLE BUCHSTABEN ZIFFERN
GRAPHIK		KANTEN, KNOTEN KÄSTEN ETC.
BILD	(FOTOS)	FARBWERTZONEN

Tabelle 19: Fachsprachliche Zeichenklassen

1. Gaslötgeräte und Elektrolötgeräte

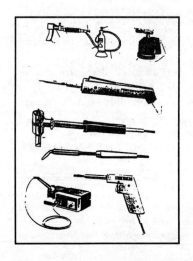

(Jung, Pahl, Schröder 1990, S. 410)

Material für Aufgabenstellung 1

Die abgebildeten Geräte zeigen den Bestand an Arbeitsinstrumenten, die zur Erhitzung von Lötgut und Lot beim „Weich- und Hartlöten" verwendet werden. Auszubildende im ersten Ausbildungsjahr kennen die Verfahren und Geräte. Sie verfügen über ein differenziertes berufliches Handlungswissen, das in vielen Fällen aber nicht sprachlich vermittelt werden kann. Die ikonische Darstellungsweise ermöglicht einen besseren Umgang mit fachlichen Inhalten als die symbolisch-sprachliche. Durch die Abstraktion der Art der Zeichnungen und die Verbindung der Teile mit ihren Bezeichnungen müssen aber vom Betrachter Deutungsleistungen vorgenommen werden.

2. Arbeitsregeln beim Fügen durch Löten

Arbeitsregeln beim Fügen durch Löten

Vorbereiten von Lötarbeiten

• Lötbarkeit der zu verbindenden Bauelemente prüfen (DIN 8514)!
• Lot und Flußmittel nach Lötverfahren und Anforderungen an die Lötverbindung auswählen! Mögliche Anforderungen sind zum Beispiel Festigkeit der Lötverbindung, Temperaturempfindlichkeit der Bauelemente und Ungiftigkeit der Lötverbindung z.B. bei Lebensmittelbehältern.
• Lötstellen auf den Werkstücken metallisch blank machen durch Bürsten, Schleifen oder Beizen!
• Durch Fett verunreinigte Oberflächen mit geeigneten Wasch- oder Lösungsmitteln reinigen!
• Werkstücke vor dem Löten gut anpassen, damit der Lötspalt nicht größer als 0,2 mm wird! Je dünner die Lötnaht, desto höher ist die Festigkeit der Naht!

Arbeitsregeln beim Verbindungs-Weichlöten

• Kupferlötspitzen vor dem Löten von Lotresten reinigen! Dazu genügt in der Regel ein Abreiben der heißen Lötspitze auf einem Leinenlappen. Eine Beschädigung der Lötspitze sollte vermieden werden, also nicht schleifen oder feilen, da Lötspitzen heute meistens eine vergütete Oberfläche besitzen und oft aus Verbundwerkstoffen aufgebaut sind.
• Heiße Lötspitzen können gegebenenfalls durch Reiben an „Salmiakstein" von Oxiden befreit werden.
Anschließend schützt ein Verzinnen mit Lot vor erneuter Oxidation.
• Flußmittel nach Werkstoff und Lot auswählen!
• Lötstelle ausreichend mit Flußmittel bestreichen!
Unfallverhütung:
Flußmittel enthalten aggressive Substanzen, die Augen, Haut und Kleidung angreifen können. Besondere Vorsicht gilt beim Arbeiten mit den Flußmitteln F-SW 11, F-SW 12, F-SW 21 und F-SW 22!

- Zu verbindende Werkstücke durch Aufpressen und Hin- und Herbewegung des Lötkolbens erhitzen!
Nach Erreichen der Arbeitstemperatur Lot in unmittelbare Nähe des Lötspaltes bringen, damit es schnell in den Spalt eindringen kann.
- Beim Flammlöten kommt es leicht zu einer Überhitzung der Lötstelle. Dabei kann das Flußmittel unwirksam werden, und die Legierungsbestandteile des Lotes können sich entmischen. Deshalb stets die vorgeschriebene Löttemperatur beachten!
- Während des Lötens Teile fest aufeinanderdrücken, bis die Naht vollständig erstarrt ist! Naht vorher nicht bewegen! Festigkeitsverlust!
- Stets auf richtige Löttemperatur achten! Zu kalte Lötungen „kleben" nur und ergeben keine feste Verbindung!

Arbeitsregeln beim Verbindungs-Hartlöten

- Vorgereinigte Lötstelle ausreichend mit geeignetem Flußmittel bestreuen oder einstreichen. Dieser Arbeitsgang entfällt, wenn das Flußmittel bereits im Lot oder Brenngas enthalten ist.
- Brenner zünden und Flamme zum Hartlöten einstellen! Auf neutrale Flamme achten!
- Zu verbindende Bauelemente auf die vorgeschriebene Arbeitstemperatur erhitzen! Dabei Herstellervorschriften für Lote und Flußmittel unbedingt einhalten! Hartlot erst zugeben, wenn das Flußmittel schmilzt und mit der Werkstückoberfläche reagiert! Lot nie direkt mit der Flamme treffen, denn Lote sind gegen Überhitzung empfindlich!
- Nur soviel Lot abschmelzen lassen, wie in den Lötspalt „hineingesaugt" wird! Zuviel eingebrachtes Lot ist nutzlos!
Unfallverhütung:

(Jung, Pahl, Schröder 1990, S. 413/414)

Material für Aufgabenstellungen 2, 3, 4, 5, 7

Der Text beschreibt den Vorgang des Lötens in Form von Arbeitsregeln. Die Regeln sind nach der zeitlichen Abfolge angeordnet, die durch Punkte signalisiert wird.
Die Funktion im Ausbildungszusammenhang ist informativ, obwohl die Form instruktiv/appellativ angelegt ist. Nach diesen Regeln könnte ein Auszubildender nicht Löten lernen, weil wesentliche – auf die Durchführung bezogene – praktische Hilfen wie Hinweise auf den Umgang mit Flußmitteln und Lot fehlen. Der Inhalt des Textes ist konkret, Ziel ist die Begriffsbildung auf der Handlungsebene. Der Bestand an Arbeitsgeräten, Materialien und Verfahren wird thematisiert. Die einzelnen Schritte des bekannten Vorgangs „Löten" sollen beim Leser aktiviert werden, der Bezug zur individuellen Berufserfahrung ist möglich. Die Kohäsion des Textes ist relativ niedrig, weil die Wiederaufnahme oft nur implizit erfolgt, die thematische Entfaltung ist deskriptiv mit explikativen Einschüben, in denen einzelne Arbeitsgänge begründet wer-

den. Verstehenshilfen in Form von Abbildungen oder Schemazeichnungen werden nicht geboten.

Die Textsegmente sind einfache, oft elliptische Sätze in der Form des Imperativs; das Verb erscheint meist im Infinitiv in der Endstellung, das Subjekt in der Erststellung. Morphologische Merkmale: Das Verb erscheint meist als Infinitiv im absoluten Gebrauch, oft auch nominalisiert; Präpositionen haben eine hohe, Adjektive eine geringe Frequenz. Nomen in Form von Komposita haben eine wichtige Funktion für die Konstruktion der Bedeutung des Textes. Die Begriffe stehen hauptsächlich in einer ontologischen, den Bestand betreffenden Beziehung. Die Zeichenart ist symbolisch – sprachlich.

3. Die Lötverfahren

Kolbenlöten (Bild 157.1): Es eignet sich zum Weichlöten. Mit Hilfe eines erhitzten Kupferkolbens (bei Temperaturen über 200 °C ist Messing wegen der geringeren Oxidationsneigung günstiger) werden dünnwandige und kleine Lötstellen auf Arbeitstemperatur erwärmt. Flußmittel sind erforderlich.

Flammlöten (Bild 157.2): Für Weich- und Hartlötung geeignet. Flußmittel sind erforderlich. Automation ist möglich. Nicht mit Azetylenüberschuß arbeiten, da durch die Aufkohlung der Oberfläche die Korrosionsbeständigkeit nachläßt.

Tauchlöten (Bild 157.3): Das Werkstück wird in ein flüssiges Weich- oder Hartlotbad eingetaucht. Die Lötstelle muß metallisch rein sein.

Das Erwärmen kann auch in einem Salzbad erfolgen. Das an der Lötstelle eingelegte Lot wird dabei aufgeschmolzen.

Ofenlöten (Bild 157.4): Die Teile werden mit dem Lot in den Ofen gebracht. Schutzgase beseitigen die Oxide durch Reduktion. Auch Erwärmung im Vakuum ist möglich. In beiden Fällen werden keine Flußmittel verwendet. Die Werkstücke verlassen den Ofen mit blanker Oberfläche. Härten im Anschluß an das Löten ist möglich. Keine Entkohlung oder Aufkohlung in den Randschichten. Nur geringer Verzug. Dünne und dicke Teile lassen sich miteinander verbinden. Die Größe der Werkstücke ist durch die Ofenabmessungen begrenzt.

Induktionslöten (Bild 157.5): Die Lötstelle wird mittels Induktionsspule erhitzt. Flußmittel ist erforderlich.

(Rotthowe et al. 1974, S. 156/157)
Material für die Aufgabenstellung 6

Der Text dient hauptsächlich der Information über die Lötverfahren und ihrer begrifflichen Trennung. Die Funktion im Ausbildungszusammenhang ist informativ. Der Inhalt des Textes ist weitgehend konkret, Ziel ist die Begriffsbildung auf der Ebene des Wissenssystems, es wird zwischen Einzel- und Massenfertigung, Verfahren der Löttechnik und Geräten zum Löten unterschieden. Ein Bezug zur individuellen Berufserfahrung ist möglich, obwohl für viele Auszubildende nur Lötkolben und

Brenner bekannt sind. Die Kohäsion ist z.T. niedrig, weil die Wiederaufnahme oft nur implizit erfolgt und die deskriptive thematische Entfaltung in Sprüngen verläuft. Die Überschriften geben den thematischen Bezug an und wirken dadurch als Verstehenshilfen. Die Textsegmente sind einfache, oft elliptische Sätze im Passiv. Morphologische Merkmale: Die Verben haben keine handlungstragende Funktion, den Nomen kommt die Referenzfunktion zu, Präpositionen haben eine hohe, Adjektive eine niedrige Frequenz. Hauptsächliche Wortbildungsart ist die Komposition.

Die Beziehungen der Begriffe sind ontologisch – es wird der Bestand an Verfahren und Geräten thematisiert. Die Definitionen der Verfahren sind intensional. Es werden die Merkmale wie: *In das Lötbad tauchen, in den Ofen einbringen, Erwärmen durch induzierten Strom – Tauchlöten, Ofenlöten, Induktionslöten* – zur Grundlage der Definition. Die Zeichenart ist symbolisch – sprachlich.

4. Fragen und Antworten zum Löten

Aufgaben:

1. Welche besonderen Merkmale kennzeichnen alle Lötverfahren?
2. Unterscheiden Sie Weichlöten und Hartlöten voneinander!
3. Nennen Sie Anwendungsbereiche, in denen Lötverbindungen vorteilhaft angewendet werden!
4. Wie kommt es zur Verbindung von Lot und Grundwerkstoff?
5. Welche Faktoren beeinflussen die Qualität einer Lötverbindung?
6. Warum können Weichlötverbindungen keine großen Kräfte übertragen?
7. Wann wird Ultraschallöten angewendet?
8. Was ist bezüglich der Temperaturführung bei Ofenlötungen zu beobachten?
9. Welchen Zweck erfüllen Flußmittel beim Löten?
10. Bei welchen Lötverfahren sind Flußmittel überflüssig? Warum?
11. Welche Flußmittel werden zum Weichlöten, welche zum Hartlöten benutzt?
12. Welche Wärmequellen werden zum Weichlöten, welche zum Hartlöten benutzt?
13. Wie beeinflußt der Zinnanteil die Eigenschaften eines Weichlotes?
14. Warum wird Weichloten in der Regel Antimon zugesetzt?
15. Welche Vorzüge bieten Silberlote?
16. Wann werden reine Kupferlote verwendet? Warum?
17. Welche Größen beeinflussen die Festigkeit von Lötverbindungen?
18. Was versteht man unter Kapillarität?
19. Warum kommt der Kapillarität beim Löten besondere Bedeutung zu?
20. Unterscheiden Sie die gängigen Arten der Lötverbindungen!

(Rotthowe et al. 1974, S. 156 – 161)

Material für die Aufgabenstellung 8

Der Text gibt die Überprüfungsfragen zur Lernerfolgskontrolle am Ende des Kapitels „Löten" im Schulbuch wieder. Die Funktion im Ausbildungszusammenhang besteht darin, daß Fragen dieser Art im Unterricht zur Lernerfolgskontrolle oder als Vorgaben für zielorientiertes Lesen genutzt werden. Die illokutive Struktur ist unterschiedlich, es werden Aufforderungen (*nenne, unterscheide*) und Überprüfungsfragen (*was, welche, warum*) gemischt. Die Lernkontrolle fordert eine begriffliche Orientierung nach logischen und ontologischen Beziehungen. Die Anforderungen sind verschiedenartig, es werden abstrakte und konkrete Angaben gefordert. Ziel der Lernerfolgskontrolle ist die Festigung der Begriffsbildung. Ein Bezug zur individuellen Berufserfahrung ist meist möglich.

5. Flußmittel und ihre Aufgaben

Flußmittel und ihre Aufgaben

Die Qualität der Lötung ist bedingt durch die Haftfähigkeit zwischen Lot und Werkstück. Gute Ergebnisse sind nur gewährleistet, wenn metallisch reine Stoffe zusammenkommen. Dies wird nach der mechanischen Reinigung der Lötstelle mit Drahtbürste, Feile oder Schaber durch das Flußmittel erreicht. Es soll noch vorhandene Oxide auflösen und deren Neubildung verhindern. Dabei muß es sich aber während des Lötvorganges vom fließenden Lot verdrängen lassen, damit eine Berührung der Atomgitter möglich wird (Bild 158.1). Ein Flußmittel kann diesen Ansprüchen nur genügen, wenn es sich bei einer bestimmten Temperatur, der Arbeitstemperatur, ausbreitet und wirksam wird. Es darf nicht schon vorher verdampfen oder bei der Arbeitstemperatur noch fest sein.

Daraus wird ersichtlich, daß sich die Frage nach dem geeigneten Flußmittel bei jeder Lötarbeit neu stellt. Das gilt besonders, wenn auch andere Gesichtspunkte, nämlich Korrosionswirkung, Änderung des Oberflächenwiderstandes, Spritzverhalten oder Entfernbarkeit des Flußmittels, berücksichtigt werden müssen.

Beim Weichlöten von Stahl, Messing und Kupfer wird häufig **Lötwasser** verwendet. Es ist eine in destilliertem Wasser gelöste Verbindung von Salzsäure und Zink.

(Rotthowe et al. 1974, S. 157)

Material für die Aufgabenstellung 11a

Der Text erklärt die Funktion von Flußmitteln unter Einschluß einer impliziten Definition. Die Funktion im Ausbildungszusammenhang ist neben der inhaltlichen Vermittlung des Tatbestandes die Entwicklung des begrifflichen Denkens. Unter weitgehender Ablösung von konkreten Erfahrungen wird die Funktion des Flußmittels beim Löten unter physikalischen und chemischen Gesichtspunkten entwickelt. Texte dieser Art bereiten den in den Prüfungen geforderten Stoff auf. Der Text ist abstrakt, das Ziel ist die Bildung von Begriffen und deren Zuordnung in das Wissenssystem des Fachs. Ein Bezug zur individuellen Berufserfahrung ist bedingt möglich, wenn Paraphrasen zum beruflichen Alltag gebildet werden:

a) Ein Flußmittel kann diesen Ansprüchen nur genügen, wenn es sich bei einer bestimmten Temperatur, der Arbeitstemperatur, ausbreitet und wirksam wird.

b) Du kannst das Lot ansetzen, wenn das Flußmittel (durch Erhitzung) silbrig glänzt.

Die Differenz der Formulierungen zeigt, welche didaktische und methodische Aufgabe gelöst werden muß, um Auszubildende mit der Fachsprache ihres Berufsfeldes vertraut zu machen. Die Kohäsion des Textes ist hoch, weil die Wiederaufnahme explizit ist und durch den Autor eine übersichtliche Thema-Rhema-Abfolge angestrebt wird. Eine deutliche Gliederung in Abschnitte kann den Leseprozeß unterstützen. Die thematische Entfaltung ist explikativ. Weitere Verstehenshilfen werden nicht gegeben. Die Textsegmente bestehen aus einfachen und vollständigen Sätzen. Morphologische Merkmale: Die Verben haben eine untergeordnete Funktion, sie sind passivisch gebraucht, die Nomen haben die wichtige Funktion der Referenz auf Gegenstände und Verfahren, Präpositionen und Adjektive dienen der Differenzierung und Anschaulichkeit, sie haben eine hohe Frequenz. Hauptsächlich werden Komposita wie *Lötvorgang* oder *Atomgitter* auf unterschiedlich abstraktem Niveau genutzt. Die Begriffe werden hauptsächlich auf der logisch-systematischen Ebene entwickelt, die Definition von *Flußmittel* erfolgt implizit, sie ist intensional, weil sie die Merkmale enthält. Die Zeichenart ist sprachlich.

6. PAL-Aufgaben

PAL-Aufgaben sind die gebräuchliche Art der Überprüfung theoretischen Wissens in der Berufsausbildung. Die PAL-Fragen sind als Sammlung erhältlich und werden im Unterricht geübt. Die Schwierigkeit in dieser Auswahl besteht darin, daß Begriffe in unterschiedlicher Weise abgefragt werden und daß die sprachliche Form z.T. ungenau ist. Dieses Material übernehme ich unverändert in die Sprachstandsanalyse. Eine genaue Darstellung der Anforderungen erfolgt im Abschnitt 6.2.

Was versteht man beim Löten unter Arbeitstemperatur?

1. Die Temperatur, bei der das Lot schmilzt
2. Die Oberflächentemperatur des Werkstücks, bei der das Lot fließt
3. Die Temperatur, bei der das Flußmittel verdampft
4. Die Temperatur, bei der das Lot erstarrt
5. Die Temperatur des Werkstücks bei der das Flußmittel die Oxidschicht auflöst

Warum bereitet das Weichlöten von Aluminiumteilen meist große Schwierigkeiten?

1. Weil die notwendige Arbeitstemperatur sehr groß sein muß
2. Weil Aluminium nicht mit Flußmittel in Berührung kommen darf
3. Weil die Schmelztemperatur des Aluminiums kleiner als die der Weichlote ist
4. Weil sich die Oxidschicht an der Lötstelle nur schwer entfernen läßt
5. Weil für das Weichlöten von Aluminium meist die entsprechenden Lote fehlen

---

Weich- und Hartlöten unterscheiden sich durch die Höhe der Arbeitstemperatur. Bis zu welcher Arbeitstemperatur spricht man vom Weichlöten?

1. 630 °C
2. 450°C
3. 330°C
4. 350°C
5. 182°C

Zu welchem Zweck werden Werkstücke verzinnt?

1. Zur Herstellung einer blanken Oberfläche
2. Zur Vorbereitung der Werkstücke, zum Löten und zum Korrosionsschutz
3. Um den Schmelzpunkt der zu lötenden Werkstücke herabzusetzen
4. Um das Reinigen der gelöteten Werkstücke zu sparen
5. Zur Herstellung einer großen Oberflächengüte

Beim Löten wird unterschieden zwischen Weichlöten und Hartlöten. Wann spricht man vom Hartlöten?

1. Nur dann, wenn Kupfer als Lot verwendet wird
2. Wenn die Arbeitstemperatur größer als 450°C ist
3. Wenn mit einer offene Flamme gelötet wird
4. Wenn es nicht auf die Dichtigkeit, sondern auf die Festigkeit des Lotspalts ankommt
5. Wenn die zu lötenden Werkstoffe hart sind

Welcher der genannten Stoffe wird nicht als Flußmittel verwendet?

1. Lötwasser
2. Lötfett
3. verdünnte Salzsäure
4. Kupfersulfat-Lösung
5. Kolophonium

Material für Aufgabenstellung 10

Schweißen

Durch Schweißen werden unlösbare, stoffschlüssige Verbindungen hergestellt. Dies erfolgt unter Zuführung von Wärme mit oder ohne schmelzenden Zusatzwerkstoffen. Die zu verbindenden Bauteile können während des Schweißens an der Wirkstelle teigig oder flüssig sein. Schweißen kann mit oder ohne Anwendung von Kraft erfolgen.

Tabelle : Übersicht der Schweißverfahren

Einteilung der Schweißverfahren nach...	Verfahren
dem Werkstoff der zu verbindenden Bauteile	Metallschweißen, Kunststoffschweißen
dem Aggregatzustand der Bauteile an der Wirkstelle	Schmelzschweißen, Preßschweißen
der Art der Schweißwärmeerzeugung	Gasschweißen, Lichtbogenschweißen, Widerstandsschweißen, Reibschweißen
dem Zweck	Verbindungsschweißen, Auftragsschweißen

Metallschweißen wird als Schmelzschweißen und Preßschweißen ausgeführt.

Schmelzschweißen ist Fügen durch örtlich begrenzten Schmelzfluß von Bauteilen und Zusatzwerkstoff.
Preßschweißen ist Fügen unter Anwendung von Kraft bei örtlich begrenzter Erwärmung zwischen teigigem bis zum flüssigen Zustand.

(Falk, Gockel et al. 1988, S. 103)

Material für die Aufgabenstellung 11b

Im Text werden die Benennungen der Begriffe im Zusammenhang des Schweißens aufgezählt und erklärt. Die Funktion im Ausbildungszusammenhang besteht darin, daß hier die Vorbereitungen der definitorischen Grundlagen zum Verständnis der Klassifikation der Fügetechniken gelegt werden. Das Verständnis von Texten dieser Art ist die notwendige Grundlage zur Bearbeitung von Prüfungsfragen. Die besondere Funktion der Tabelle liegt darin, über die entwickelten Begriffe eine Übersicht zu bekommen. Der Bezug zum Leser bleibt abstrakt, Ziel ist die Begriffsbildung in logisch-systematischer Hinsicht. Ein Bezug zur individuellen Berufserfahrung ist zwar möglich, kann aber den Zweck des Textes kaum stützen.

Die Kohäsion des Textes ist hoch, weil die Textsegmente kurz sind und eine übersichtliche Wiederaufnahmestruktur angestrebt wird. Eine besondere Form der Information stellt die Tabelle dar, in der sprachliche Informationen ohne Vertextungsmittel in einem Raster einander gegenübergestellt werden. Die Textsegmente sind einfache vollständige Sätze, in der Tabelle stark verkürzte Teile von Sätzen, die gedanklich zusammengesetzt werden müssen:

Einteilung der Schweißverfahren nach:
- dem Werkstoff der zu verbindenden Bauteile: Metallschweißen, Kunststoffschweißen
- dem Aggregatzustand der Bauteile an der Wirkstelle: Schmelzschweißen, Preß-
schweißen
...
- dem Zweck

Es könnten folgende Paraphrasen gebildet werden:

Metallschweißen ist ein Verfahren, das nach den Werkstoffen, die verbunden werden, benannt ist.
Schmelzschweißen ist ein Verfahren, das danach benannt ist, daß die Werkstoffe an der Verbindungsstelle aufgeschmolzen werden.

Morphologische Merkmale: Die Verben haben als Handlungsträger eine untergeordnete Funktion, sie finden als Element der Komposition Anwendung (*schmelzen, pressen, schweißen zu Schmelzschweißen, Preßschweißen*). Die Adjektive *unlösbar, stoffschlüssig* bilden mit dem Nomen *Verbindung* feste Syntagmen und werden zum Träger der begrifflichen Unterscheidung: *Stoffschlüssige Verbindung, unlösbare Verbindung.* Derivation und Komposition sind die wichtigsten Elemente der Wortbildung in diesem Text.

Die Begriffe sind auf eine logisch-systematische Ebene bezogen, die der Klassifikation der Fügetechniken dient. Die Definitionen sind intensional, es werden die Merkmale genannt: *Schweißen erfolgt unter Zuführung von Wärme ...* Die Zeichenart ist symbolisch-sprachlich.

8. Tabelle: Speicherung von Gasen in Flaschen

Die Funktion im Ausbildungszusammenhang besteht darin, auf schnelle Informationsmöglichkeiten durch Tabellen hinzuweisen. Der Bezug zum Leser ist konkret, Ziel ist die Begriffsbildung auf dem Handlungsniveau: Wie gehe ich mit Gasflaschen um, wie erkenne ich deren Inhalt? Ein Bezug zur individuellen Berufserfahrung ist möglich. Die Zeichenart zeigt neben sprachlichen Zeichen, wie den Anschlußbenennungen, auch chemische Formeln, Abkürzungen, Gewichts- und Raummaße.

Gasart	Kennfarbe der Flasche	Ventil-anschluß	Vol. in l	Druck bei 15°C in bar	Füllung in	
					m^3	kg
Sauerstoff (O_2)	blau	$R^3/_4$	10	200	2,1	2,86
			40	150	6,4	8,58
			50	200	10,7	14,3
Acetylen (C_2H_2)	gelb	Bügel-anschluß	20	18	2,9	3,2
			40	18	5,8	6,3
			40[1]	19	7,3	8,0
			50[1]	19	9,1	10,0

[1] Flaschen sind mit einem roten Halsring gekennzeichnet und können auch liegend entleert werden.

(Falk, Gockel et al. 1988, S. 103)

Material für die Aufgabenstellung 12a

9. Schaubild: Festigkeit des Lots

Im Koordinatensystem wird eine Kurve dargestellt, die die Auswirkung der Antimonteile im Lot auf die Zugfestigkeit der Verbindung zeigt. Abbildungen dieser Art sind hochkonventionalisiert. Die Funktion im Ausbildungszusammenhang besteht darin, daß in die Darstellung chemischer oder physikalischer Tatbestände durch Kurven eingeführt wird. Der Bezug zum Leser ist abstrakt, es wird mathematisches Wissen vorausgesetzt. Das Ziel der Beschäftigung mit dem Schaubild im Unterricht ist die Begriffsbildung *Festigkeit* und die Fähigkeit, die Zusammensetzung einer Legierung als die Ursache der Änderungen der Eigenschaften des Materials zu begreifen. Ein Bezug zur individuellen Berufserfahrung ist zwar möglich, kann aber das Darstellungsmedium Kurve nicht erklären. Die Zeichenart ist symbolisch, es wird ein nach strengen Konventionen erstelltes Bild interpretiert.

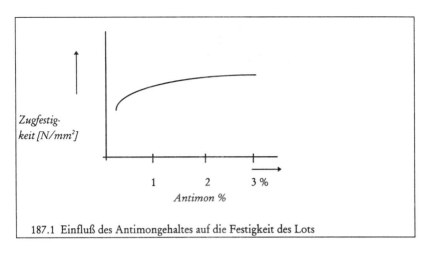

187.1 Einfluß des Antimongehaltes auf die Festigkeit des Lots

(Rotthowe, Fuchsgruber, Kotte, Theilmeier 1974, S. 187)

Material für die Aufgabenstellung 12b

10. Schema der Fügetechniken

Material für die Aufgabenstellung 13

Die Tabelle zeigt die Begriffshierarchie der Fügetechniken und ermöglicht die logische Zuordnung einzelner Verfahren. Die Begriffe, die in das Schema eingesetzt werden sollen, wurden im (hier nicht wiedergegebenen) Text entwickelt. Die Funktion im Ausbildungszusammenhang besteht darin, ein logisches System aufzubauen, das die Zusammenhänge im Fach zeigt und die Grundlage für eine Übersicht der einzelnen Erfahrungen im Berufszusammenhang legt.
Der Bezug zum Leser ist abstrakt, das Ziel des Schemas ist die Zuordnung und Klassifikation von Begriffen, ein Bezug zur individuellen Berufserfahrung ist möglich, hilft dem Verständnis der Systematik aber kaum. Die Zeichenart ist symbolisch.

Wirkprinzip	Lösbarkeit	Beispiele, Verfahren
Formschluß	lösbar	Federverbindung Keilwelle Polygonprofil Kerbzahnprofil Bolzen Sicherungsring Stifte
Formschluß	unlösbar	Kaltnietverbindung Bördeln Falzen Verlappen Drahtflechten Verseilen Spleißen
Kraftschluß	lösbar	Verspannen Klemmen Verschrauben Einpressen Schrumpfen Dehnen
Stoffschluß	unlösbar	Schmelzschweißen Preßschweißen
Stoffschluß	unlösbar	Weichlöten Hartlöten Hochtemperatur- löten
Stoffschluß	unlösbar	Kontaktkleben Aktivierkleben Naßkleben Reaktionskleben

(Falk, Gockel et al. 1988, S. 87)

6.2 Beschreibung der aus dem Material entwickelten Aufgabenstellungen

Die Aufgabenstellungen sind nach drei Kriterien angeordnet,
1. dem Anwachsen der sprachlichen Schwierigkeiten,
2. der Unterscheidung von Verstehensleistung und Sprachproduktion,
3. dem Übergang von Aufgabenstellungen, die konkrete Gegenstände (z.T. durch Abbildungen unterstützt) zum Thema haben, zu solchen, die sich mit abstrakten Inhalten beschäftigen.

6.2.1 Darstellung der verschiedenen Arbeitsformen
Ein weiterer Ordnungsgesichtspunkt der Aufgabenstellungen sind die Arbeitsformen, nach denen die Auszubildenden die Lösungen finden können. Die Schwierigkeit bei der Konzeption von Übungsaufgaben besteht darin, daß falsche Antworten auf Fragen nicht wiedergeben können, ob der Inhalt einer Frage von den Auszubildenden verstanden wird und die Lösung von ihnen angegeben werden könnte, wenn sie nicht durch den Filter der Sprache müßte. Aus diesem Grund wurde versucht, Arbeitsmöglichkeiten zu finden, die die Auszubildenden von der sprachlichen Produktion der Antworten entlasten. In den ersten beiden Aufgabenstellungen sind Bilder ein hauptsächliches Gestaltungselement. Geräte und Verfahrensabläufe werden gezeigt, die Aufgabenstellung besteht in der Zu- und Umordnung. Die Auszubildenden können, ohne Sprache selbst zu produzieren, zeigen, ob sie einen Begriff von den Gegenständen und Verfahren haben.
Die Arbeitsformen „Sätze in die richtige Reihenfolge bringen", „Lückentest", „Sätze zu einem Text zusammenfügen", „Antworten aus einer Auswahl zuordnen" und „Auswahlantworten PAL" fordern die Auszubildenden dazu auf, vorgegebene sprachliche Elemente weiterzuverarbeiten. Bei den PAL-Fragen tritt allerdings die besondere Schwierigkeit hinzu, daß bei der Formulierung der sprachlichen Elemente die Lösung für die Auszubildenden eher verborgen als zugänglich gemacht wird. Bei den Aufgabenstellungen „Bildsequenz beschreiben", „Lehrbuchtext eigenständig auswerten" und „Tabelle/Grafik auswerten" müssen die Antworten von den Auszubildenden selbst formuliert werden.

6.2.1.1 Konzeption der Aufgabenstellungen
Absicht der Aufgabenstellungen ist es, die fachlichen und sprachlichen Fähigkeiten der Auszubildenden zu ermitteln. Der Schwerpunkt des Interesses liegt darauf zu analysieren, wie Auszubildende Fachtexte verstehen und nach vorgegebenen Fragen auswerten können. Diese rezeptive Seite der fachlichen Kommunikation bildet einerseits den hauptsächlichen Inhalt des fachtheoretischen Unterrichts und ist andererseits Basis für die Teilnahme am Informationsfluß, der die Aktualität beruflichen Wissens gewährleistet.
Die Problematik bei der Konzeption der Aufgaben liegt an erster Stelle darin, daß das Verstehen von Texten nicht geprüft werden kann, ohne daß die Auszubildenden

durch das Verfassen neuer Texte über die Verstehensleistung Auskunft geben; die Formulierung einer Antwort als Reaktion auf eine Frage kann also nicht die einzige Verstehens-Erfolgskontrolle sein. Die gängige Prüfungspraxis der Zwischen- und Abschlußprüfung in der Berufsausbildung greift auch aus diesem Grund auf programmierte Fragen mit Auswahlantworten zurück (vgl. Aufgabenstellung 8). Durch die Art, wie Fragen und Antworten formuliert und wie die Fragen in der Prüfung zusammengestellt werden, ergeben sich allerdings eine ganze Reihe neuer sprachlicher und fachlicher Probleme.

In der Konzeption sind Aufgaben zu gestalten, die eine fachliche und sprachliche Progression gewährleisten. Es ergab sich dabei, daß zwischen dem Anstieg der fachlichen und sprachlichen Leistung ein unlösbarer Zusammenhang besteht.

Grundlage für die Materialien, aus denen die Aufgabenstellungen zusammengesetzt sind, bilden die in den Modellversuchs-Klassen eingeführten Schulbücher. Das erweist sich insofern als günstig, weil nach Abschluß der Untersuchung fundierte Aussagen über den Umgang mit Elementen der Schulbücher gemacht werden können. Aus der Befragung der Lehrer an Berufsschulen ergab sich, daß Schulbücher die Grundlage für die Gestaltung von Arbeitsblättern, Tafelbildern und Overhead-Transparenten sind. Nach Abschluß der Untersuchung lassen sich also fundierte Aussagen über die schriftliche Seite der beruflichen Kommunikation im Unterricht treffen.

6.2.1.1.1 Beruflich-fachliche Anforderungen

Die beruflichen Inhalte der Aufgabenstellungen beziehen sich auf die Verbindungstechniken Löten und Schweißen, also auf zentrale Themen des theoretischen und praktischen Unterrichts der Grundstufen des Elektro- und Metallgewerbes. Ich gehe davon aus, daß die wichtigsten Geräte und Verfahren den Auszubildenden bekannt sind, und daß sie eigene Erfahrungen beim Herstellen von Löt- und Schweißverbindungen haben. Auf diesem Hintergrund müßten Abbildungen von Lötgeräten wiedererkannt und benannt werden können. Ein Lötvorgang, dargestellt in sechs Stadien einer einfachen Bilderfolge, müßte nachvollzogen und versprachlicht werden können; Arbeitsregeln zum Weich- und Hartlöten sollten auf eigene Arbeitserfahrungen bezogen werden können, insbesondere, weil das praktische Erlernen der Arbeitstechniken immer auch an nachzuvollziehende Regeln gebunden ist. Abstrakter ist die Anforderung, andere Lötverfahren als das Kolben- oder Flammlöten nachzuvollziehen, da hier in der Regel keine eigenen Erfahrungen vorliegen. Tauch-, Ofen- und Induktionslöten sind Verfahren, die industriell genutzt werden; sie beruhen auf dem gleichen Prinzip wie die handwerklich genutzten Techniken: Erwärmen der zu verbindenden Werkstücke auf Arbeitstemperatur, Beigabe von Flußmitteln, dann von Lot, das in einen engen Spalt eindringt und beim Abkühlen erstarrt, wodurch sich eine feste Verbindung ergibt. Weit höhere Anforderungen an das berufliche Wissen stellen die Fragen, die als Lernerfolgskontrolle oder den Stoff wiederholende Übung am Ende des Kapitels „Löten" im Schulbuch erscheinen. Hier werden nicht nur berufspraktische, sondern auch theoretische Fragen (nach der Festigkeit, der Kapillarität etc.) gestellt. In ähnlicher Weise gehen die PAL-Fragen vor.

Einen selbständigen Umgang mit Informationstexten können die Auszubildenden nachweisen, wenn sie größere Textteile aus dem Schulbuch, Tabellen und Kurven nach vorgegebenen Fragen auswerten können und schließlich nach eigener Formulierungsstrategie Berichte zu bekannten Arbeitstechniken verfassen. Ein besonderes Merkmal wissenschaftlich orientierter Fachsprachen ist die Entwicklung hierarchisch aufgebauter Begriffssysteme, die das berufliche Wissen in Schemata erfassen.

6.2.1.1.2 Sprachliche Anforderungen

Da das besondere Interesse in der Untersuchung und Entwicklung der sprachlichen Fähigkeiten liegt, mußte hier besonders differenziert vorgegangen werden.

Wie oben dargestellt, kann das Verstehen der beruflichen Texte nur durch die Antworten auf Fragen überprüft werden. In der Didaktik des fachsprachlichen Fremdsprachenunterrichts wurde ein breites Instrumentarium entworfen, Auszubildende von der Formulierung von Antworten zu entlasten und doch Auskunft über Verstehensprozesse zu bekommen. Auch hier reicht die Möglichkeit vom einfach-konkreten zum komplex-abstrakten Vorgehen.

Die Aufforderungen, Benennungen und Abbildungen nun richtig zu kennzeichnen, Bilderfolgen zu ordnen, Sätze nach der Vorgabe einer Bilderreihe zu ordnen, Wörter in einem Text aufzufinden und zu vervollständigen, Nomen in einen Lückentext einzusetzen, sind erprobte Arbeitsmittel im Sprachunterricht mit zweisprachigen Auszubildenden. Die Rekonstruktion eines Textes aus vorgegebenen Sätzen, die passende Zuordnung von Fragen und Antworten oder einer Frage mit fünf Auswahlantworten, entlastet die Auszubildenden von der aktiven Formulierung von Sätzen oder Antworten, fordert aber hohe Verständnisleistungen bei der Deutung der vorgelegten Texte und Textteile. Erst die eigenständige Auswertung von Lehrbuchtext, Tabelle und Kurve im Koordinatensystem verlangt neben der Leistung der Textauswertung auch das selbständige Formulieren von Texten. Die Aufgabe – Arbeitstechniken ohne Text- oder Bildvorlagen zu beschreiben – stellt die höchste Schwierigkeitsstufe bei der Textproduktion dar.

Die 13 Aufgabenstellungen der Sprachstandsanalyse lassen sich in fünf Gruppen einteilen, in denen die geforderten sprachlichen Leistungen gesteigert werden.

In der *ersten Gruppe* (Aufgaben 1 bis 3) geht es um die fachliche Vergegenwärtigung der Arbeitstechnik des Lötens durch Abbildungen und kurze Textteile, die Arbeitsregeln wiedergeben; in der *zweiten Gruppe* geht es um das Verstehen von Textzusammenhängen, die nicht durch Abbildungen unterstützt werden (Aufgaben 4 bis 10, ohne 7 und 9), die sprachliche Bearbeitung ist durch die Vorgabe fertiger Sätze und Satzteile erleichtert; in der *dritten Gruppe* (Aufgaben 11 und 12) müssen Texte, Tabellen und eine Kurve eigenständig bearbeitet werden; in der *vierten Gruppe* (Aufgaben 7 und 9) müssen selbständig Textaufbaustrategien zur Darstellung eines Arbeitsganges entwickelt werden, die *fünfte Gruppe* (Aufgabe 13) besteht nur aus einer Aufgabe, hier soll eine Begriffshierarchie aufgebaut werden.

6.2.2 Beschreibung der Aufgabenstellungen

1. Aufgabenstellung

1. Materialien der Aufgabenstellung

Das Material umfaßt 7 Abbildungen von Arbeitsgeräten, die zum Löten verschiedener Werkstoffe benutzt werden. Unterschieden wird zwischen Gaslötgeräten und elektrischen Lötgeräten.

Zu den Abbildungen wird eine Liste von 21 Benennungen geliefert, die die Geräte oder Teile davon bezeichnen.

2. Arbeitsform der Aufgabenstellung

Die Aufgabe besteht darin, Geräte oder Geräteteile mit der passenden Benennung zu verbinden. Der Schwierigkeitsgrad der Aufgabenstellung ist gering, es wird eine Einstimmung in die Thematik vorgenommen.

3. Rolle der Textsorte in der Berufsausbildung

Ursprung der Aufgabenstellung ist eine Abbildung, in der Geräte, die im fortlaufenden Schulbuchtext vorkommen, gezeigt werden. Die Benennungen sind an den Geräten und Geräteteilen angegeben.

Die Funktion dieser Art von Abbildung liegt darin, Bekanntes aus der Erinnerung abzurufen und in den Sinnzusammenhang des Textes einzuordnen; bei der Besprechung können die Benennungen gelernt werden.

4. Zur Lösung benötigte fachliche Fähigkeiten

Um die Aufgabe lösen zu können, müssen die Geräte bzw. Geräteteile und ihre Benennungen bekannt sein.

5. Sprachliche Schwerpunkte

a) In der Liste der Benennungen werden zwei Benennungen nur aus einem Grundwort gebildet, 12 Benennungen sind Komposita, die aus zwei Wörtern gebildet sind, 3 Benennungen sind Komposita, die aus drei Wörtern gebildet sind, drei Benennungen sind feste Syntagmen.

b) Die Liste der Benennungen steht in keinem syntaktischen Zusammenhang.

c) Ein schriftlicher Text ist nicht formuliert.

6. Zur Lösung benötigte sprachliche Fähigkeiten

Die Fähigkeit, unbekannte Wörter wie z.B. *Hammerlötkolben* inhaltlich zu erschließen. Die Kenntnis der Wortbildungsregel *Kolben zum Löten in Form eines Hammers* ist bei der Lösung der Aufgabenstellung hilfreich. Die Auszubildenden sollen die zusammenpassenden Benennungen und die Abbildung mit Linien verbinden oder die Benennungen neben die Abbildungen schreiben. Wenn Geräte bzw. Geräteteile und ihre Benennungen bekannt sind, sollten sich bei der Zuordnung keine Schwierigkeiten ergeben. Sind die Geräte bzw. Geräteteile nicht bekannt, kann die Aufgabe nicht gelöst werden.

7. Erwartete Probleme der zweitsprachigen Auszubildenden

Die Benennungen der Geräte und Geräteteile sind motiviert, sie können aufgrund der Wortbildungsregeln verstanden werden. Es wird keine Abweichung von der Leistung der Muttersprachler erwartet.

2. Aufgabenstellung

1. Materialien der Aufgabenstellung

Eine Bilderfolge aus sechs Zeichnungen gibt Stationen des Arbeitsablaufs *Zusammenlöten von Heizungsrohren* wieder. Die Abbildungen sind mit Buchstaben gekennzeichnet.

2. Arbeitsform der Aufgabenstellung

Die Aufgabenstellung besteht darin, die Abbildungen so zu ordnen, daß der Arbeitsablauf in richtiger Weise wiedergegeben wird. Das geschieht durch die Angabe einer Buchstabenfolge.

Wenn dem Auszubildenden der Arbeitsablauf bekannt ist und er die Abbildungen mit seiner Arbeit identifizieren kann, kann die Aufgabe ohne sprachliche Kenntnisse gelöst werden.

3. Rolle der Textsorte in der Berufsausbildung

Diese Art der Aufgabenstellung wird in Lernmaterialien zum Deutschunterricht für zweitsprachige Auszubildende eingesetzt, in den verbreiteten Schulbüchern für den Theorieunterricht erscheint sie nicht.

4. Zur Lösung benötigte fachliche Fähigkeiten

Die Technik des Lötens von Heizungsrohren oder zumindest von Werkstücken muß bekannt sein.

5. Sprachliche Schwerpunkte

Die Aufgabenstellung aktiviert das begriffliche Wissen auf enaktiver und ikonischer Ebene. Ein bekannter Arbeitsvorgang muß in den Bildern wiedererkannt werden. Die einzelnen Arbeitsschritte müssen mit den Bildern nachvollzogen werden.

6. Zur Lösung benötigte sprachliche Fähigkeiten

Sprachliche Fähigkeiten werden zum Verständnis der Aufgabenstellung, nicht aber zur fachgerechten Lösung benötigt.

Wenn die Technik des Lötens bekannt ist, sollte die Aufgabenstellung gelöst werden können.

Das richtige Eintragen der Buchstaben könnte Schwierigkeiten verursachen.

7. Erwartete Probleme der zweitsprachigen Auszubildenden

Bei dieser Aufgabenstellung sollten keine Probleme entstehen. Die Lösung dient als Nachweis dafür, daß ein Wissen über den Zusammenhang des Lötens besteht. Dieses Wissen braucht aber nicht versprachlicht werden, aus diesem Grund entlastet diese Aufgabenstellung die zweitsprachigen Auszubildenden.

3. Aufgabenstellung

1. Materialien der Aufgabenstellung

Die Bilderfolge aus Aufgabenstellung 2 wird in richtiger Abfolge gezeigt; in einer Liste ist zu jedem Bild eine Arbeitsregel formuliert.

2. Arbeitsform der Aufgabenstellung

Die Aufgabenstellung besteht darin, die Arbeitsregeln in der Reihenfolge der Abbildungen zu ordnen und aufzuschreiben. Im Gegensatz zu 2. sollen hier nicht Abbildungen, sondern in Sprache gefaßte Regeln im Sinn eines Arbeitsablaufes geordnet werden.

3. Rolle der Textsorte in der Berufsausbildung

Arbeitsregeln werden auch formuliert, um Arbeitstechniken zu reflektieren und die theoretische Bearbeitung vorzubereiten, in der in der Aufgabenstellung vorgelegten reduzierten Form werden sie oft als Tafelanschrieb oder auf dem Arbeitsblatt verwendet, in Schulbüchern erscheint eine differenziertere Form (Aufgabenstellung 4).

4. Zur Lösung benötigte fachliche Fähigkeiten

Die fachlichen Voraussetzungen entsprechen denen der 2. Arbeitsform der Aufgabenstellung.

5. Sprachliche Schwerpunkte

In den Arbeitsregeln wird eine stark reduzierte Syntax verwendet; die durch die Regeln ausgesprochenen Aufforderungen werden nach zwei Mustern gebildet:

(Du sollst) (das) Lot in unmittelbare Nähe (des Lötspalts) aufbringen!

(Du sollst) (die Lötnaht) abkühlen lassen.

(Du sollst) (das) Flußmittel aufbringen.

(Das Bild zeigt / das) Zusammenpassen...

(Das Bild zeigt / das) Entgraten...

(Das Bild zeigt / das) Erhitzen...

Die in Ellipsen formulierten Arbeitsregeln geben nur den für den Arbeitsablauf wesentlichen Teil der Sätze wieder.

Alle Verben und Nomen sind zusammengesetzt oder abgeleitet.

Die Termini *Verbindungs-Weichlöten, Lot, Flußmittel, Arbeitstemperatur* werden hier eingeführt, sie erscheinen in anderen Aufgabenstellungen in komplexeren Zusammenhängen wieder.

Die in einer Liste falsch zusammengestellten Arbeitsregeln werden nicht durch kohäsive Mittel verbunden, Kohärenz entsteht durch die Verbindung zu den Abbildungen und durch das eingebrachte Vorwissen vom Arbeitsablauf des Weichlötens.

6. Zur Lösung benötigte sprachliche Fähigkeiten

Die sprachlichen Fähigkeiten, die zur Lösung der Aufgabenstellung benötigt werden, bestehen im Erkennen der Schlüsselwörter *Entgraten, Flußmittel, Arbeitstemperatur, Lot,* die im Theorieunterricht erarbeitet wurden.

Die Kenntnis der Verbindungstechnik Löten und die sprachliche Realisierung müssen bei allen Klassen des Modellversuchs vorausgesetzt werden können.

Schwierigkeiten sind nicht zu erwarten.

7. Erwartete Probleme der zweisprachigen Auszubildenden

Die Probleme der zweisprachigen Auszubildenden werden hier nicht nur im Erkennen der Bedeutung der Fachwörter, sondern auch der handlungstragenden Verben liegen:

aufbringen, zusammenpassen, entgraten, erhitzen, abkühlen
Alle Verben sind entweder durch Vorsilben abgeleitet oder zusammengesetzt. Die Kenntnis der Grundformen kann auch helfen, die Bedeutung der Verben zu erschließen.

Grat, Hitze, kühl, passen, bringen
Da die Arbeitsregeln aber gut nachvollziehbar sind, werden keine erheblichen Probleme erwartet.

4. Aufgabenstellung

1. Materialien der Aufgabenstellung

Die Bilderfolge und die Arbeitsregeln aus den Aufgaben 2 und 3 werden in dieser Aufgabe zu den ausführlichen Arbeitsregeln zum Weichlöten erweitert, wie sie in *Jung, H./Pahl, J.-P./Schröder, W. (1990): Fachpraxis Metall mit Arbeitsplanung und CNC-Technik, Lehr- und Arbeitsbuch für die berufliche Ausbildung. 5. Aufl. Düsseldorf: Cornelsen Schwann-Giradet* angegeben werden.

Aus Platzgründen sind die Anweisungen zur Unfallverhütung gestrichen.

13 wesentliche Fachwörter des Textes sind nach Inhalten gruppiert in einer Liste unvollständig angegeben, die fehlenden Buchstaben sind durch Punkte ersetzt, die den Nominativ Singular angeben.

2. Arbeitsform der Aufgabenstellung

Die Fachwörter sollen im Text aufgefunden und die fehlenden Buchstaben ergänzt werden. Diese Arbeitsform lenkt die Aufmerksamkeit der Leser auf die Wortformen der Fachworte. Sie führt zu genauem Lesen und löst eine Suchtätigkeit aus.

3. Rolle der Textsorte in der Berufsausbildung

Diese Art von Texten sind Teil der Übungsformen des Sprachunterrichts, im Theorieunterricht werden sie selten eingesetzt.

4. Zur Lösung benötigte fachliche Fähigkeiten

Die geforderten fachlichen Fähigkeiten betreffen das Löten, sie werden durch die vorangegangenen Aufgabenstellungen aktiviert, sie gehen nicht darüber hinaus.

5. Sprachliche Schwerpunkte

Um die Aufgabe zu lösen, muß der Text von den Auszubildenden nicht verstanden werden. Die rein mechanische Lesetätigkeit wird oft genutzt, wenn Texte als Beitrag zum Unterrichtsverlauf vorgelesen werden.

Der Text hat in diesem Zusammenhang hauptsächlich die Funktion, die reduziert wiedergegebenen Arbeitsschritte aus Aufgabenstellung 3 zu präzisieren und damit die Ernsthaftigkeit des Materials der Aufgabenstellungen zu signalisieren.

Morphologische Merkmale des Textes:

- von den 32 Nomen sind 20 Komposita
- 9 der 23 Verben sind substantiviert
- 10 Nomen sind Termini im engeren Sinn

Wenn der Text sinnerschließend gelesen werden soll, stellt er hohe Ansprüche an die sprachlichen Fähigkeiten der Auszubildenden.

Die neun Arbeitsregeln sind in 12 unvollständigen Aufforderungssätzen, die mit Ausrufezeichen abschließen, formuliert. Von den 32 enthaltenen Nomen sind 20 z.T. mehrgliedrige Komposita, 10 Nomen sind Teil der Terminologie, ihre Bedeutung kann nur durch Kenntnis der Definition voll erfaßt werden.

Bei dem vorgelegten Text handelt es sich um eine Anweisung, deshalb ist die Anzahl der handlungstragenden Verben (23) hoch, häufig (9 mal) wird die substantivierte Form (*Löten, Bürsten, Schleifen, Beizen* etc.) gebraucht.

Die hohe Frequenz von Adjektiven (11) und Adverbien (12) verweist auf das Bemühen des Autors zur differenzierten und anschaulichen Darstellung.

Der elliptische Sprachgebrauch

>*Lötbarkeit (. . .) prüfen*

statt

>(Du sollst) (die) *Lötbarkeit (. . .) prüfen.*

wird in allen 9 Regeln konsequent eingehalten, die Endstellung des Verbs verweist auf den Aufforderungscharakter der Regeln. Die Numerierungen 1. bis 9. fungieren als Kohäsionssignale, die den zeitlichen Ablauf einer Handlung anzeigen.

6. Zur Lösung benötigte sprachliche Fähigkeiten

Die zur Lösung der Aufgabenstellung benötigten sprachlichen Fähigkeiten sind weit geringer als die Fähigkeiten, die zur Texterschließung benötigt werden. Die hier eingeführte Technik, Schlüsselbegriffe im Text zu erkennen und zu markieren, ist Teil der in späteren Aufgabenstellungen benötigten Strategie zur Textauswertung.

Da die Aufgabe durch Wiedererkennen von unvollständigen Wörtern zu lösen ist, werden keine gravierenden Schwierigkeiten erwartet.

7. Erwartete Probleme der zweitsprachigen Auszubildenden

Im Sprachunterricht werden oft Arbeitsformen dieser Art, die auf dem Erkennen eines Wortbildes beruhen, eingesetzt. Aus diesem Grund werden keine Probleme erwartet.

5. Aufgabenstellung

1. Materialien der Aufgabenstellung

Die in den Aufgabenstellungen 1 bis 4 erarbeiteten Kenntnisse zum Weichlöten werden in dieser Aufgabenstellung zur Technik des Hartlötens erweitert. Bislang wurde die Arbeit mit dem Lötkolben thematisiert, hier geht es um die Arbeitstechniken mit dem Acetylenbrenner bei Temperaturen über 450°C. Das Material bietet einen fortlaufenden Text, der die Arbeitsregeln zum Hartlöten beinhaltet. Quelle ist der auch in der vorangegangenen Aufgabenstellung verwendete Text.

2. Arbeitsform der Aufgabenstellung

Alle Nomen sind aus dem Text entfernt und inhaltlich gruppiert in einer Liste erfaßt.

Die Aufgabenstellung besteht darin, die Nomen nun richtig in den Text einzusetzen, die Größe der Lücken kann helfen, das richtige Wort zu finden.

Im Gegensatz zur Aufgabe 4 ist es hier notwendig, den Text zu verstehen, um das fehlende Wort zu finden.

3. Rolle der Textsorte in der Berufsausbildung

Lückentexte werden in der Berufsschule oft zur Lernerfolgskontrolle eingesetzt, in diesem Fall kann geprüft werden, ob Fachwörter verstanden und sinnrichtig in einen vorgegebenen Text eingebunden werden.

4. Zur Lösung benötigte fachliche Fähigkeiten

Die fachlichen Fähigkeiten, die dem Text zugrundeliegen, setzen die Kenntnis des Umgangs mit einem Brenner und des Hartlötens voraus.

5. Sprachliche Schwerpunkte

Der Text ist ähnlich aufgebaut wie der in Aufgabe 4, das sinnrichtige Einsetzen der Wörter wird aber andere Probleme aufwerfen als das Wiedererkennen von Wortformen. Nur die Kenntnis des Wortinhalts und möglicher Verknüpfungen kann zur sinnrichtigen Lösung führen.

Die Nomen (23) sind z.T. komplexe Komposita (*Werkstückoberfläche*), die Verben (11) – meist in Endstellung – verweisen auf den Aufforderungscharakter des Textes. Die Adjektive (9) und Adverbien (11) verweisen auf das Bemühen zur differenzierten Darstellung.

Wie im vorangegangenen Text sind die Regeln elliptisch formuliert:

(Du sollst) vorgereinigte Bauelemente ausreichend mit geeignetem Flußmittel be streuen oder einstreichen.

Die Aufgabenstellung ist nur lösbar, wenn der Inhalt der Nomen, die eingesetzt werden sollen, und der Sinn des Lückentextes vom Auszubildenden erschlossen wurden.

Beim Bearbeiten der Aufgabenstellung wird das semantische Netz der Begriffe des Lötens aktiviert, daraufhin stellen sich Fragen dieser Art:

Was wird vorgereinigt? *Werkstückoberfläche*

Womit wird bestreut? *Flußmittel*

Was wird gezündet? *Brenner*

Was wird eingestellt? *Flamme*

Was wird verbunden? *Bauelemente*

6. Zur Lösung benötigte sprachliche Fähigkeiten

Die geforderten sprachlichen Fähigkeiten gehen über die der vorangegangenen Aufgabenstellungen weit hinaus, wenn dort Schlüsselwörter zu identifizieren oder Wortfragmente im Text wiederzuerkennen sind, so muß hier der Text in seinem Inhalt erschlossen werden. Vorhandenes berufliches Wissen, das sich in der Kenntnis des thematisierten Arbeitsvorganges und in der Kenntnis der Benennung von Geräten, Werkstoffen und Verfahren zeigt, kann zur Bewältigung der Aufgabenstellung beitragen, erst Texterschließungsstrategien – wie die oben gezeigte Fragetechnik – können zur erfolgreichen Lösung beitragen.

Der Sinnzusammenhang ist für ungeübte Leser schwer herzustellen.

7. Erwartete Probleme der zweisprachigen Auszubildenden

Die in vorangegangenen Studien ermittelten Schwierigkeiten, die zweisprachige Auszubildende bei der Bearbeitung von längeren komplexen Fachtexten haben, werden sich hier zeigen. Für diese Schülergruppe wird es schwierig sein, in den Abschnitten des Textes die Arbeitsschritte des Lötens wiederzuerkennen und von den explikativen Teilen des Textes, die sich auf Fehler beim Löten beziehen, zu trennen.

6. Aufgabenstellung

1. Materialien der Aufgabenstellung

Das Material entstammt einem Schulbuchausschnitt, in dem in fünf Abschnitten fünf gängige Lötverfahren beschrieben werden. Die Abschnitte werden als – mit Überschriften versehene – leere Kästchen dargestellt.

2. Arbeitsform der Aufgabenstellung

Die 21 Sätze der Abschnitte sind nun neu gruppiert und numeriert, in dieser Anordnung ergeben sie keinen Sinn. Der ursprüngliche Lehrbuchtext soll rekonstruiert werden. Das kann durch sinnrichtiges Ausfüllen der Kästchen mit den vorgegebenen Sätzen oder durch Ziffernangabe erfolgen.

3. Rolle der Textsorte in der Berufsausbildung

Die Gegenüberstellung verschiedener Fertigungsverfahren ist Teil der Makrogliederung in den Kapiteln des Schulbuchs.

4. Zur Lösung benötigte fachliche Fähigkeiten

Die fünf Lötverfahren – *Kolben-, Flamm-, Tauch-, Ofen- und Induktionslöten* – müssen bekannt sein. Sie sind Teil des Stoffes der Grundstufe.

5. Sprachliche Schwerpunkte

Die in den vorangegangenen Aufgaben geforderten sprachlichen Fähigkeiten werden auf der Wort- und Satzebene nicht überschritten.

Die Forderung, aus den vorgegebenen Sätzen einen kohärenten Text in einzelnen Abschnitten herzustellen, bedeutet einen qualitativen Sprung gegenüber den vorhergehenden Aufgabenstellungen.

6. Zur Lösung benötigte sprachliche Fähigkeiten

Der Schwerpunkt der sprachlichen Bearbeitung liegt bei dieser Aufgabe auf der Herstellung eines fachlich und sprachlich richtigen Textes, wobei die Sätze, aus denen sich der Text zusammensetzt, vorgegeben sind.

Ohne fachliche Kenntnisse ist die Aufgabe nur in Teilen zu lösen. Auf der sprachlichen Ebene stellen die einzelnen Sätze nur geringe Anforderungen. Die Schwierigkeit liegt darin, die Textaufbaustrategie des Autors zu erkennen und nachzuvollziehen. Die Vergegenwärtigung des Inhalts der Sätze und die Kombination der Sätze zu einem Textganzen kann auch als Lernstrategie zur Adaption komplexer fachlicher Zusammenhänge genutzt werden, denn während der sprachlichen Arbeit wird das Fachwissen aktiviert. Allerdings kann die Menge der angebotenen Sätze den Auszubildenden auch verunsichern, wenn er sprachlich ungeübt ist. Aus diesem Grund wird auf der letzten Seite die fertige Gegenüberstellung als Hilfe angeboten, mit deren Hilfe die Auszubildenden den Text ohne Verstehensleistung zusammensetzen können. Das Ziel der Aufgabenstellung liegt dann in der Intensivierung der Lesetätigkeit.

7. Erwartete Probleme der zweitsprachigen Auszubildenden

Die in der Textentfaltung des Autors auftretenden thematischen Sprünge könnten sich bei der Rekonstruktion störend auswirken.

7. Aufgabenstellung

1. Materialien der Aufgabenstellung

Zur Lösung dieser Aufgabenstellung kann das Material aus allen vorangegangenen Aufgabenstellungen (insbesondere die Abbildungen) verwendet werden.

2. Arbeitsform der Aufgabenstellung

Die Aufgabenstellung besteht darin, den in den vorangegangenen Aufgaben sprachlich breit bearbeiteten Arbeitsgang in eigenen Worten zu beschreiben.

Die Lösung des Arbeitsauftrages kann in der Form des Berichts, eines Protokolls, der Aufzählung von Regeln o. ä. vorgelegt werden. Erwartet wird, daß die Auszubildenden die bislang vorwiegend verwendete Form der Arbeitsanleitung verwenden.

3. Rolle der Textsorte in der Berufsausbildung

Die eigenständige Textentwicklung ist für nichtstandardisierte Protokolle, Berichte u.ä. wichtig. Die Planung der Prüfungskommissionen für zukünftige Zwischen- und Abschlußprüfungen läuft darauf hinaus, weniger Fragen mit Auswahlantworten und dafür mehr offene Fragen anzubieten. Das bringt einerseits den Vorteil, daß die in den PAL-Fragen auftretenden Probleme beseitigt werden, bringt aber die Schwierigkeit, daß neue Strategien zur Prüfungsvorbereitung entwickelt werden müssen.

4. Zur Lösung benötigte fachliche Fähigkeiten

Es ist notwendig, daß die Auszubildenden die Technik des Lötens kennen, wenn sie diese Aufgabe lösen sollen.

5. Sprachliche Schwerpunkte

Die Aufgabe verlangt eine eigenständige Produktion eines Textes, wobei die bislang gestellten Aufgaben Hilfestellung geben können.

6. Zur Lösung benötigte sprachliche Fähigkeiten

Die in den „Arbeitsregeln zum Löten" genutzte Struktur der Satzbildung kann hier übernommen werden.

Es wird erwartet, daß ein etwa halbseitiger Text, aus Stichworten zusammengesetzt, entsteht, sprachlich ungeübte Auszubildende werden die Aufgabe nicht ausführen können.

7. Erwartete Probleme der zweitsprachigen Auszubildenden

In den Berichten über die Fähigkeiten der zweitsprachigen Auszubildenden bei der Produktion von Texten kommen hauptsächlich die Interferenzen mit der Muttersprache zum Tragen. Bei der Auswertung – aller in dieser Sprachstandsanalyse geforderten Lösungen – sollen normative Regeln, wie sie z.B. bei den Rechtschreibproblemen vorliegen, nicht ausgewertet werden. Akzeptiert werden Texte, in denen das Löten trotz Fehlern nachvollziehbar dargestellt wird.

8. Aufgabenstellung

1. Materialien der Aufgabenstellung

Das Material ist in zwei Gruppen gegliedert:

A: Es werden 11 Fragen gestellt, die die fachlichen Inhalte der Aufgabenstellungen 1 bis 6 betreffen.

B: Es werden 11 Antworten angeboten, die die Lösung zu je einer der 11 Fragen beinhalten.

Die Fragen entstammen der Lernkontrolle am Ende des Kapitels Fügetechnik in *Rotthowe, A. et. al. (1974)*.

Die Antworten sind – zum Teil gekürzt – dem laufenden Text des Kapitels entnommen. Auf ein Schulbuch aus den 70er Jahren wurde zurückgegriffen, weil hier die Anforderungen an die physikalischen und chemischen Vorkenntnisse der Auszubildenden gegenüber heutigen Lehrbüchern – aus Gründen der Anforderungen damaliger Lehrpläne – begrenzt sind.

2. Arbeitsform der Aufgabenstellung

Die Aufgabenstellung besteht darin, die jeweils richtige Antwort zu den Fragen zu finden und den dazugehörigen Buchstaben in ein Kästchen einzutragen.

3. Rolle der Textsorte in der Berufsausbildung

Lehrer lassen oft im Anschluß an eine Unterrichtssequenz die Fragen am Ende eines Kapitels im Schulbuch als Lernerfolgskontrolle bearbeiten.

Der Text der Schulbücher soll in diesem Fall – in eigenen Worten nachformuliert – die Antwort zu den Fragen liefern.

Um das Schulbuch als differenzierte Informationsquelle nutzen zu können, müssen Texterschließungstechniken geübt werden. Inwieweit Techniken dieser Art vorliegen, kann aus der Bearbeitung dieser Aufgabenstellung ermittelt werden.

4. Zur Lösung benötigte fachliche Fähigkeiten

In den vorangegangenen Aufgabenstellungen waren fachliche Fähigkeiten gefordert, die sich vor allem auf konkrete Inhalte – Beschreibung eines bekannten Arbeitsablaufes, knappe Darstellung von Arbeitsverfahren – bezogen. In dieser Aufgabenstellung geht es vor allem um die theoretische Reflexion der Fügetechnik Löten. Wichtig ist hier die begriffliche Sicherheit bei der Bearbeitung von Fachwörtern wie *Lötverbindung, Oxidschicht, Flußmittel, Arbeitstemperatur, Kapillarität, Legierung, Festigkeit*.

Sprachliche und fachliche Kompetenz liegen in diesem Fall eng beieinander, wenn die Textsorte Definition erkannt und genutzt werden soll.

5. Sprachliche Schwerpunkte

Die sprachliche Anforderung des Materials liegt insbesondere darin, daß die Fragen und Antworten genau gelesen und ihr Inhalt richtig verstanden werden muß. Die Anforderungen durch Lexik, Morphologie und Syntax sind nicht höher als in den Aufgabenstellungen 3, 4, 5 und 6. Die Fragen und Antworten können im Schwierigkeitsgrad aufgrund ihres konkreten oder abstrakten Inhalts und ihrer Länge unterschieden werden.

    z. B. – konkret: *Unterscheiden Sie Weich- und Hartlöten voneinander!*

    – abstrakt: *Was versteht man unter Kapillarität?*

6. Zur Lösung benötigte sprachliche Fähigkeiten

Die Auszubildenden müssen den Inhalt der Texte erschließen können und den Sinn der Fragen und Antworten erkennen. Die Aufgabe ist fachlich und sprachlich nicht schwierig, deshalb sollte sie befriedigend gelöst werden können. Probleme könnten bei der Unterscheidung von Textfunktionen wie Beschreibung oder Definition, bei der Entschlüsselung komplexer Sätze und bei der Übertragung der Numerierung entstehen.

7. Erwartete Probleme der zweitsprachigen Auszubildenden
Es handelt sich bei der Anordnung von Fragen und Antworten nicht um einen zusammenhängenden Text, aus diesem Grund wird kein über die Bearbeitung der Aufgabenstellung durch die Auszubildenden, die Deutsch als Muttersprache haben, hinausgehendes Problem erwartet.

9. Aufgabenstellung

Ähnlich wie bei Aufgabenstellung 7 soll in einer selbstgewählten Darstellungsform von einer Arbeit aus dem Berufsalltag berichtet werden. Der Sinn dieser Aufgabenstellung liegt darin, daß die Auszubildenden das Thema „Lötverbindungen" durch eigene Vorstellungen erweitern können. Bei der Bearbeitung stehen keine Hilfen zur Verfügung, wie sie durch das Textangebot aller Materialen der Sprachstandsanalyse bei Aufgabenstellung 7 gegeben sind. Die Aufgabenstellung wurde von keinem der Auszubildenden bearbeitet und erscheint deshalb in den nachfolgenden Auswertungen nicht mehr.

10. Aufgabenstellung

1. Materialien der Aufgabenstellung
Das Material bietet sechs PAL-Aufgaben, wie sie im Theorieteil von Zwischen- und Abschlußprüfungen verwendet werden. Für drei Fragen wird ein Informationsangebot gemacht, drei Fragen müssen selbständig gelöst werden.

2. Arbeitsform der Aufgabenstellung
Die Aufgabenstellung besteht darin, zu einer Fragestellung aus einer Auswahl von fünf Antworten die richtige anzukreuzen.

3. Rolle der Textsorte in der Berufsausbildung
Die Fähigkeiten im Umgang mit der Textsorte Auswahlantworten ist für die Auszubildenden sehr wichtig, weil sie über den Prüfungserfolg entscheidet. Die sprachlichen Anforderungen sind hoch, weil keine vollständigen Texte gegeben werden, die eine nachvollziehbare Makrostruktur aufweisen; vielmehr wird in willkürlicher Zusammenstellung partikulär Fachwissen abgeprüft, das sich in ungeordneter Weise auf Werkstoffe, Arbeitsgeräte, Arbeitsverfahren, Fachbegriffe und Definitionen bezieht.

4. Zur Lösung benötigte fachliche Fähigkeiten
Als fachliche Kenntnisse sind notwendig: Definition des Terminus Arbeitstemperatur, Abgrenzung von Hart- und Weichlöten, Löttechnik für Aluminium, Zweck des Verzinnens von Werkstücken, Kenntnisse über Flußmittel.

5. Sprachliche Schwerpunkte

Es werden ähnliche sprachliche Fähigkeiten wie in Aufgabenstellung 8 verlangt, der Unterschied liegt darin, daß dort alle Antworten richtig waren, hier aber nur eine unter einer Auswahl von fünf Antworten.

Auffallend ist, daß keine Antwort als vollständiger Satz angeboten wird.

Die Fragestellung ist oft ungenau, eine Frage heißt z.B.:

> *Wann spricht man vom Hartlöten?*

Das ist eine Frage nach einem Zeitpunkt.

> *Bis zu welcher Temperatur spricht man vom Weichlöten?*

> *Temperatur* ist ungenau, es muß *Arbeitstemperatur* heißen.

Verwirrend sind Negativformulierungen wie in der letzten Frage.

> *Welcher der genannten Stoffe wird nicht als Flußmittel verwendet?*

6. Zur Lösung benötigte sprachliche Fähigkeiten

Prüfungsfragen dieser Art werden im Unterricht fortlaufend geübt, aus diesem Grund sollte – auch wegen des zusätzlichen Informationsangebots – die Aufgabe befriedigend gelöst werden.

7. Erwartete Probleme der zweitsprachigen Auszubildenden

Die ungeordnete und mit wenig Verständnishilfen auf ein begriffliches System bezogene Frageweise der PAL-Aufgaben wird gerade zweitsprachigen Auszubildenden große Schwierigkeiten bereiten.

11. Aufgabenstellung

1. Materialien der Aufgabenstellung

Das Material zu dieser Frage ist in zwei Textteilen angeordnet, die ohne Kürzung aus den Schulbüchern Rotthowe, A. et. al. (1974) übernommen sind.

Der erste Teiltext bezieht sich auf die letzte PAL-Frage:

> *Welcher der genannten Stoffe wird nicht als Flußmittel verwendet?*

Hier wird umfassend die Aufgabe, die Wirkung und der Einsatz von Flußmitteln besprochen. Im zweiten Textteil wird die Fügetechnik *Schweißen* thematisiert. In dem Text geht es um die Definition des Begriffs *Schweißen* und um die Benennung der Unterbegriffe, die Schweißverfahren. Die Information wird als zusammenhängender Text und in Tabellenform vermittelt.

2. Arbeitsform der Aufgabenstellung

Zu den Texten werden Fragen gestellt, die nach Auswertung der Texte gelöst werden können. Erwartet werden frei formulierte Antworten.

3. Rolle der Textsorte in der Berufsausbildung

Die Rolle der Aufgabenstellung im Unterricht wurde im Kommentar zu Aufgabenstellung 8 schon besprochen. Inwieweit die sprachlichen Fähigkeiten der Auszubildenden hinreichen, die Lösung zu finden, kann ein interessantes Ergebnis der Sprachstandsanalyse sein.

4. Zur Lösung benötigte fachliche Fähigkeiten

Die fachlichen Kenntnisse gehen bei Teiltext 1 nicht über das bislang Geforderte hinaus. Teiltext 2 ist ein Informationstext zum Schweißen, der die begrifflichen Beziehungen klärt; zur Beantwortung der Fragen sind keine Kenntnisse der Schweißtechnik notwendig.

5. Sprachliche Schwerpunkte

In dieser Aufgabenstellung werden die bislang fortgeschrittensten Fähigkeiten der Textauswertung und der Formulierung von Antworten erwartet. Die Fragen sind ähnlich wie in Aufgabenstellung 8 aufgebaut, die Antworten müssen im Text aber selbst gefunden werden.

Die Arbeitstechnik zur Lösung der Aufgabenstellung kann darin bestehen, die Sätze oder Satzteile zu unterstreichen, die auf die Fragen Antwort geben, und die unterstrichenen Teile herauszuschreiben. Dazu ist die Technik des sinnerschließenden Lesens notwendig.

6. Zur Lösung benötigte sprachliche Fähigkeiten

Die Auszubildenden müssen den Text verstehen und die verstandenen Inhalte in eigenen Worten wiedergeben. Die Sprachebene der vorgelegten Texte ist hoch, die bei der Bearbeitung der Arbeitsregeln genutzte Struktur der Satzbildung kann hier nicht übernommen werden. Auszubildende, die über Textauswertungsstrategien verfügen, können hier gute Leistungen erzielen.

7. Erwartete Probleme der zweisprachigen Auszubildenden

Aus den Studien zu den sprachlichen Fähigkeiten von zweisprachigen Auszubildenden ergibt sich, daß Probleme bei der Auswertung komplexer Texte auftreten. In dieser Aufgabenstellung müssen aus einem differenzierten, komplexen Text Informationen entnommen und in eigenen Worten dargestellt werden. Es werden größere Schwierigkeiten erwartet.

12. Aufgabenstellung

1. Materialien der Aufgabenstellung

Die Aufgabenstellung ist in zwei Abschnitte unterteilt. Im ersten Teil wird die Auswertung einer Tabelle mit Fußnote gefordert, im zweiten Teil ist eine Kurve in einem Koordinatensystem zu deuten. Die Tabelle gibt Auskunft über die Speicherung der Gase Sauerstoff und Acetylen in Flaschen, wie sie beim Schweißen und Hartlöten verwendet werden. Dabei werden die farbliche Kennzeichnung, die Art des Ventilanschlusses, der Rauminhalt, der Fülldruck und die Füllmenge angegeben, zusätzlich werden in der Fußnote Informationen zur Handhabung (liegende Entleerung) gegeben.

Die Kurve stellt den Einfluß von Antimon auf die Festigkeit des Lots dar.

2. Arbeitsform der Aufgabenstellung

Die Aufgabenstellung besteht darin, im ersten Teil Fragen zur Handhabung der Gasflaschen aus der Tabelle heraus zu beantworten, im zweiten Teil die Kurve zu deuten und festzustellen, daß steigender Antimongehalt im Lot die Festigkeit erhöht.

3. Rolle der Textsorte in der Berufsausbildung

In der Fachkommunikation spielen Tabellen und Kurven – auch im Ausbildungszusammenhang – eine bedeutende Rolle, sie sind ein wichtiges Merkmal des Sprachstils vor allem der Ingenieurwissenschaften. Darstellungen dieser Art verschaffen auf knappem Raum schnellen Überblick.

4. Zur Lösung benötigte fachliche Fähigkeiten

Zur Lösung dieser Aufgabenstellung müssen informierende Texte ausgewertet werden. Fachliche und sprachliche Kompetenz ist hier kaum zu trennen.

5. Sprachliche Schwerpunkte

Die Wort- und Satzebene kann bei Tabellen und Kurven kaum Schwierigkeiten hervorrufen. Ein wesentliches Problem kann sich aber bei der Rekonstruktion eines Textes bzw. bei der Bildung von Paraphrasen ergeben, wenn die Anordnung der Information nach horizontalen und vertikalen Überschriften und die Deutung von Kurven im Koordinatensystem nicht bekannt ist.

6. Zur Lösung benötigte sprachliche Fähigkeiten

Die Bewältigung der Aufgabenstellung durch die Auszubildenden ist an die Vorarbeit im Unterricht gebunden und davon abhängig, ob die Auswertung von Tabellen und Kurven im Unterricht bearbeitet wurde oder nicht.

7. Erwartete Probleme der zweitsprachigen Auszubildenden

Aus den Studien zu den sprachlichen Fähigkeiten von zweitsprachigen Auszubildenden ergibt sich, daß Probleme bei der Auswertung komplexer Texte auftreten. In dieser Aufgabenstellung müssen aus Tabelle und Kurve Informationen entnommen und in eigenen Worten dargestellt werden. Es werden größere Schwierigkeiten erwartet, weil die Rekonstruktionsleistung über die Bildung von Paraphrasen ein genaues Vorwissen über die mathematischen Darstellungsweisen voraussetzt.

13. Aufgabenstellung

1. Materialien der Aufgabenstellung

Das Ausgangsmaterial für die letzte Aufgabenstellung bildet eine Tabelle, in der die Füge- oder Verbindungstechniken nach Ober- und Unterbegriffen aufgelistet sind. Die drei Wirkprinzipien – *Formschluß, Kraftschluß, Stoffschluß* – führen zu *lösbaren oder unlösbaren Verbindungen* wie *Bördeln, Verschrauben, Schmelzschweißen, Hartlöten, Kontaktkleben.*

Tabellen dieser Art können helfen, schnell und sicher das in Ober- und Unterbegriffen gefaßte berufliche Wissen zu vergegenwärtigen und einen Überblick zu gewinnen. Zur Hilfestellung für die Lösung der Aufgabenstellung wird eine Schemaanordnung vorgegeben, in die die Ober- und Unterbegriffe eingetragen werden sollen, zusätzlich wird im Anhang eine Schemadarstellung über die Werkstoffe im Maschinenbau gegeben.

2. Arbeitsform der Aufgabenstellung

Die Aufgabenstellung besteht darin, die Verbindungstechniken *Stoffschluß, Kraftschluß, Formschluß* in die richtigen Kästchen einzutragen, Lösbarkeit und Nichtlösbarkeit zuzuordnen und in den freien Raum Beispiele für die Verbindungstechniken zu schreiben.

3. Rolle der Textsorte in der Berufsausbildung

Wie in der vorangegangenen Aufgabenstellung ist die Bewältigung der Aufgabe an die Vorarbeit im Unterricht gebunden.

4. Zur Lösung benötigte fachliche Fähigkeiten

Zur Lösung der Aufgabe ist die Kenntnis verschiedener Verfahren zur Verbindung von Metallen und Nichtmetallen und die Unterscheidung der drei Wirkprinzipien notwendig. Kenntnisse dieser Art können bei den Klassen der Sprachstandsanalyse vorausgesetzt werden.

5. Sprachliche Schwerpunkte

Der sprachliche Schwerpunkt der Aufgabe liegt vor allem darin, Ober- und Unterbegriffe in ihrer hierarchischen Gliederung zu erkennen.

Tabellen und Schemazeichnungen dieser Art sind wichtige Teile der beruflichen Kommunikation. Insbesondere die sprachlich reduzierten Vermittlungsformen Tafelanschrieb, Overhead-Folie, Informations- und Arbeitsblatt benutzen diese Art der Vermittlung.

6. Zur Lösung benötigte sprachliche Fähigkeiten

Hierarchisierung von Ober- und Unterbegriffen muß bekannt sein, dann kann die Aufgabe gelöst werden. Als Hilfe wird das Schema der Werkstoffe im Metallbereich gegeben, daran können sich die Auszubildenden bei der Lösung der Aufgabe orientieren.

7. Erwartete Probleme der zweitsprachigen Auszubildenden

Aus den Studien zu den sprachlichen Fähigkeiten von zweitsprachigen Auszubildenden ergibt sich, daß Probleme bei der in Sprache gefaßten begrifflichen Arbeit im Fachunterricht auftreten, wenn das begriffliche Denken nicht schon in der Muttersprache erworben wurde. Es werden größere Schwierigkeiten erwartet, wenn die begriffliche Denkweise bislang nicht entwickelt werden konnte.

6.3 Weiterentwicklung der Aufgabenstellungen zu einer computergestützten Version

Die für die Nutzung am Computer vorbereitete Version der Sprachstandsanalyse wird auf CD-ROM oder Disketten angeboten. In den an den Berufsschulen vorhandenen Computeranlagen (mindestens 486er Prozessor, 20 MB Speicherplatz, 8 MB Arbeitsspeicher) läuft sie unter Windows 3.11. Video- und Soundkarte sind zur Bearbeitung des Programms notwendig.

Das Material der 13 Aufgabenstellungen wurde unverändert übernommen. Verändert wurde die äußere Gestaltung, also die Bildschirmoberfläche. Als positiv erweist sich dabei, daß graphische Möglichkeiten wie Farbe, Halbtöne, Gestaltung von vielen Seiten, Bewegung und Ton genutzt werden können. Negativ ist, daß Texte auf dem Bildschirm schlechter gelesen werden können als auf Papier, so daß die Schriften größer gewählt werden müssen, und deshalb bedeutend weniger Platz auf einer Bildschirmseite zur Verfügung steht als auf einer DIN A 4 Seite.

Zu den positiven Möglichkeiten zählt, daß das Programm dem Nutzer Auskunft über seinen Leistungsstand gibt und richtige Ergebnisse bestätigt, falsche ablehnt. Das führt zwar dazu, daß der Nutzer durch Probieren zum richtigen Ergebnis kommen kann, das Programm kann aber über eine Protokollfunktion den Arbeitsablauf in Grenzen nachvollziehen.

Das Programm ist linear angelegt, deshalb werden keine hohen Ansprüche an die Kenntnisse im Umgang mit dem Computer gestellt. Das Programm ist interaktiv, der Nutzer muß auf handelnde Weise mit dem Material umgehen, um eine Lösung zu erreichen.

Es ist nicht möglich, einen direkten Vergleich der einzelnen Aufgabenstellungen am PC und auf den Arbeitsblättern zu erzielen. Bei geduldiger Arbeit kann am PC bei den Aufgabenstellungen 1 bis 6 und 8 ein zu 100 % richtiges Ergebnis erzielt werden. Der Schwerpunkt der Auswertung wird hier hauptsächlich auf der Beobachtung der Auszubildenden beim Umgang mit dem Medium liegen.

6.3.1 Der Aufbau der Aufgabenstellungen

1. Aufgabenstellung

Die Benennungen der Arbeitsgeräte sind auf Schildchen wiedergegeben, die mit dem Mauszeiger an das entsprechende Gerät oder Geräteteil geheftet werden können. Wenn die Zuordnung stimmt, ertönt ein Tusch, oder ein optisches Signal wird gezeigt, ist die Zuordnung falsch, springt das Schild an seine ursprüngliche Position zurück.

2. Aufgabenstellung

Die Arbeitsregeln sind in Felder eingetragen, auf die die entsprechenden Abbildungen mit der Maus gezogen werden müssen. Bei richtiger Zuordnung kommt das Zeichen der Bestätigung, bei falscher springt das Bild zurück.

3. Aufgabenstellung

Die Arbeitsregeln sind in einem Kasten in falscher Reihenfolge angegeben, sie lassen sich mit dem Mauszeiger verschieben. Die Abbildungen in richtiger Reihenfolge geben den Arbeitsablauf an.

4. Aufgabenstellung

Die unvollständigen Worte erscheinen auf einer Fläche, auf einen Mausklick hin lassen sich die Arbeitsregeln sichtbar machen und wieder entfernen; richtig vervollständigte Wörter werden bestätigt, auf falsches Bearbeiten hin erfolgt keine Reaktion des Programms.

5. Aufgabenstellung

Der Lückentext ist aus Platzgründen auf zwei Seiten verteilt, die einzusetzenden Wörter stehen auf Kärtchen, die mit dem Mauszeiger verschoben werden können.

Richtiges Einsetzen wird bestätigt, auf eine falsche Bearbeitung erfolgt keine Reaktion. Bereits benutzte Kärtchen ändern ihre Farbe.

6. Aufgabenstellung
Die zu einem Text zu kombinierenden Sätze erscheinen auf einem farblich abgesetzten Feld und müssen in Kästen gezogen werden, die die Überschriften *Kolbenlöten*, *Flammlöten* etc. tragen. Richtiges Einsetzen wird bestätigt.

7. Aufgabenstellung
Der Text wird in eine farblich abgehobene Fläche eingetragen.

8. Aufgabenstellung
Die Fragen sind auf drei Bildschirmseiten verteilt und stehen in einzelnen Kästen, an der Unterkante des Bildschirmes erscheinen farblich abgehobene Antwort-Kärtchen, die durch Ziehen auf die entsprechende Frage gelegt werden können.

9. Aufgabenstellung
Der Text wird in eine farblich abgehobene Fläche eingetragen.

10. Aufgabenstellung
Auf einer Bildschirmseite werden Informationen gegeben, die die Lösung eines Teils der PAL-Aufgaben erleichtern, dann erscheint jede PAL-Aufgabe und ihre Auswahlantworten. Bei richtiger Antwort erfolgt keine Bestätigung, die Lösung kann verändert werden. Die Bearbeitung erfolgt durch Anklicken eines Punktes vor der Antwort, der seine Farbe ändert.

11. Aufgabenstellung
Bei dieser Aufgabenstellung werden die Informationstexte A und B auf je einer Bildschirmseite gezeigt, für jede Frage ist eine eigene Bildschirmseite zur Beantwortung vorgesehen.

12. Aufgabenstellung
Die Tabelle und die dazugehörigen Fragen sind auf einer Bildschirmseite gezeigt, auf einer weiteren Seite werden die Fragen wiederholt, die Antworten können in numerierte Kästchen eingetragen werden, ebenso wird bei der Auswertung der Kurve verfahren.

13. Aufgabenstellung

Die Bearbeitung der Ober- und Unterbegriffe der Verbindungstechniken ist auf zwei Bildschirmseiten geteilt. Auf der ersten Seite werden die Begriffe eingetragen, auf der zweiten Seite werden die Verfahren (wie *Kaltnietverbindung, Schmelzschweißen* etc.) zugeordnet.

Die letzte Bildschirmseite bietet dem Nutzer einen Überblick über die erreichte Punktzahl in den einzelnen Aufgabenstellungen.

Da über anklickbare Schalter die Hin- und Herbewegung zwischen den einzelnen Bildschirmseiten möglich ist, können noch Korrekturen vorgenommen und damit ein besseres Endergebnis erreicht werden.

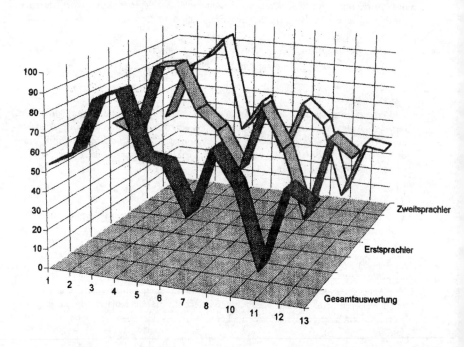

Abb. 6: Erfolgsquotienten bei der Papierversion der Sprachstandsanalyse

7 Ergebnisse der Sprachstandsanalyse

7.1 Ergebnisse der Papierversion der Sprachstandsanalyse

7.1.1 Bearbeitung der Aufgabenstellungen durch die Auszubildenden
7.1.1.1 Statistik der Ergebnisse
An der Sprachstandsanalyse haben alle am Modellversuch beteiligten Klassen teilgenommen, die Zahl der ausgewerteten Lösungshefte entspricht der Zahl der teilnehmenden Auszubildenden.

Wie sich schon in der Voruntersuchung gezeigt hat, haben die zweisprachigen Auszubildenden, gemessen an den Schulabschlüssen, eine schlechtere Vorbildung als die Auszubildenden, die Deutsch als Muttersprache haben.

Die Auszubildenden, die Deutsch als Muttersprache haben, erreichten einen im Durchschnitt um 7 % höheren Erfolgsquotienten als die zweisprachigen Auszubildenden. Bei der Auswertung ergab es sich, daß der geringere Wert durch sehr schlechte Leistungen einzelner zweisprachiger Auszubildender hervorgerufen wird.

Die Leistungsschwankungen sind bei den zweisprachigen Auszubildenden größer als bei den Auszubildenden, die Deutsch als Muttersprache haben. Der beste zweisprachige Auszubildende erzielte einen Erfolgsquotienten von 74 %, der schlechteste zweisprachige Auszubildende von 15 %, Differenz ist 59 %; der beste Auszubildende, der Deutsch als Muttersprache hat, erzielte einen Erfolgsquotienten von 80 %, der schlechteste erstsprachige von 34 %, Differenz ist 46 %.

	erstsprachige Auszubildende	zweisprachige Auszubildende
Leistung im Durchschnitt	58 %	51 %
höchster Quotient	80 %	74 %
niedrigster Quotient	34 %	15 %

Tabelle 20: Erfolgsquotienten

Höhere Erfolgsquotienten konnten zweisprachige Auszubildende bei der Bewältigung konkreter Aufgabenstellungen, die durch Bildelemente unterstützt werden, erzielen. Ein höherer Erfolgsquotient konnte von erstsprachigen Auszubildenden bei der Bewältigung sprachlich komplexerer Aufgabenstellungen erzielt werden, die kaum durch Bildelemente unterstützt werden, und die eine hohe Anforderung an das sprachliche Kombinationsvermögen stellen.

Beiden Gruppen ist gemeinsam, daß Aufgaben, die eine eigenständige Textauswertung und eine eigenständige Textproduktion fordern, nur schlecht bewältigt werden.

7.1.1.2 Erläuterung der Statistik

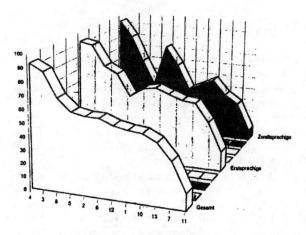

Abb. 7: Aufgabenstellungen nach dem Erfolgsquotienten geordnet

Bei der Betrachtung der Kurve 1 (Abb. 6), die die Erfolgsquotienten bei den einzelnen Aufgabenstellungen in der Reihenfolge der Anordnung in der Sprachstandsanalyse darstellt, werden die Differenzen der Ergebnisse zwischen erst- und zweitsprachigen Auszubildenden nicht deutlich. Legt man aber eine Kurve an, die die Aufgabenstellungen in der Reihenfolge des Erfolgsquotienten darstellt (Abb. 7), zeigt sich, daß die Ergebnisse der zweitsprachigen Auszubildenden in einigen Punkten von denen der Auszubildenden, die Deutsch als Muttersprache haben, abweichen. In dem folgenden Abschnitt soll gezeigt werden, in welchen Punkten sich Abweichungen ergeben, und wie sie zu begründen sind.

Zweitsprachige	4	3	2	8	6	10	1	5	12	13	11	7
Erstsprachige	4	3	8	5	12	6	1	10	13	2	7	11
Reihenfolge	1	2	3	4	5	6	7	8	9	10	11	12
Wertungs-bereiche	bessere Lösungen				Mittelfeld				schlechtere Lösungen			

Tabelle 21: Vergleich der Reihenfolge Erfolgsquotienten

■ die graue Unterlegung gibt einen Hinweis auf Abweichungen der Erfolgsquotienten gegenüber der anderen Gruppe

Es war zu erwarten, daß Aufgabenstellungen mit konkretem Hintergrund, in einfacher Sprache gefaßt und in Arbeitsformen gestaltet, die wenig eigenständige Sprachproduktion benötigen, am einfachsten gelöst werden konnten.

Da die Aufgabenstellungen auch berufliche Fragestellungen enthalten, wird das fachliche Wissen mit dem sprachlichen verknüpft, deshalb konnten auch Aufgabenstellungen mit einfachen sprachlichen Strukturen von den Auszubildenden wegen Mängeln im beruflichen Wissen nicht immer bearbeitet werden.

Die Bearbeitung der 1. Aufgabenstellung weist auf diesen Zusammenhang hin. Bei erst- und zweitsprachigen Auszubildenden wird sie erst an Stelle 6 bzw. 7 gelöst, d.h. die abgebildeten Geräte und ihre Benennungen können nicht zugeordnet werden, weil sie nicht bekannt sind.

7.1.1.3 Relation der Erfolgsquotienten

Gruppe	Aufgabennummer	Inhalt
Zweitsprachige	2	Bilderfolge in eine sinnrichtige Reihenfolge bringen
Erstsprachige	5, 12	komplexer Lückentext, Tabelle, Kurve

Tabelle 22: Die besseren Leistungen der jeweiligen Gruppen

Erfolgsquotient	Aufgabennummer	Inhalt
bessere Lösungen	4, 3, 8	Wörter vervollständigen, Satzfolge in die richtige Reihenfolge bringen, Zuordnung von Frage und Antwort
Mittelfeld	6, 10, 1	Sätze zu einem Text zusammenfügen, Geräte benennen, PAL
schlechtere Lösungen	7, 11, 13	Sachbeschreibung, Textauswertung, Zuordnung von Ober- und Unterbegriffen

Tabelle 23: Parallele Erfolgsquotienten beider Gruppen

• Bei der von beiden Gruppen am besten gelösten 4. Aufgabenstellung, sind lückenhaft wiedergegebene Wörter zu vervollständigen, die richtige Schreibweise kann dem laufenden Text entnommen werden.

- Die 3. Aufgabenstellung wird auch von beiden Gruppen in der gleichen Rangstufe gelöst. Hier sind sprachlich einfache Sätze, die Arbeitsregeln (konkret) wiedergeben, in die sinnrichtige Reihenfolge zu bringen. Die Aufgabenstellung setzt Textverstehen auf einfacher Stufe voraus.

- Die 2. Aufgabenstellung wird von den zweitsprachigen Auszubildenden besser gelöst als von den Auszubildenden, die Deutsch als Muttersprache haben, bildhafte Darstellungen, die einen Arbeitsablauf dokumentieren, sind in der richtigen Reihenfolge anzuordnen. Die Aufgabenstellung setzt ein vorsprachliches, auf Abbildungen bezogenes, Verstehen voraus. Der Begriff *Löten* wird hier nicht in Fachwörtern, sondern in stark schematisierten Bildern repräsentiert, zu denen die zweitsprachigen Auszubildenden einen besseren Zugang als die Auszubildenden, die Deutsch als Muttersprache haben, entwickelten.

- Die 8. Aufgabenstellung verlangt von den Auszubildenden, daß 11 Fragen und Antworten richtig zugeordnet werden. Die in den Fragen und Antworten enthaltenen sprachlichen Schwierigkeiten sind sehr unterschiedlich. Auch der Grad der Abstraktion ändert sich von Aufgabenstellung zu Aufgabenstellung. Es werden Aufzählungen von Verfahren, aber auch Definitionen verlangt. Bei beiden Gruppen fiel den Beobachtern auf, daß kaum inhaltserschließend gelesen wurde, vielmehr wurden in den Antworten Schlüsselworte aus den Fragen – wie Kapillarität – gesucht und weiter unbefragt als Lösung akzeptiert.

- In der 6. Aufgabenstellung wird verlangt, eine Reihe von Sätzen zu einem sinnvollen Text zusammenzufügen, in dem einzelne Lötverfahren erläutert werden. Obwohl die Aufgabenstellung einen konkreten Hintergrund hat, konnte sie nur mit großen Schwierigkeiten gelöst werden, weil vielfach die fachlichen Informationen fehlen. Die sprachliche Anforderung in dieser Aufgabenstellung ist nicht schwierig.

Die 10. Aufgabenstellung – die typische Prüfungsaufgabenform PAL – wird von den zweitsprachigen Auszubildenden zwar mit mäßigem Erfolg, aber relativ besser gelöst als von den Auszubildenden, die Deutsch als Muttersprache haben. Die hohe sprachliche Anforderung, ungenaue sprachliche Formulierungen und doppelte Negation können bei dieser Art Aufgabenstellung für beide Gruppe Grund für Mißerfolge sein.

- Die 1. Aufgabenstellung verlangt, daß Geräten und Geräteteilen die richtigen Benennungen zugeordnet werden. Diese Aufgabenstellung kann nur erfüllt werden, wenn die Geräte und die Teile bekannt sind, und die Auszubildenden ihre Benennungen kennen. Die Aufgabenstellung wurde von beiden Gruppen mit mäßigem Erfolg bearbeitet, weil die dargestellten Geräte wenig bekannt waren oder aber auch, weil die dem Schulbuch entnommenen Abbildungen die Geräte nicht deutlich zeigen.

- Die 5. Aufgabenstellung verlangt, daß eine Sammlung von Nomen sinnrichtig in einen durch Lücken gekennzeichneten Text eingesetzt werden. Diese Aufgabenstellung stellt hohe Anforderungen an die sprachlichen Fähigkeiten, weil aus dem Text alle Nomen entfernt sind. Das stellt einen gravierenden Eingriff in die semantische Struktur des Textes dar. In Fachtexten ist der Aufbau der Textkohärenz stärker als in der Gemeinsprache an die Nomen gebunden, weil der durch die Verben repräsentierte Handlungsaspekt bewußt zurückgedrängt ist. Im Fall dieser Aufgabenstellung müssen die Auszubildenden Nomen aus der angegebenen Reihe aufnehmen und z.B. kombinieren: wo und wann eine Flamme eingesetzt wird, und welche Eigenschaften sie haben muß, wie der Brenner gehandhabt wird, wann die Arbeitstemperatur erreicht ist usw. Es muß durch das Nennen eines Fachwortes im Zusammenhang mit der Arbeitstätigkeit Löten im Kopf der Auszubildenden durch Assoziationen ein Text entstehen, der dann mit dem Lückentext in Beziehung gesetzt wird.

• Auch die 12. Aufgabenstellung können die zweitsprachigen Auszubildenden nicht so gut lösen wie die erstsprachigen. Es geht hier darum, einer Tabelle Informationen zu entnehmen und eigenständig sprachlich – in knappen Sequenzen – wiederzugeben. Offensichtlich ergibt sich eine Schwierigkeit, die der vorangegangenen Aufgabenstellung sehr ähnlich ist. In der Tabelle erscheinen nur Fachwörter und dazugehörige Angaben ohne Einbindungen in syntaktische Konstruktionen. Wieder müssen die gemeinten Zusammenhänge aus wenigen Informationen assoziiert werden.

• Die in der 13. Aufgabenstellung geforderte Zusammenstellung einer Hierarchie von Begriffen ist für die Ordnung des beruflichen Wissens der Auszubildenden von Bedeutung. Die Lernmedien zu beruflichen Themen sind auf der Grundlage hierarchisierter Gliederungen aufgebaut, die eine Orientierung im Wissensstoff ermöglichen. Die Anforderungen an die Auszubildenden sind abstrakt. Auch hier zeigt die Auswertung, daß die zweitsprachigen Auszubildenden gegenüber den erstsprachigen eine geringere Leistungsfähigkeit haben .

• Die 7. und 11. Aufgabenstellung verlangen eigenständige Textproduktionen auf der Grundlage von Bild- und Textvorlagen. Für beide Gruppen notieren die Beobachter Ablehnung und Unvermögen. Offensichtlich wurden in der vorangegangenen Schulausbildung wenig Übungen zur Formulierung von Texten durchgeführt. Bei Befragungen geben Auszubildende beider Gruppen an, im Deutschunterricht hauptsächlich Diktate geschrieben zu haben. Die Erinnerung an Unterrichtseinheiten dieser Art sind oft mit Enttäuschungen über die eigenen Fehler, das Unverständnis gegenüber der Grammatik und Aggressionen gegen den Unterricht überhaupt behaftet. An dieser Stelle läßt sich die Schreibhemmung als Angst vor Fehlern und Entdeckung der persönlichen Unzulänglichkeit deuten.

• Die 9. Aufgabenstellung wurde nicht in die Bewertung einbezogen, weil sie von vielen Gruppen aus Zeitmangel nicht bearbeitet wurde.

7.1.2 Diskussion der sprachlichen Anforderungen bei schwierigen Aufgabenstellungen für zweitsprachige Auszubildende

Probleme bei der Bearbeitung von Aufgabenstellungen hatten zweitsprachige Auszubildende bei niedriger Kohäsion eines Textes, z.B. bei einem Lückentext.

Beim Lesen des Lückentextes der Aufgabenstellung 5 liegt der Schwerpunkt darin, daß 1) die Bedeutungen einer Liste von Benennungen (*Herstellervorschriften, Arbeitsgang, Baulemente,* usw.) unter dem thematischen Gesichtspunkt ermittelt werden und 2) die Bedeutungen der Leerstellen (*Dabei .... für ....* usw.) erkannt und mit den richtigen Worten gefüllt werden müssen.

• *Herstellervorschriften regeln beim Löten die Arbeitsweise.*

• *Ein Arbeitsgang ist Teil einer umfassenderen Tätigkeit.*

- *Bauelemente sind die Gegenstände, die zusammengefügt werden sollen.*
- *Die Werkstückoberfläche ist der Teil eines Bauelements, der bei der Lötung mit dem anderen Bauelement verbunden wird.*
- *Die Flamme entsteht durch Zündung des Brenngases und hat eine bestimmte Temperatur, sie erzeugt die Erhitzung des Bauelements.*
- *Das Bauelement muß bis zur Arbeitstemperatur erhitzt werden, durch Überhitzung werden Teile des Lots und des Flußmittels verbrannt.*
- *Flußmittel ermöglichen die Verbindung von Lot und Werkstück. Lot ist das Metall, mit dem die Verbindung der Bauelemente erzeugt wird.*
- *und so fort...*

Probleme bei der Bearbeitung von Aufgabenstellungen hatten zweisprachige Auszubildende auch bei fehlender Kohäsion, wie bei Tabellen und Kurven. Die Textbildung erfolgt hierbei durch Paraphrasen.

Aufgabenstellung 12; Tabelle: Speicherung der Gase in Flaschen
In diesem Fall müssen die Felder der Tabelle zu einem Text verbunden werden:

Acetylen – Kennfarbe der Flasche – *gelb* – Ventilanschluß – Bügelanschluß – Vol in l – *20, 40, 40¹, 50¹* – Druck bei 15° C in bar – *18, 18, 19, 19*
Versprachlichung des Tabelleninhalts:

> *Gasflaschen, die Acetylen, chemisches Kurzzeichen C_2H_2, enthalten, sind gelb gekennzeichnet, der Ventilanschluß erfolgt über einen Bügelanschluß, es werden Flaschen mit 20 l, 40 l und 50 l Volumen verwendet. Wenn die 40 l und 50 l Flasche mit einem roten Halsring gekennzeichnet sind, können sie auch liegend entleert werden. Die Flaschen stehen unter unterschiedlichem Druck, die mit einem gelben Halsring gekennzeichneten Flaschen stehen unter dem Druck von 18 bar, die mit einem roten Halsring gekennzeichneten Flaschen stehen unter dem Druck von 19 bar.*

Aufgabenstellung 12; Kurve: Einfluß des Antimongehalts auf die Festigkeit des Lots.
Angabe an den Koordinaten:

> *Zugfestigkeit (N/mm^2);*
> *Antimongehalt in %*

Voraussetzung zum Verständnis der Kurve ist die Kenntnis der Termini:

> *Antimon* ist ein Metall, es stellt einen Anteil der Legierung des Lotes.
> *Festigkeit* ist die Eigenschaft eines Metalls, Festigkeit bezeichnet eine Kraft, die gegen Verformen und Zerreißen gerichtet ist.
> *Zugfestigkeit* ist die Widerstandskraft gegen Zerstörung durch Zugkräfte.

Die Bedeutung der Kurve muß als Paraphrase entwickelt werden:

> *Durch Steigerung des Antimongehalts in der Legierung des Lotes wächst die Zugfestigkeit des Lotes an.*

Eine genauere Angabe ist nicht möglich, da auf der Koordinate der Zugfestigkeit keine Zahlenangaben gemacht werden.

In den Fällen des Lückentextes, der Tabelle und der Kurve kommt es auf die Entschlüsselung von Benennungen, das Erkennen des begrifflichen Zusammenhangs und der Beziehungen der Begriffe untereinander an.

7.1.3 Diskussion der Aufgabenstellungen, die für alle Versuchsteilnehmer schwierig sind

Bei beiden Gruppen treten große Schwierigkeiten auf, freie Antworten zu finden. Bei Erst- und Zweitspracherwerblern ist gleichermaßen eine Scheu festzustellen, selbständig zu schreiben. Für viele Auszubildende war die Darstellung der Arbeitsregeln in den Aufgabenstellungen 2 und 3 Richtschnur zur Formulierung der eigenen Beiträge. Aufgabe 9, die einen selbst gewählten Themenbereich fordert, wurde, meist mit der Begründung der Zeitknappheit, nicht bearbeitet.

Die Aufgabenstellung 13 fordert, daß ein System aus Ober- und Unterbegriffen mit den Angaben aus einer Tabelle gefüllt wird.

Bei dieser Aufgabenstellung kommt es darauf an, die Bedeutung der Benennungen zu erfassen und Relationen der einzelnen Begriffe untereinander zu finden.

Wie beim Lückentext, bei der Tabelle und der Kurve liegt die Verstehensleistung darin, die Denotation eines Wortes zu erfassen und die begriffliche Relation zu bestimmen. Diese Aufgabe konnte nur von 30 % der Auszubildenden gelöst werden.

Leicht verständlich sind für beide Gruppen Texte, die Arbeitsregeln wiedergeben und illustriert sind oder eine Kombination von Fragen und vorgegebenen richtigen Antworten erfordern.

Im Mittelfeld der Schwierigkeiten liegt die Rekonstruktion eines Textes, in dem die Lötverfahren systematisiert werden. Die Auswertung von Tabellen und Kurven liegt für erstsprachige im Mittelfeld, für zweitsprachige Auszubildende ist sie schwer. Für beide Gruppen ist die Auseinandersetzung mit Begriffssystemen schwer. Weiter erweist sich für beide Gruppen das eigenständige Formulieren von Antworten als schwierig.

7.1.4 Zusammenfassung

Die Stärke der zweitsprachigen Auszubildenden liegt in der Auseinandersetzung mit bebilderten Texten, in denen die noch nicht versprachlichte Begriffsbildung thematisiert ist. Das bedeutet, daß Texte mit konkreten Inhalten bearbeitet werden können, wenn Abbildungen, die sich direkt auf den Textinhalt beziehen, den Verstehensprozeß leiten. Auch die geduldige Auseinandersetzung mit Textformen, die für die Prüfung benötigt werden, gehört zu den Stärken dieser Gruppe.

Zu den Schwächen müssen Textformen gezählt werden, die dem Leser wenig Hilfe zum Verstehen bieten, wie Texte ohne Abbildungen, Formeln, Schemata, Tabellen.

Offensichtlich ist zum Textverstehen notwendig, daß die Texte in kurze Sequenzen geteilt sind, deren Gliederung auffällig gestaltet ist.

Lesestrategien, die über die Grenze einfacher Sätze hinausgehen, können kaum erwartet werden. Die Besonderheit der fachlichen Begriffe, ihre Definition und Hierarchisierung, und auch die Makrogliederung von Lehrbuchkapiteln wird von den zweitsprachigen und den erstsprachigen Auszubildenden kaum verstanden.

Textproduktion mit Hilfe vorformulierter Textteile ist möglich, eine eigenständige Textproduktion – auch mit Hilfe von Bildern oder Textvorlagen – können die Auszubildenden nur in den wenigsten Fällen in Planung, Gliederung und Ausführung gestalten.

Die am Modellversuch beteiligten Lehrer neigen oft dazu, den Auszubildenden die Schuld an ihren Fehlern zuzuweisen. Die Ergebnisse der Auswertung zeigen, daß die Anforderung an die Bearbeitung abstrakter Textinhalte in sprachlich komplexer Form kaum an erst- oder zweitsprachige Auszubildende gestellt werden kann. Angesichts der hohen Bildungsabschlüsse war das so nicht zu erwarten.

Für das Lernprogramm muß der Schluß aber dahin gehen, die Barrieren gegenüber dem Textverständnis genau zu beschreiben und Fachtexte so zu bearbeiten, daß die Verstehensschwierigkeiten abgebaut werden können.

Die Auswertung der Ergebnisse zeigt, daß der Erfolg oder Mißerfolg der Auszubildenden bei der Lösung der Aufgabenstellungen nicht nur an der Kenntnis der (fach)sprachlichen Mittel, die in den Texten enthalten sind, hängt.

Die Einsicht in den Zweck der Texte, die Übung im Umgang mit verschiedenen Textsorten, auch die Motivation, in die schwierige sprachliche Arbeit Energie zu investieren, prägen den Verstehensprozeß der Auszubildenden in entscheidender Weise mit.

7.2. Ergebnisse der computergestützten Version der Sprachstandsanalyse

7.2.1 Statistik der Ergebnisse

An der computergestützten Version der Sprachstandsanalyse haben nicht die am Modellversuch beteiligten Klassen teilgenommen, weil eine Wiederholung der Thematik in einem anderen Medium nicht als sinnvoll erachtet wird. Aus schulorganisatorischen Gründen – in den Computerräumen können nur Teilgruppen arbeiten – sind die Gruppen bei dieser Phase des Versuchs kleiner als bei Phase I. Die Gesamtbeteiligung umfaßt 40 Auszubildende, davon sind 9 zweitsprachige Auszubildende.

	keinen	Hauptschule	Realschule	Abitur
Zweitsprachige	0	100	0	0
Erstsprachige	9,7	25,8	61,3	3,2
Gesamt	7,5	42,5	47,5	2,5

Tabelle 24: Schulabschluß der Bearbeiter der Computerversion

Wie sich schon in der Voruntersuchung und in der Phase I gezeigt hat, haben die zweitsprachigen Auszubildenden eine schlechtere Vorbildung als die erstsprachigen. Die erstsprachigen erreichten in etwa den gleichen Durchschnitt beim Erfolgsquotienten wie die zweitsprachigen Auszubildenden. Die Auswertung ergab eine geringe Spanne zwischen bester und schlechtester Leistung beider Versuchsgruppen, wobei die Leistungsspitze der zweitsprachigen Auszubildenden um 10 % höher liegt als die der erstsprachigen.

Die Leistungsschwankungen sind bei den zweitsprachigen Auszubildenden nicht signifikant größer als bei den erstsprachigen. Der beste zweitsprachige Auszubildende erzielte einen Erfolgsquotienten von 90 %, der schlechteste zweitsprachige Auszubildende 27,3 %, Differenz ist 68,7 %; der beste Erstsprachige erzielte einen Erfolgsquotienten von 80,4 %, der schlechteste Erstsprachige 18,6 %, Differenz ist 61,8 %.

	Computer	Papier
Zweitsprachige insgesamt	56 %	51 %
Erstsprachige insgesamt	57 %	58 %
bester Zweitsprachiger	90 %	74 %
bester Erstsprachiger	80 %	80 %
schlechtester Zweitsprachiger	27 %	15 %
schlechtester Erstsprachiger	18 %	34 %

Tabelle 25: Leistungsvergleich

7.2.2 Bearbeitung der computergestützten Version der Aufgabenstellungen

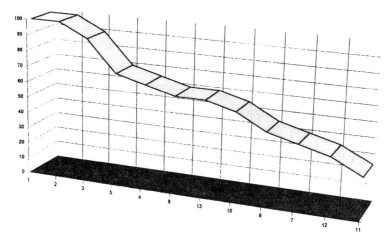

Abb. 8: Computerversion – Aufgabenstellungen nach dem Erfolgsquotienten geordnet.

Die Kurven, die die Erfolgsquotienten der zweit- und der erstsprachigen Auszubildenden bilden, unterscheiden sich kaum voneinander.

Bei dem computergestützten Programm handelt es sich um eine andere Art der Sprachstandsanalyse als bei der Papierversion – nicht als richtig bestätigte Ergebnisse können vom Bearbeiter so lange geändert werden, bis sie richtig sind. Hier wird zum einen geprüft, inwieweit ein Lernprogramm wie dieses von Auszubildenden angenommen oder abgelehnt wird, zum anderen kann auf die Verständnisleistung der Auszubildenden bezüglich der angebotenen Informationen rückgeschlossen werden. Diese Aufgaben 7, 9, 11, 12 wurden von den zweitsprachigen Auszubildenden ausführlicher als von den erstsprachigen und motivierter als in der Phase I bearbeitet.

Die bei der Durchführung der Sprachstandsanalyse anwesenden Beobachter berichten durchweg von hoher Motivation bei der Arbeit am Computer, die bis zum Ende anhält. Für die Bearbeitung standen im Durchschnitt drei Schulstunden (Papierversion im Durchschnitt fünf Schulstunden) zur Verfügung; in dieser Zeit wurden von den Bearbeitern alle Aufgaben zumindest gesichtet und „angearbeitet".

Die Eingabe von schriftlichen Antworten über die Tastatur stellte keine Schwierigkeit dar; ebenso war der Umgang mit interaktiven Aufgabenstellungen für die Auszubildenden nicht schwierig.

7.2.3 Relation der Erfolgsquotienten

1	2	3	5	4	8	13	10	6	7	12	11	Aufgaben-stellung
99	99	90	70	65	60	60	55	45	40	35	25	Erfolgs-quotient %
bessere Bearbeitung				Mittelfeld				schlechtere Bearbeitung				

Tabelle 26: Erfolgsquotienten

Die leichteren Aufgabenstellungen sind für alle Bearbeiter die Materialien, die sich auf konkrete Sachverhalte beziehen, und die durch Abbildungen unterstützt sind. Die Arbeitsformen sind dabei das Ziehen von Bildtafeln oder Abbildungen mit der Maus.

Die schwierigeren Aufgabenstellungen sind solche, in denen Textsegmente gelesen und zu einem neuen Text zusammengefügt werden sollen. Eine Ausnahme bildet die Aufgabenstellung 4, bei der lückenhaft angegebene Wörter vervollständigt werden sollen. In der Version I war diese Aufgabe am besten gelöst worden, hier steht sie an fünfter Stelle.

Die schwierigsten Aufgabenstellungen sind solche, die selbst formulierte Antworten fordern.

7.3 Vergleich der Ergebnisse der Papierversion und der computergestützten Version

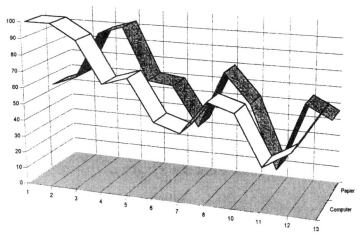

Abb. 9: Vergleich der Erfolgsquotienten zwischen Papier- und Computerversion

Beim Vergleich der Ergebnisse der Bearbeitungen in der Papier- und in der computergestützten Version zeigen sich spezifische Unterschiede. Offensichtlich ist die handlungsorientierte Gestaltung der Eingangsaufgabenstellungen 1 bis 3 motivierender Anreiz zur Auseinandersetzung mit der Thematik. Aber schon bei der Aufgabenstellung 4, hier geht es um das Einsetzen von fehlenden Buchstaben in vorgegebene Wörter, ist der Erfolgsquotient der Bearbeiter der Papierversion höher als der der computergestützten Version. In der Folge pendelt der Erfolgsquotient der Bearbeiter bei beiden Versionen in vergleichbarer Weise. Dieser Befund weist darauf hin, daß die Motivation durch das Medium keine Hilfe für die Bearbeitung fachsprachlich komplexer Aufgabenstellungen geben kann. Wenn bedacht wird, daß die Aufgabenstellungen wiederholte Antworten zulassen, bis das Ergebnis vom Programm als richtig bestätigt wird – bei den Aufgabenstellungen, die die Eingabe von Text erfordern, kann keine solche Bestätigung erfolgen –, so läßt sich feststellen, daß das Medium Computer außer der Motivation zur Auseinandersetzung mit Fachtexten keinen zusätzlichen Gewinn an Verständnis bieten kann. Die Schwierigkeiten, die sich bei der Entschlüsselung der Fachtexte der Papierversion ergeben haben, wiederholen sich bei der Bearbeitung am Computer auf gleiche Weise. Gleichwohl zeichnet sich – auch in den Kommentaren der Beobachter der Durchführung der Sprachstandsanalyse – ab, daß der Computer als wichtiges Lernmedium der Zukunft an den Schulen begrüßt wird. Im Rahmen dieser Arbeit kann das spezifische methodische Element von computergestützten Programmen nicht entwickelt werden. Hier ist aber der Schluß möglich, daß der verstärkte Einsatz von Bild, Ton und Filmelementen allein noch nicht ausreicht, um das Lernen zu verbessern. Die Auswertung der festgestellten Schwierigkeiten der Auszubildenden im Umgang mit der Fachsprache sind deshalb für traditionelle und für computergestützte Lernformen gleichermaßen relevant.

1. Die Aufgabenstellungen werden durch die Lehrer als sinnvoll akzeptiert. Die einzelnen Aufgabenstellungen geben typische Bearbeitungsweisen von Fachinhalten wieder. Je nach Stil der Lehrer werden die einzelnen Aufgaben sehr unterschiedlich gewertet und ausgeführt. Auch die Ansprüche an die Ausführung der Aufgabenstellung durch die Auszubildenden sind sehr unterschiedlich.

2a. Aufgabenstellungen mit Bildmaterial wirken motivierend auf die Auszubildenden.

2b. Die Aufgabenstellung wird von Auszubildenden und Lehrern als fachlich-berufliche Prüfungssituation empfunden, die sprachliche Dimension der Sprachstandsanalyse wurde durchweg nicht erkannt.

2c. Auszubildende lösen die Aufgabenstellungen, zu denen sie eine konkrete Vorstellung entwickeln können, gerne.

2d. Abstrakte Aufgabenstellungen bedürfen der Hilfestellungen durch die Lehrer – diese bestehen in der Verknüpfung der Aufgabenstellung mit konkreten Berufserfahrungen der Auszubildenden.

2e. Viele Fehler entstehen durch Zuordnungsschwierigkeiten wie Eintragen von Buchstaben in eine Tabelle, Verwechslung von Buchstaben und Ziffern; generell ist ungeduldige Eile und Unkonzentriertheit zu beobachten.

3. Motivationsverlust bei Aufgaben, die schriftlich-produktive Leistungen erfordern.

3a. Es wirken z.B. Vorerfahrungen aus der Haupt- oder Realschule = Fehlerangst.
- Furcht vor Sanktion der Rechtschreibfehler
- konsistente Schreibtechnik wurde nie entwickelt
- Mißerfolgserlebnisse durch normenorientierte Aufsatzlehre

3b. Schreibstrategie in der „... und dann ... und dann" Struktur ist bei den Auszubildenden vorhanden.

4. Unterschiedliche Anforderungen/Leistungen/Vorerwartungen gegenüber Textsorten werden durch Auszubildende und mit der Vorbereitung der Aufgaben nicht vertraute Lehrer nicht erkannt.

5. Logische Verknüpfung in ein Schema gelingt als Denkprozeß oft, wird vom Korrektor aber meist nicht akzeptiert, wenn dem Muster nicht gefolgt wird.

6. Von den Lehrern wird der Zusammenhang Deutschunterricht – Fachunterricht kaum gesehen. Die Strategie, sprachliche Mittel zu erklären und zu üben, geht nicht auf, wenn die Fachsprache nicht in ihrer Einbettung in konkrete berufliche Zusammenhänge gelehrt wird.

8 Planungsperspektiven für ein computergestütztes Lernprogramm auf der Grundlage der Ergebnisse der Sprachstandsanalyse

Im vorausgegangenen Kapitel wurden die Schwierigkeiten, die bei der Bearbeitung der Fachtexte durch erst- und zweitsprachige Auszubildende entstehen, herausgestellt. In diesem Kapitel geht es darum, die Ursachen der Schwierigkeiten, die durch spezifische Merkmale der Fachsprache des Berufsfeldes verursacht werden, zu benennen und didaktisch begründete Wege zur Behebung zu suchen.

In den einleitenden Überlegungen zur Konzeption der Sprachstandsanalyse wurde dargestellt, daß das Verstehen von Texten durch Auszubildende an verschiedenartigen Kriterien gemessen werden kann: Leser müssen in der Lage sein, einen Text wiederzugeben, sie sollen ihn in eigene Worte fassen können, sie sollen Fragen beantworten können, zu denen der Text Informationen gibt, sie sollen die wichtigsten Informationen aus einem Text zusammenfassen können, und sie sollen Handlungen, die ein Text vorschreibt, ausführen können. Die Aufgabenstellungen der Sprachstandsanalyse fordern Lösungen dieser Art.

Groeben (1978, 1982) und Christmann (1989) entwickelten Theorieansätze zur Textverstehensforschung, dabei wird herausgestellt, daß der Leser im Rezeptionsprozeß neue Inhalte in seine kognitive Wissensstruktur aufnimmt. Die Verständlichkeit von Texten ist von zwei Dimensionen abhängig, erstens der Dimension der „sprachlichen Oberflächenstruktur" (Groeben 1982, S. 173) und zweitens von dem „Prozeß der Textverarbeitung als eine Interaktion zwischen Leser und Text" (Groeben 1982, S. 186). Die Verständlichkeit ist an das Wortmaterial, die Syntax und den Textaufbau gebunden. Darüber hinaus ist aber für die Verständlichkeit auch wichtig, wie der Text an das Vorwissen des Rezipienten anschließt.

In Untersuchungen konnte belegt werden, „daß der wichtigste Faktor zur Verständlichkeit von Textinformationen in der kognitiven Gliederung bzw. der inhaltlichen Strukturierung zu suchen ist, wogegen die sprachliche Einfachheit und die semantische Redundanz nur von untergeordneter Bedeutung sind." (Jahr 1996, S. 12) Die Ergebnisse der Sprachstandsanalyse (vgl. Kapitel 7) bestätigen diese Untersuchungen. Während die Fehlerquoten bei Aufgabenstellungen, die die Benennung von Arbeitsgeräten und -verfahren zum Inhalt haben, relativ gering blieb, stieg sie bei Aufgabenstellungen, die eine Auseinandersetzung mit der Terminologie des Faches verlangen, stark an. Der richtige Umgang mit Fachwörtern und die Kenntnis der Verfahren zur Definition von Begriffen sind für die Bearbeitung von Prüfungsaufgaben relevant. Die Auswertung der Bearbeitung der Aufgabenstellungen zeigte, daß beide Gruppen die Funktion von Fachwörtern in Fachtexten kaum erkennen können.

Hoberg (1997) hebt in seinen Überlegungen zum Sprachunterricht hervor, daß „Fachsprachen fachliche Inhalte „transportieren", also nicht losgelöst von den entsprechenden Sachverhalten verwendet und verstanden werden können." (Hoberg 1997, S. 4)

Bei der Konzeption eines Lernprogramms, in dem Auszubildende lernen können, Fachtexte zu entschlüsseln, wird berufliches und sprachliches Lernen eng verwoben sein. In den Aufgabenstellungen der Sprachstandsanalyse waren sprachliche Leistungen notwendig, um beruflich motivierte Aufgabenstellungen lösen zu können.

Die Thematik „Verbindungstechniken" der Aufgabenstellungen der Sprachstandsanalyse ist so angelegt, daß die Auszubildenden praktische berufliche Erfahrungen und Wissen aus dem Theorieunterricht einbringen können.

Die Anforderungen der Aufgabenstellungen sind so angeordnet, daß verschiedene Stufen der Abstraktionsleistung verlangt werden. Die Gruppe I der Aufgabenstellungen bezieht sich auf konkrete Berufserfahrungen, sie betrifft den Umgang mit Gegenständen und die Regeln für Arbeitsabläufe. Die Gruppe II der Aufgabenstellungen bezieht sich auf die Anwendung und Klassifikation der Verfahren, Gruppe III der Aufgabenstellungen bezieht sich auf naturwissenschaftliche Begründung und Erklärung der Arbeitsregeln, Gruppe IV der Aufgabenstellungen bezieht sich auf die Systematisierung der beruflichen Wissens.

Die Fachwörter wurden in der Befragung zu den Schwierigkeiten, die die Fachsprache aufwirft, von Lehrern und Auszubildenden an erster Stelle genannt. Den Überlegungen von Groeben (1978, 1982), Christmann (1989) und Jahr (1996) folgend bauen sich die Schwierigkeiten von Rezipienten einerseits an der Oberfläche der Wörter auf, andererseits wird der Wortinhalt, der Bezug der Fachwörter zur Terminologie des Faches, zum Problem. Aus diesem Grund sollen die Schwierigkeiten der Auszubildenden beim Umgang mit den Fachwörtern, wie sie in den Aufgabenstellungen benutzt werden, unter sprachsystematischem Aspekt und hinsichtlich der terminologischen Leistung der Fachwörter ausgewertet werden. Es soll dabei deutlich werden, welche Funktion die Fachwörter in den Fachtexten haben; wobei ihre Rolle als Zeichen für einen Begriff und dessen Stellung im begrifflichen System herausgehoben wird.

Die Ergebnisse der Sprachstandsanalyse machen auch deutlich, daß beide Gruppen der Auszubildenden den Zweck verschiedener Textsorten nicht unterscheiden können. Texte, die die Definition von Verfahren, deren Zuordnung zum Begriffssystem, die Gegenüberstellung von Vor- und Nachteilen eines Verfahrens, die Explikation naturwissenschaftlicher Zusammenhänge oder die Deskription von Arbeitsverfahren zum Inhalt haben, können nicht differenziert werden. Gegenüber den Textsorten der Berufsausbildung besteht keine spezifische Vorerwartung, die die Rezeption leiten könnte. Aus diesem Grund soll der Zweck von Textsorten – auch im Vergleich mit der Leseerfahrung der Auszubildenden – in dem Lernprogramm herausgehoben werden.

Für den Erfolg eines Lernprogramms ist es wichtig, die Einstellung der Auszubildenden gegenüber Fachsprache und Sprachunterricht zu bedenken. Weil auch den Ausbildern die Beschäftigung mit der Fachsprache oft fremd ist, müssen die zwingenden Gründe deutlich werden, die die Bearbeitung des Lernprogramms notwendig machen. Die Auswahl und Anordnung der Materialien, die Konzeption der Übungsaufgaben und damit verbundene Hilfefunktionen müssen den Auszubildenden die Beschäftigung mit der Sprache plausibel machen. Welche Zusammenhänge hier bestehen, soll

in den folgenden Abschnitten (vgl. 8.2 Kommunikationsprobleme und 8.3 Die An-
knüpfung der Fachtexte an das individuelle Wissen) herausgestellt werden.

8.1 Sprachsystematische Aspekte

8.1.1 Sprachdidaktische Hinweise für den Umgang mit den Benennungen der fachsprachlichen Begriffe in den Lernmedien

Große Schwierigkeiten beim Umgang mit den Benennungen macht den Auszubildenden deren Funktion als Bezeichnung eines Begriffes (vgl. Ergebnisse der Aufgabenstellungen 1 und 13). Begriffe dürfen aber nicht mit den Gegenständen, auf die sie
sich beziehen, und mit ihrer Benennung verwechselt werden, was in Ausbildungszusammenhängen oft geschieht.

Die Zusammenhänge, die zwischen Begriff, Gegenstand und Sachverhalten und deren
Benennungen bestehen, können an einem Schema wie in Abb. 10 gezeigt, verdeutlicht
werden.

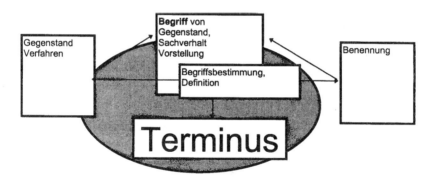

Abb. 10: Der Terminus in fachsprachlichen Texten

Für Auszubildende, die nicht Deutsch als Muttersprache haben, wird ein wesentlicher
Lernfaktor sein, wie die Benennungen als Zeichen für Begriffe gebildet werden. Varianten aus den einzelnen Muttersprachen können nicht einfach ins Deutsche übertragen werden, weil die Wortbildung in unterschiedlichen Sprachen unterschiedlich
vorgenommen wird. Wesentlich ist, daß der Terminus in allen Sprachen nach eigenständigen Regeln gebildet wird, die vom Wissenssystem über die Verfahren unabhängig sind.

Bei der Bearbeitung fachlicher Texte muß deutlich werden, daß eine Benennung oder
ein anderes Zeichen notwendig ist, um einen Begriff identifizieren zu können. Der
Begriff ist die Bedeutung des Zeichens, sein Inhalt.

Bei der Bearbeitung der Fragestellungen der Aufgabenstellung 8 der Sprachstandsanalyse:

Unterscheiden Sie Weichlöten und Hartlöten voneinander!

und

*Nennen Sie Anwendungsbereiche, in denen Lötverbindungen vorteilhaft ange-
wendet werden!*

müssen einmal Merkmale der Verfahren und das andere Mal Einsatzmöglichkeiten
dieser Art der Verbindungstechnik genannt werden; das wird aus der Fragestellung
heraus allein nicht deutlich.

Um im Rahmen der Berufsausbildung produktiv mit Begriffen umgehen zu können,
muß zwischen intensionalen und extensionalen Begriffen unterschieden werden.

In einem Lernprogramm sollte deshalb thematisiert werden, daß die Intension durch
die einzelnen Merkmale des Begriffs gebildet wird. Am Beispiel der Glühlampe macht
Wüster (1991) das Prinzip des Begriffsinhalts deutlich (vgl. Wüster 1991 und
Arntz/Picht 1995):

Technisch wichtige Merkmale des Begriffs „Glühlampe":
Lampe (Lichtquelle); lichtaussendender, fester Stoff; Lichtaussenden infolge Erhitzung durch Stromwärme.
Definition DIN 5039: Glühlampe ist eine elektrische Lampe, bei der feste Stoffe durch Stromwärme (d.h. infolge Widerstandserhitzung) unmittelbar oder mittelbar so hoch erhitzt werden, daß sie Licht aussenden (vgl. Wüster 1991, S. 8 f.).

Unter der Extension eines Begriffes versteht man die Gesamtheit aller Unterbegriffe,
die auf der selben Stufe stehen. Im Beispiel Wüsters wird angenommen, daß es auch
andere Glühlampen als die mit Strom betriebenen gibt oder in Zukunft geben könnte. Diese stehen dann auf derselben Begriffsstufe:

Glühlampe		
Lichtaussenden durch Erhitzen durch		
Stromwärme (elektr. Glühbirne)	Verbrennungswärme (Gasglühkörper, Glühstrumpf)	....

Eine weitere Schwierigkeit, die Auszubildende im Umgang mit Begriffen haben, sind
deren Beziehungen untereinander. Beziehungen von Begriffen sind auf *logischer* und
ontologischer Ebene möglich. Abstraktionsbeziehungen (logische Beziehungen) bestehen unmittelbar aus der Art und dem Grad von Ähnlichkeit heraus, ontologische
Beziehungen sind mittelbar, sie entstehen durch die Individuen.

Beim Vergleich von zwei Begriffen auf ihre Ähnlichkeit hin bestehen teilweise Gemeinsamkeiten des Begriffsinhalts, die in der logischen Unterordnung und in der logischen Nebenordnung ausgedrückt werden können.

Besitzt in einer logischen Begriffsbeziehung der eine Begriff alle Merkmale des anderen, hat aber außerdem noch ein weiteres Merkmal, spricht man von einem „Unterbegriff" des anderen, der andere heißt dann „Oberbegriff". Die Art der Beziehung heißt je nach Sichtweise „logische Unterordnung" (Beziehung von oben nach unten) oder „logische Überordnung" (Beziehung von unten nach oben).

Löten
Weichlöten

„Löten" ist eine Fügetechnik, „Weichlöten" ist ein Lötverfahren, bei dem mit Temperaturen bis 450 Grad Celsius gearbeitet wird. „Löten" ist der Oberbegriff, „Weichlöten" der Unterbegriff in dieser Klassifikation. „Löten" ist übergeordnet, „Weichlöten" ist untergeordnet.
Die logische Beziehung kann auch als *Logische Leiter, bzw. Reihenbeziehung* ausgedrückt sein.

Fügetechniken		
Stoffschluß	Formschluß	Kraftschluß

Stoffschluß, Formschluß und Kraftschluß sind Fügetechniken, die sich dadurch voneinander unterscheiden, wie die Fügung hergestellt wird. „Stoffschluß", „Formschluß" und „Kraftschluß" sind in dieser Klassifikation Unterbegriffe, „Fügetechniken" ist der Oberbegriff, der das gemeinsame Merkmal, eine Verbindung von Werkstoffen herzustellen, enthält. „Stoffschluß", „Formschluß" und „Kraftschluß" bilden eine „logische Begriffsreihe", weil die Beziehung horizontal ausgebildet ist.
Die Klassifikation

Maschine
Werkzeugmaschine
Schleifmaschine

bildet eine *logische Leiterbeziehung*, weil eine von oben nach unten verlaufende Beziehung besteht.

Besitzen die verglichenen Begriffe je ein weiteres Merkmal, das sie unterscheidet, und gehört dieses Merkmal der selben Merkmalart an, d.h. fallen sie unter den selben Oberbegriff, dann spricht man von logischer Nebenordnung. Eine Logische Nebenordnung besteht zwischen den Begriffen „Stoffschluß", „Formschluß" und „Kraftschluß" in der Klassifikation der Fügetechniken.
Um eine nähere Bestimmung eines Begriffs (Determination) zu erreichen, wird mit ihm ein weiterer Begriff verknüpft.

Lager   *Gleitlager*

Der daraus resultierende Begriff ist ein Unterbegriff des Ausgangsbegriffs, der Ausgangsbegriff wird zum Oberbegriff des Endbegriffs.

Von den logischen Beziehungen werden die ontologischen unterschieden. Ontologische Beziehungen bestehen mittelbar, sie entstehen durch die Beziehungen von Individuen untereinander und sind räumlicher oder zeitlicher Art.

Als Bestandsbeziehungen werden die Beziehungen zwischen dem Ganzen und seinen Teilen sowie zwischen den Teilen untereinander bezeichnet.

Die Lötlampe besteht aus: Kartusche, Griff, Einstellventil

Die einzelnen Teile sind:

Lötlampenkartusche, Lötlampengriff, Lötlampeneinstellventil

Zwischen dem Begriff *Lötlampe* und den Begriffen *Lötlampenkartusche, Lötlampengriff, Lötlampeneinstellventil* besteht eine „einschließende Beziehung". Die Begriffe *Lötlampenkartusche, Lötlampengriff, Lötlampeneinstellventil* sind Teile des Ganzen, sie bezeichnen „Teilbegriffe".

Die Begriffe *Lötlampenkartusche, Lötlampengriff, Lötlampeneinstellventil* sind einander nebengeordnet, sie sind „Mit-Teile".

Hoffmann (1985) stellt die Leiterbeziehung weitergehend dar:

Stufe	Begriff	Einschränkendes Merkmal
Oberbegriff	Maschine	-
1. Unterbegriff	**Werkzeug**maschine	Werkzeug (Wirkungsweise) (b)
2. Unterbegriff	**Schleif**maschine	Schleifen (Bearbeitungsart) (b)
3. Unterbegriff	**Gewinde**schleifmaschine	Gewinde (Form der Oberfläche) (a)
4. Unterbegriff	**Trapez**gewindeschleifmaschine	Trapezgewinde (Form des Gewindes) (a)

Tabelle 27: Hoffmann 1985, S. 167

Man kann Begriffsleitern und Begriffsreihen zu Begriffssystemen zusammenbauen. Diese Begriffssysteme können durch Begriffspläne veranschaulicht werden. Wie bei den Merkmalen der Begriffe wird auch hier zwischen den logischen und ontologischen Begriffssystemen – insbesondere den Bestandssystemen – unterschieden.

Die Abstraktionssysteme können entweder divisorisch oder kombinatorisch angeordnet werden.

Mit Winkelplänen (auch Porphyrialnischer Baum) kann man die Entwicklung der Unterbegriffe aus einem Oberbegriff darstellen:

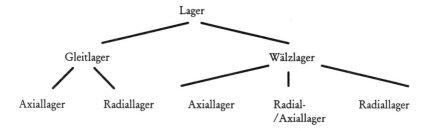

Abb. 11: Winkelplan

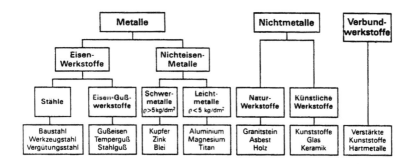

Abb. 12: Ober- und Unterbegriffe

Mit Bestandsdarstellungen (vgl. Abb. 12, Braun et al. 1990, S. 224) kann man eine Reihe von Gegenständen, die zu einem Ganzen gefügt werden, in ihrem Zusammenhang zeigen.

Das Ganze – hier *Fahrrad* – wird Bestandsbegriff genannt, der untergeordnete Begriff heißt Teilbegriff. Der *Rahmen* etc. ist Teil des Ganzen, *Nabe* ist Teil des *Rades* usw.

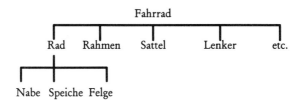

Abb. 13: Bestandsdarstellung

Bestandsbeziehungen können auch mit Abbildungen wie der Explosionszeichnung dargestellt werden. In der Berufsausbildung ist die Explosionszeichnung (vgl. Abb. 14, Braun et al. 1993, S. 281) ein gebräuchliches Mittel, um die Zusammenhänge komplexer Maschinenteile zu verdeutlichen.

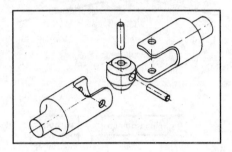

Abb. 14: Explosionszeichnung

Gebrauch der Definition in den Lernmedien

Besondere Schwierigkeiten beim Umgang mit den Definitionen von Begriffen entstanden in den Aufgabenstellungen 6, 8 und 10 (vgl. Anhang).

Innerhalb einer Klassifikation – im Fall der Materialien der Sprachstandsanalyse die Fügetechniken – müssen die Definitionen aller Begriffe aufeinander abgestimmt werden, so daß klare Abgrenzungen möglich sind. Die Bedeutung der Worte in Definitionen muß bekannt sein.

„Sinn der Definition ist es, Begriffe und Benennungen in eine eindeutige Relation zueinander zu setzen. Die Terminologienormung bemüht sich auf diese Weise, Erscheinungen der Homonymie, Synonymie, Quasi-Synonymie und Polysemie auszumerzen." (Hoffmann 1985, S. 26)

Im Zusammenhang eines Lernprogramms ist es wichtig, den Unterschied von intensionaler und extensionaler Definition herauszustellen, weil die sichere Beherrschung der Definitionen in Lernerfolgskontrollen gefordert wird.

Die **intensionale Definition** besteht in der Angabe der Begriffsinhalte. Sie geht von einem bekannten Oberbegriff (genus proximum) aus und nennt die einschränkenden Merkmale (differentia specifica), die den zu definierenden Begriff kennzeichnen und von anderen Begriffen unterscheiden.

> *Die Arbeitstemperatur beim Löten ist die Temperatur des Werkstücks, bei der das Lot fließt.*

In dieser Definition wird der Oberbegriff *Arbeitstemperatur* und das differenzierende Merkmal *Temperatur des Werkstücks, bei der das Lot fließt* angegeben.

Die **extensionale Definition** besteht in der Aufzählung des Begriffsumfangs, d.h. aller Unterbegriffe, die im Begriffssystem auf der selben Stufe stehen.

> *Arten der Lötverbindungen sind Kolbenlöten, Flammlöten, Tauchlöten, Ofenlöten und Induktionslöten.*

Der Oberbegriff *Lötverbindungen* wird durch die Klasse der Elemente *Kolbenlöten, Flammlöten, Tauchlöten, Ofenlöten* und *Induktionslöten* definiert.

Nominaldefinitionen sagen lediglich aus, welche Bedeutung eine Benennung im Sprachgebrauch hat, was die Bedeutung der Benennung ist; sie geben aber keine spezifischen Merkmale an.

Löten ist ein Fügeverfahren.

Meist werden in der Nominaldefinition Fremdwörter ins Deutsche übertragen:

Unter Linearinterpolation versteht man eine Geradeninterpolation.

Im Ausbildungszusammenhang sind Definitionen dieser Art wenig aussagekräftig. Auf die wichtige Rolle der Art der Begriffsbildung in der Berufsausbildung weist v. Hahn (1983) mit der Unterscheidung von expliziter extensionaler und expliziter intensionaler Definition in Ausbildungssituationen hin. In beruflichen Handlungssituationen kann ein Ausbilder bei der Arbeit feststellen: „Das ist Weichlöten", nachdem er die einzelnen Schritte der Arbeitstechnik, die Werkzeuge und die Arbeitsmaterialien gezeigt hat. Diese Definition ist extensional, weil alle Elemente, auf die sich der Begriff „Weichlöten" bezieht, genannt oder gezeigt werden. In einem anderen Zusammenhang kann gesagt werden: „Unter Weichlöten versteht man die Herstellung von Lötverbindungen bei einer Arbeitstemperatur bis 450° C". Diese Definition ist intensional, weil von dem Oberbegriff „Lötverbindungen" ausgehend durch das einschränkende Merkmal „Arbeitstemperatur bis 450° C" das „Weichlöten" bestimmt wird. Explizit sind die Definitionen deshalb, weil sie ausdrücklich im Arbeitszusammenhang einen Begriff bezeichnen. Die explizite extensionale Definition begegnet dem Auszubildenden hauptsächlich im Betrieb und in der fachpraktischen Ausbildung, die explizite intensionale Definition hat einen höheren Abstraktionsgrad und ist Element vor allem im Theorieunterricht (vgl. v. Hahn 1983, S. 94).

In dem nachfolgenden Abschnitt wird dargestellt, wie die Mittel zur Bildung neuer Wörter für die besonderen Zwecke der Fachsprache in den Aufgabenstellungen genutzt werden. Die Ergebnisse der Befragung im Rahmen der Voruntersuchung zur Sprachstandsanalyse zeigen, daß von Auszubildenden und Lehrern die Unterschiede zwischen Fachsprachen und der Gemeinsprache, insbesondere auf der Wortebene, wahrgenommen werden. Beim Lernen und Üben der morphologischen Merkmale der Fachsprachen in einem Lernprogramm wird deren begriffliche Funktion im Vordergrund stehen.

Ein wesentliches Merkmal des Theorieunterrichts besteht darin, das Erfahrungswissen der Auszubildenden, das sie in konkreten beruflichen Situationen gewonnen haben, in symbolisches Wissen zu transferieren. Diese Transferleistung setzt voraus, daß die Mittel der Fachsprache, die das symbolische Wissen transportieren, gelernt werden. Die Beschäftigung mit der lexikalischen und grammatischen Morphologie, der Syntax und der Textbildung im Unterricht an beruflichen Schulen kann nur den Zweck haben, die Versprachlichung der beruflichen Erfahrung zu unterstützen. Ein Unterrichtsvorhaben, das die Besonderheiten der Wortbildung in den Fachsprachen thematisiert, wird das immer im Zusammenhang von konkreten beruflichen Problemen tun müssen.

Aspekte der lexischen Morphologie

Derivation und Komposition sind wichtige Wortbildungselemente der Fachsprachen. Dem sprachlich ungeübten Auszubildenden können Lernprogrammteile, die die Wortbildung thematisieren, helfen, unbekannte Fachwörter eigenständig zu erschließen. Die Derivation bedient sich hauptsächlich des Mittels der Suffigierung; oft verwendete Suffixe sind: -ung, -heit, -keit, -ion, -isch, -lich, -sam, -bar, -ig, -en. Derivationen werden nach folgendem Schema gebildet:

	I Verb	II Substantiv	III Adjektiv
a	Substantiv – Verb	Verb – Substantiv	Substantiv – Adjektiv
	Lot – löten	*erwärmen – Erwärmung*	*Unterschied – unterschiedlich*
	Fuge – fügen	*abkühlen – Abkühlen*	*Natur – natürlich*
	Netz – benetzen	*herstellen – Herstellung*	*Ort – örtlich*
b	Adjektiv – Verb	Adjektiv – Substantiv	Verb – Adjektiv
	rein – reinigen	*fest – Festigkeit*	*brennen – brennbar*
	hart – härten	*flüssig – Flüssigkeit*	*lösen – lösbar, unlösbar*
	fest – verfestigen	*dicht – Dichtigkeit*	*schmelzen – schmelzbar*

Tabelle 28: vgl. Buhlmann/Fearns 1987, S. 24

Durch Präfigierung kann eine Bedeutungsabwandlung erreicht werden, wie Buhlmann/Fearns (1987) darstellen, sind die Grenzen von Wortbildung und Wortzusammensetzung bei der Bedeutungsabwandlung fließend.

Kohle	*Entkohlung*
Last	*Entlastung*
Wärme	*Erwärmung*
binden	*Verbindung*
Kleid	*Verkleidung*
fordern	*Anforderung*
Schluß	*Anschluß*
legen	*zerlegen*
stören	*Zerstörung*
führen	*Zuführung*
leiten	*Zuleitung*

Grundwort und Bestimmungswort sind die wesentlichen Größen der Komposition. Ein Grund- oder Ausgangswort wird durch eine voran- oder seltener durch eine nachgestellte Konstituente in seiner Bedeutung differenziert (Hoberg 1988, S. 80).

Bestimmungswort	Grundwort
Tief	druck
Regen	wetter
Wetter	leuchten
Regen	mantel
regen	dicht

Tabelle 29: Grund- und Bestimmungswort

Die Komposition ist häufiges Wortbildungselement in den Texten der Aufgabenstellungen; dabei werden zwei Konstituenten, die bereits zusammengesetzt oder abgeleitet sein können, mit oder ohne Fugenzeichen verbunden.

	I Verb	II Substantiv	III Adjektiv
a	Substantiv – Verb *Punktschweißen*	Verb – Substantiv *Heizelement*	Substantiv – Adjektiv *temperaturempfindlich*
b	Adjektiv – Verb *weichlöten*	Adjektiv – Substantiv *Edelmetall*	Verb – Adjektiv *waschfest*
c	Verb – Verb *preßschweißen*	Substantiv – Substantiv *Kupferlegierung*	Adjektiv – Adjektiv *dünnflüssig*

Tabelle 30

Syntaktisch komprimierend sind Komposita, die helfen, syntaktische Konstruktionen knapp zu fassen:

Temperaturerhöhung   *Erhöhung der Temperatur*

Volumenänderung   *Änderung des Volumens*

Syntaktisch komprimierende Komposita können durch eine Konstruktion mit einem genitivischen Attribut paraphrasiert werden. Präzisierend sind Komposita, die Verfahren oder Eigenschaften differenzieren. Die Konstituente ist dem Ausgangswort nachgestellt (Buhlmann/Fearns 1987, S. 31):

Lötverfahren

Lötvorgang

Komposita sind determinierend, wenn sie der Differenzierung und der begrifflichen Einengung von Gegenständen, Eigenschaften und Vorgängen (also ihrer näheren Bestimmung) dienen. In den Terminologien werden durch die Determination Klassifikationen in Ober- und Unterbegriffe möglich. Die Konstituente kann dem Ausgangswort voran- oder nachgestellt werden:

Arbeitstemperatur   *Temperatur, bei der das Werkstück so erhitzt wurde, daß das Flußmittel wirkt und das Lot fließt, d.h. es kann gearbeitet werden.*

Schutzgas   *Gas, welches das Werkstück vor Oxidation schützt.*

Lötkolben	*ein Kolben, der zum Löten benutzt wird.*
Lötspitze	*eine Spitze, die zum Löten benutzt wird.*
Lötwärme	*Wärme, die zum Löten genutzt wird.*
Lötzinn	*Zinn, das zum Löten benutzt wird.*
Lötwasser	*Flüssigkeit, die zum Löten benutzt wird.*

Beispiele für determinierende Komposita (Hebel/Hoberg/Jahn 1994) sind auch:

Wärmezufuhr, Lötkolben, Lötspalt, Lötkolbengriff, Gasflasche, Gasflaschenständer, Metallplatten, Metallverbindung, Metallegierung, Werkstückoberfläche, Rohrzange, Schraubendreher

Diese Substantive sind aus zwei oder drei Wörtern zusammengesetzt.

Bei der Zusammensetzung der Substantive wird ein Sachverhalt genauer bestimmt.

Gasflasche	*Was nimmt die Flasche auf? Sie ist für die Lagerung von Gas geeignet.*
Lötkolben	*Wozu dient der Kolben? Mit ihm kann gelötet werden.*
Rohrzange	*Wofür ist die Zange geeignet? Man kann damit Rohre fassen.*

Vom zweiten Wort der Zusammensetzung geht die Grundinformation aus.

Das erste Wort der Zusammensetzung bestimmt das zweite Wort genauer.

Man spricht deshalb vom Grundwort und vom Bestimmungswort.

Bestimmungswort	Grundwort	Bedeutung
Wärme	zufuhr	Wärme wird zugeführt
Löt	kolben	ein Kolben zum Löten
Gas	flasche	Flasche, in der Gas gelagert werden kann
Metall	platte	Platte aus Metall
Schrauben	dreher	Ein Werkzeug, mit dem Schrauben gedreht werden können.

Tabelle 31

Bei der Vermittlung im Unterricht muß darauf geachtet werden, daß die Bedeutung der Komposita unterschiedlich aufgebaut ist. Hebel (1996) zeigt das an dem Beispiel:

Schmelzschweißen	*Schweißen durch Schmelzen*
Preßschweißen	*Schweißen unter Preßdruck*

Im Gegensatz zu

Metallschweißen	*Schweißen von Metallen*
Kunststoffschweißen	*Schweißen von Kunststoffen*

Das unterscheidende Merkmal der Komposita ist einmal das Verfahren und das andere Mal das Material. Die Unterscheidung von Benennungen hängt eng mit der Art der Begriffsbildung zusammen.

In den Aufgabenstellungen werden Kürzungen eingesetzt:

Ölschraube	*aus Ölablaßschraube*
DIN	*aus Deutsche Industrienorm*
Propan	*aus Propylen und Methan*

Fremdwörter stammen aus anderen Sprachen oder sind mit den Mitteln anderer Sprachen gebildet; im Berufsfeld Metall ist häufig Latein die Ausgangssprache zur Bildung neuer Wörter, aus dem Englischen werden häufig Wörter übernommen.

„Die Entlehnung aus anderen Sprachen ist ein sehr einfaches Verfahren, besonders dann, wenn es sich um sogenannte Internationalismen handelt, die schon in mehreren Sprachen verwendet werden. Fremdwörter oder Internationalismen sind in den Fachsprachen der Wissenschaft besonders häufig." (Hoffmann 1985, S. 153)

Polygonprofil; Aktivierkleben; Reaktionskleben; Computer; Hardware

Anschauliche Merkmale von Gegenständen werden in bildhafter Weise zur Wortbildung in der Fachsprache des Berufsfeldes Metall verwendet: Hoffmann (1985) erläutert den **metaphorischen Gebrauch** in Fachsprachen so:

„Wenn die Fachsprachen die Lexik der eigenen Sprache, d. h. den Wortschatz, der in anderen Subsprachen bereits existiert, für ihre Zwecke nutzbar machen, dann lassen sie sich oft von Ähnlichkeiten in der Form oder in der Funktion leiten. Das sprachliche Zeichen erhält so zu seinem bisherigen Denotat ein weiteres, das Bezeichnende ein neues Bezeichnetes." (Hoffmann 1985, S. 155)

Häufig genutzte Metaphern sind:

Kopf, Arm, Nase, Knie, Zahn, Muschel, Schlange, Schnecke, Anker

In den Materialien für die Sprachstandsanalyse finden sich metaphorische Bezeichnungen:

(Schrauben) Mutter, Flügelschraube

Bei der **Metonymie** wird ein Name eines anderen Gegenstandes für die Benennung verwendet, der eine Beziehung zu der Sache hat. In den Fachsprachen sind das oft die Namen von Erfindern und Entdeckern:

Volt, Ampere, Otto-Motor

Die definitorische Erweiterung oder Einengung ist die Hauptmethode, vorhandene Lexeme der eigenen Sprache in den Fachwortschatz zu überführen.

„Durch die Definition wird das Wort in der jeweiligen Fachsprache einem bestimmten Begriff mit festem Inhalt und Umgang zugeordnet; es handelt sich also um eine semantische oder, wie man in der traditionellen Logik sagt, um eine Begriffsdefinition, noch genauer: um eine Feststellungsdefinition, die die Bedeutung des Fachwortes innerhalb eines Kommunikationsbereiches festlegt." (Hoffmann 1985, S. 155)

Ein Lexem kann in mehreren Fachsprachen unterschiedlich definiert werden.

„So ist die „Entropie" in der Thermodynamik etwas anderes als in der Informations-
theorie, eine „Brücke" im Bauwesen etwas anderes als in der Stomatologie, der
„Strom" in der Physik oder Elektrotechnik etwas anderes als in der Geographie, der
„Anker" in einem Elektromotor etwas anderes als in einer Uhr oder an einem Schiff,
das „Feld" in der Physik und Mathematik etwas anderes als in der Landwirtschaft."
(Hoffmann 1985, S. 156)

Ein Wort aus der Alltagssprache kann im fachlichen Zusammenhang mit einer festge-
legten Bedeutung versehen werden:

Festigkeit   *Eigenschaft von Metallen*
Arbeit   *rechnerische Größe in der Physik*
Bindung   *Begriff in der Chemie*

Begriffe wie die folgenden sind *Feste Syntagmen:*

elektrisches Lötgerät, Lötkolben mit Wechselspitze

Aspekte der grammatischen Morphologie

Ein Merkmal der Fachtexte, die in den Aufgabenstellungen benutzt werden, ist die
niedrige Frequenz und die unpersönliche Funktion der Verben.

In den Texten der Sprachstandsanalyse wird beim finiten Verb die Kategorie der Person meist in einer unpersönlichen Funktion der 3. Person Singular oder Plural benutzt:

Gasbrenner werden zum Hartlöten benutzt.

Die Verbindung wird durch Legierung erreicht.

In Textsorten wie den Arbeitsregeln tritt der Infinitiv als Imperativ auf:

Lötbarkeit der zu verbindenden Bauelemente prüfen!

Lötstelle ausreichend mit Flußmittel bestreichen!

Kupferlötspitzen vor dem Löten von Lotresten reinigen!

*Lötstellen auf den Werkstücken blank machen durch Bürsten, Schleifen oder Bei-
zen!*

Partizipverwendung tritt in den Texten häufig auf, vor allem bei Passivkonstruktionen:

Durch Löten können Metalle gefügt werden.

Das Verfahren ist für Weich- und Hartlötung geeignet.

Auch bei Attribuierungen wird das Partizip benutzt:

Partizip I

niedrigschmelzendes Metall

elektrisch leitende Lötnaht

Partizip II

weichgelötete Verbindung

erhitzter Kupferlötkolben

In den Texten der Aufgabenstellungen wird ausschließlich das Präsens gebraucht.
„Das Verb verliert in Fachtexten der Berufsausbildung weitgehend seinen konkreten

Zeitbezug. Die Häufigkeit der Präsensformen ergibt sich aus dem Streben nach Abstraktion und Verallgemeinerung. Es wird von dauerhaften Merkmalen und Eigenschaften (von Werkstoffen und Arbeitsverfahren) gesprochen, und es werden allgemeingültige Aussagen getroffen." (Hoffmann 1985, S. 105)

Das entspricht dem Fachsprachengebrauch in Schulbüchern.

Dabei muß sich das Flußmittel aber während des Lötvorgangs vom fließenden Lot verdrängen lassen, damit eine Berührung der Atomgitter möglich wird.

In den Texten der Aufgabenstellungen ist der Indikativ vorherrschend.

Auffällig ist ein hoher Anteil an Passivkonstruktionen. Die Funktion des Passivs besteht vor allem in der Verallgemeinerung der dargestellten Sachverhalte. Passivkonstruktionen sind ein Hauptmerkmal der in der Berufsausbildung genutzten Fachsprachen.

Zustandspassiv

Das Verfahren ist für Hart- und Weichlötung geeignet.
Die Größe der Werkstücke ist durch die Ofenabmessungen begrenzt.

Vorgangspassiv

In beiden Fällen werden keine Flußmittel verwendet.
Die Lötstelle wird erhitzt.

Fügungen mit *man* kommen in Schulbuchtexten häufig als Passiversatzformen vor:

Wegen ihres Zinngehalts nennt man die Weichlote auch Lötzinn.
Man spricht vom Fügen durch Formschluß.
Zum Lösen der Oxidschicht verwendet man beim Löten Flußmittel.

Bei den Nomen wird der Singular mit bestimmtem Artikel häufig genutzt:

Die Qualität der Lötung ist bedingt durch die Haftfähigkeit zwischen Lot und Werkstück.
Die Arbeitstemperatur ist die niedrigste Oberflächentemperatur bei der sich das Lot ausbreiten kann.

Genitive werden in den Texten häufig verwendet:

Die Oberflächentemperatur des Werkstücks, bei der das Lot fließt, heißt Arbeitstemperatur.
Die Art der Werkstoffe, der Lote und des Lötverfahrens beeinflussen die Festigkeit der Lötverbindungen.

Adjektive spielen in den Fachtexten als Element der Differenzierung und Präzisierung eine wichtige Rolle, sie kommen in den Texten der Aufgabenstellungen häufig vor. Beim Bemühen der Autoren von Schulbüchern um anschauliche Darstellungsweise wird das Komparationsfeld der Adjektive genutzt:

Je dünner die Lötnaht desto höher ist die Festigkeit der Naht.

Präpositionen – ein wichtiges Merkmal der Fachsprachen in der Berufsausbildung der Metallberufe – kommen in den Texten auch der einfachen Aufgabenstellungen häufig vor:

Lötstellen auf den Werkstücken metallisch blank machen durch Bürsten, Schleifen und Beizen!

Durch Fett verunreinigte Oberflächen mit geeigneten Wasch- oder Lösungsmitteln reinigen!

8.1.2 Möglichkeiten des methodischen Umgangs mit der Syntax der Fachsprachen

Bei der Textentlastung geht es hauptsächlich um die Reduktion komplexer Sätze mit dem Ziel, deren Inhalte im Textzusammenhang zu erschließen.

Bei der Verknüpfung bilden Wörter Gruppen, die Satzglieder, die Funktionen erfüllen. Eichler, Bünting (1994.5) und Heringer (1978) verweisen auf die wichtige Rolle der Proben, mit denen die Satzglieder bestimmt werden können.

Umstellprobe

Der Satz

Die meisten lösbaren Verbindungen werden im Maschinenbau durch Schrauben hergestellt.

kann durch Umstellen der einzelnen Satzglieder verändert werden.

die meisten lösbaren Verbindungen	werden	im Maschinenbau	durch Schrauben	hergestellt
im Maschinenbau	werden	die meisten lösbaren Verbindungen	durch Schrauben	hergestellt
durch Schrauben	werden	im Maschinenbau	die meisten lösbaren Verbindungen	hergestellt
die meisten lösbaren Verbindungen	werden	durch Schrauben	im Maschinenbau	hergestellt

Tabelle 32

Im Falle dieses Beispielsatzes wird durch das Passiv von *herstellen* eine Verbklammer gebildet, die in allen Fällen der Permutation an der gleichen Stelle im Satz steht. Bei der Transformation in das Aktiv

Der Auszubildende verschraubt zwei Werkstücke.

behielte das Verb immer die zweite Stelle im Satz, was der Form von Aussagesätzen entspricht.

Bei Frage-, Entscheidungs- oder Befehlssätzen wechselt das Verb an die erste Stelle.

Verschraube die zwei Werkstücke!

Verschraubst du die zwei Werkstücke?

Durch das Umstellen von Satzgliedern kann die Bedeutung eines Satzes geändert werden. In den Aussagesätzen steht das Subjekt an erster Stelle, nehmen Objekte diese Stelle ein, bedeutet das eine besondere Hervorhebung.

Austauschprobe

die meisten lösbaren Verbindungen	werden	im Maschinenbau	durch Schrauben	hergestellt
alle Verbindungen	werden	in der Kunststoff-Technik	durch Kleben	bewerkstelligt
viele feste Verbindungen	werden	in der Elektrotechnik	durch Löten	erreicht

Tabelle 33

Syntagmen können ausgetauscht werden, die grammatische Struktur eines Satzes bleibt erhalten, der Inhalt ändert sich.

Weglaßprobe

Meistens sind die Sätze, mit denen Auszubildende in Lehrbüchern konfrontiert werden, komplex. Über die Bedingung der grammatischen Vollständigkeit hinaus sind Sätze mit Informationen angefüllt. Bei der Segmentierung, der Teilung der Sätze in kleinere, bedeutungstragende Einheiten, können die Elemente, die zur Vollständigkeit des Satzes nicht notwendig sind, weggelassen werden.

Beim Löten werden gleiche oder verschiedene Metalle durch eine leicht schmelzende Metallegierung – Lot genannt – unter Einfluß von Wärme miteinander verbunden.

Beim Löten *werden* gleiche oder verschiedene *Metalle* durch eine leicht schmelzende Metallegierung – Lot genannt – unter Einfluß von Wärme miteinander *verbunden.*

Die Kernaussage des Satzes ist: Metalle werden verbunden.
In der Passivform erscheint dieser Aussagekern aber unvollständig. Erst durch eine Transformation des Satzes in das Aktiv wird die Ermittlung der Kernaussage sinnvoll.
Transformation:

Der Auszubildende verbindet beim Löten gleiche oder verschiedene *Metalle* durch eine leicht schmelzende Metallegierung – Lot genannt – unter Einfluß von Wärme miteinander.

Ermittlung der Kernaussage:

Der Auszubildende verbindet Metalle.

Der Auszubildende ist – als Aktor eingesetzt – das Subjekt, seine Tätigkeit bezieht sich auf ein Objekt, die als Ergänzung im Satz erscheint:

gleiche oder verschiedene Metalle

Darüber hinaus werden Angaben gemacht, die zur grammatischen Vollständigkeit nicht notwendig sind, nach der Reduktion aber als spezifizierende Merkmale der Tätigkeit erkennbar werden:

beim Löten

durch eine leicht schmelzende Metallegierung
Lot genannt
unter Einfluß von Wärme
miteinander

8.1.3 Textstruktur und Verständlichkeit der Fachtexte in den Aufgabenstellungen

Die Gestaltung der Texte von Medien in der Berufsausbildung ist oft weniger an den Bedürfnissen der Auszubildenden als an Konventionen der fachlichen Kommunikation, wie sie durch ingenieurwissenschaftliche Publikationen geprägt werden, orientiert (vgl. Fluck 1985). Daß sich diese Gestaltung nicht nur auf die verwendeten Termini, sondern auch auf die Strukturierung der Texte bezieht, soll im folgenden Abschnitt erläutert werden.

Die grammatische Textstruktur

Die grammatische Bedingung der Textkohärenz wird durch die Wiederaufnahme beschrieben. Die Wiederaufnahme wird von Brinker (1992) als ein wesentliches Mittel der Textkonstitution bestimmt. Im Fortlauf der Sätze, die einen Text bilden, entsteht Kohärenz dadurch, daß das gleiche außersprachliche Objekt, der Referenzträger, wieder aufgenommen wird.

Die Vorstellung der Wiederaufnahme möchte ich am Beispiel des Textausschnittes aus der 12. Aufgabenstellung der Sprachstandsanalyse aufzeigen:

Flußmittel und ihre Aufgaben

Die Qualität der Lötung ist bedingt durch die Haftfähigkeit zwischen Lot und Werkstück. *Gute Ergebnisse* sind nur gewährleistet, wenn metallisch reine Stoffe zusammenkommen. *Dies* wird nach der mechanischen Reinigung der Lötstelle mit Drahtbürste, Feile oder Schaber durch das *Flußmittel* erreicht. *Es* soll noch vorhandene Oxide auflösen und deren Neubildung verhindern. Dabei muß *es* sich aber während des Lötvorganges vom fließenden Lot verdrängen lassen, damit eine Berührung der Atomgitter möglich wird (Bild 158.1). *Ein Flußmittel* kann diesen Ansprüchen nur genügen, wenn es sich bei einer bestimmten Temperatur, der Arbeitstemperatur, ausbreitet und wirksam wird. *Es* darf nicht schon vorher verdampfen oder bei der Arbeitstemperatur noch fest sein.

In diesem Textausschnitt werden zwei Ausdrücke wiederaufgenommen.

    1. *Flußmittel / das Flußmittel / es / es / ein Flußmittel / es / es*

In diesem Beispiel ist der Referenzträger eine chemische Verbindung, die die Oxide auf der Metalloberfläche auflöst. Der Terminus *„Flußmitte"* bildet die Referenz. Die Koreferenz der sieben Ausdrücke ist leicht nachzuvollziehen, weil sich nur die Artikel ändern und das Pronomen *es* verwendet wird.

    2. *Die Qualität der Lötung / gute Ergebnisse / dies*

Schwieriger ist die Koreferenz bei der Kette von Wiederaufnahmen nachzuvollziehen, die sich auf die *Qualität* der Arbeit bezieht, auf die Begründung, weshalb Flußmittel beim Löten eingesetzt werden müssen. Die Qualität der Lötung bleibt im Text abstrakt, sie wird nicht näher bestimmt, der Ausdruck *Qualität* referiert auf das erwartete Arbeitsergebnis, das, so die Koreferenz, *gut* sein soll. Den Abschluß bildet das Pronomen *dies.*

Brinker (1992) verweist darauf, daß die Bezugsausdrücke (die wiederaufgenommenen Ausdrücke) aus Wortgruppen, Sätzen und Satzfolgen, den Informationseinheiten bestehen können. Die wiederaufnehmenden Ausdrücke können auf drei Weisen durch die Pro-Formen wiedergegeben werden: durch Repetition, durch andere Substantive, durch Pronomen.

Von der expliziten Form der Wiederaufnahme wird die implizite Form unterschieden. Hier gibt es keine Referenzidentität zwischen dem Bezugsausdruck und wiederaufnehmenden Ausdrücken, die aber durch Einfügung von Zwischensätzen in den Text erzeugt werden kann. Auslassungen in der Wiederaufnahmestruktur im Text sind möglich, weil die an der Kommunikation Beteiligten durch ihre Sprachkompetenz auf dem Weg der semantischen Kontiguität Lücken auffüllen können.

In der Wiederaufnahme drückt sich die Einheitlichkeit eines Textgegenstandes sprachlich aus. Die thematische Orientierung macht eine Folge von Sätzen zu einer kohärenten Satzfolge, mit der die Verständlichkeit, bezogen auf eine spezifische Zielgruppe, eng verbunden ist.

Ein Ergebnis der Sprachstandsanalyse ist, daß 30 % der Auszubildenden den oben genannten Text nicht auswerten können. Im Lernprogramm wird das Üben der Informationsentnahme aus verdichteten Fachtexten wichtig sein. Die Suche nach der Wiederaufnahme von Ausdrücken im Text kann dabei den Rezeptionsprozeß stützen.

Die Thema-Rhema Struktur

Mit dem Thema-Rhema-Konzept wird erklärt, daß der Satz vom Mitteilungswert her in zwei Teile gliederbar ist. Das Thema ist vorgegeben, es ist der bekannte Ausgangspunkt des Satzes. Das Rhema ist der Kern der Aussage, die neue Information, die Mitteilung, die zum Thema gemacht wird.

Durch die thematische Struktur werden die Themen eines Textes miteinander verkettet. Innerhalb der Struktur gibt es eine Hierarchie der Beziehung der Themen zum Ganzen, zum Textabschnitt und zur Situation, in der der Text benutzt wird.

Textausschnitt aus dem Material für die Aufgabe 4 der Sprachstandsanalyse:

Arbeitsregeln beim Verbindungs-Weichlöten

Reinigen des Lötkolbens

Kupferlötspitzen vor dem Löten von Lotresten reinigen! Dazu genügt in der Regel ein Abreiben der heißen Lötspitze auf einem Leinenlappen. Eine Beschädigung der Lötspitze sollte vermieden werden, also nicht schleifen oder feilen, da Lötspitzen heute meistens eine vergütete Oberfläche besitzen und oft aus Verbundwerkstoffen aufgebaut sind.

Heiße Lötspitzen können gegebenenfalls durch Reiben an „Salmiakstein" von Oxiden befreit werden.

Anschließend schützt ein Verzinnen mit Lot vor erneuter Oxidation.

Satz 1 *Kupferlötspitzen vor dem Löten von Lotresten reinigen!*
Thema: Reinigen der Kupferlötspitzen
Rhema: -

Satz 2 *Dazu genügt in der Regel ein Abreiben der heißen Lötspitze auf einem Leinenlappen.*
Thema: Reinigen der Kupferlötspitzen
Rhema: Abreiben mit dem Leinenlappen genügt

Satz 3 *Eine Beschädigung der Lötspitze sollte vermieden werden, also nicht schleifen oder feilen, da Lötspitzen heute meistens eine vergütete Oberfläche besitzen und oft aus Verbundwerkstoffen aufgebaut sind.*
Thema: Reinigen der Lötspitze
Rhema: Zur Vermeidung von Beschädigungen nicht feilen oder schleifen
(Begründung)

Satz 4 *Heiße Lötspitzen können gegebenenfalls durch Reiben an „Salmiakstein"
von Oxiden befreit werden.*
Thema: Reinigen der heißen Lötspitze
Rhema: Die Lötspitze kann an einem Salmiakstein gereinigt werden

Satz 5 *Anschließend schützt ein Verzinnen mit Lot vor erneuter Oxidation.*
Thema: Nach dem Beendigen des Reinigens der Lötspitze
Rhema: Nach dem Reinigen soll die Lötspitze verzinnt werden

Für die Entwicklung von Lesetechniken ist das Konzept der Thema-Rhema-Struktur wichtig, weil damit gezeigt werden kann, wie der Inhalt eines Textes in kleinen Schritten entwickelt wird. Für die Gestaltung von Lehrtexten kann gezeigt werden, daß die Schritte der jeweiligen Lerngruppe angepaßt werden müssen.

Textthema und Entfaltung

Bei der thematischen Textentfaltung wird das Thema als Kern des Textinhaltes gesehen. Dabei kann es sich um Grund- oder Leitgedanken im Text oder um den kommunikativen Hauptgegenstand handeln. Die Übereinstimmung von Thema und kommunikativer Absicht wird Kompatibilitätsprinzip genannt.

Das Textthema ist in Textsegmenten realisiert und kann z.B. durch Verfahren der verkürzenden Paraphrasen, die aber nicht mechanisch angewendet werden sollen, aus dem Textinhalt abstrahiert werden.

Die thematische Entfaltung eines Textes meint dessen gedankliche Ausführung, sie wird durch kommunikative und situative Faktoren gesteuert. Sie besteht in der Verknüpfung und Kombination relationaler und logisch-semantischer Kategorien.

Die **deskriptive** Themenentfaltung und die **explikative** Themenentfaltung werden in den Texten der Sprachstandsanalyse genutzt.

Die deskriptive Themenentfaltung ist charakteristisch für informative Texte, auch in normativen Texten wird sie genutzt. Das Thema wird in Komponenten aufgegliedert dargestellt (Spezifizierung) und in Raum und Zeit eingeordnet (Situierung).

Brinker (1992) erläutert zwei Möglichkeiten der deskriptiven Themenentfaltung:
a) Es wird ein einmaliger Vorgang, ein historisches Ereignis, dargestellt, als Beispiel nennt er den Ereignisbericht, der den zeitlichen Ablauf des berichteten Geschehens wiedergibt.
b) Es wird ein als generalisierbar dargestellter Vorgang wiedergegeben. Das zeitliche Nacheinander bestimmt die Gliederung, die einzelnen Elemente des Vorgangs werden knapp beschrieben.

Beispiel: Aus Aufgabenstellung 4 der Sprachstandsanalyse

Arbeitsregeln beim Verbindungs-Hartlöten

Vorgereinigte Lötstelle ausreichend mit geeignetem Flußmittel bestreuen oder einstreichen. Dieser Arbeitsgang entfällt, wenn das Flußmittel bereits im Lot oder Brenngas enthalten ist.
Brenner zünden und Flamme zum Hartlöten einstellen! Auf neutrale Flamme achten!
Zu verbindende Bauelemente auf die vorgeschriebene Arbeitstemperatur erhitzen!
Dabei Herstellervorschriften für Lote und Flußmittel unbedingt einhalten!
Unfallverhütung:
Heiße Lötkolben unfallsicher (Verbrennungsgefahr!) und feuersicher (Brandgefahr!) ablegen!
Nichtbrennbare Unterlagen benutzen!
Beim Flammlöten darauf achten, daß Haare und Kleidung nicht Feuer fangen!

Brinker (1992) beschreibt bei dieser Art der deskriptiven Themenentfaltung folgende Merkmale:
Dominanz von Handlungsverben:
> *bestreuen, einstreichen, entfällt, enthalten ist*

Infinitiv in absolutem Gebrauch (die in dieser Art von Text formulierten Regeln stellen keine direkte Aufforderung dar, vielmehr sind sie in den Dienst der instruktiven Textfunktion gestellt):
> *zünden, einstellen, achten, erhitzen, einhalten*

Wegfall des Artikels:
> *Brenner zünden und Flamme zum Hartlöten einstellen! Auf neutrale Flamme achten!*

In der explikativen Themenentfaltung werden Sachverhalte erklärt. Diese Art der Themenentfaltung findet sich in den Lehrbüchern und tritt häufig in Verbindung mit der deskriptiven Themenentfaltung oder in komplexen Verfahren der Argumentation auf.
Ein Sachverhalt, das Explanandum (das, was erklärt werden soll), wird aus anderen Sachverhalten, dem Explanans (das, was erklärend ist), abgeleitet.

Lot nie direkt mit der Flamme treffen, denn Lote sind gegen Überhitzung empfindlich!

Brinker (1992) erläutert zwei Möglichkeiten der deskriptiven Themenentfaltung:

a) Es wird ein einmaliger Vorgang, ein historisches Ereignis, dargestellt, als Beispiel nennt er den Ereignisbericht, der den zeitlichen Ablauf des berichteten Geschehens wiedergibt.

b) Es wird ein als generalisierbar dargestellter Vorgang wiedergegeben. Das zeitliche Nacheinander bestimmt die Gliederung, die einzelnen Elemente des Vorgangs werden knapp beschrieben.

Beispiel: Aus Aufgabenstellung 4 der Sprachstandsanalyse

Arbeitsregeln beim Verbindungs-Hartlöten

Vorgereinigte Lötstelle ausreichend mit geeignetem Flußmittel bestreuen oder einstreichen. Dieser Arbeitsgang entfällt, wenn das Flußmittel bereits im Lot oder Brenngas enthalten ist.

Brenner zünden und Flamme zum Hartlöten einstellen! Auf neutrale Flamme achten!

Zu verbindende Bauelemente auf die vorgeschriebene Arbeitstemperatur erhitzen!

Dabei Herstellervorschriften für Lote und Flußmittel unbedingt einhalten!

Unfallverhütung:

Heiße Lötkolben unfallsicher (Verbrennungsgefahr!) und feuersicher (Brandgefahr!) ablegen!

Nichtbrennbare Unterlagen benutzen!

Beim Flammlöten darauf achten, daß Haare und Kleidung nicht Feuer fangen!

Brinker (1992) beschreibt bei dieser Art der deskriptiven Themenentfaltung folgende Merkmale:

Dominanz von Handlungsverben:

> *bestreuen, einstreichen, entfällt, enthalten ist*

Infinitiv in absolutem Gebrauch (die in dieser Art von Text formulierten Regeln stellen keine direkte Aufforderung dar, vielmehr sind sie in den Dienst der instruktiven Textfunktion gestellt):

> *zünden, einstellen, achten, erhitzen, einhalten*

Wegfall des Artikels:

> *Brenner zünden und Flamme zum Hartlöten einstellen! Auf neutrale Flamme achten!*

In der explikativen Themenentfaltung werden Sachverhalte erklärt. Diese Art der Themenentfaltung findet sich in den Lehrbüchern und tritt häufig in Verbindung mit der deskriptiven Themenentfaltung oder in komplexen Verfahren der Argumentation auf.

Ein Sachverhalt, das Explanandum (das, was erklärt werden soll), wird aus anderen Sachverhalten, dem Explanans (das, was erklärend ist), abgeleitet.

Lot nie direkt mit der Flamme treffen, denn Lote sind gegen Überhitzung empfindlich!

Paraphrasiert heißt das:

> *Das Lot ist angekohlt. Lot ist empfindlich gegen Überhitzung. Wegen der Empfindlichkeit darf das Lot nicht direkt mit der Flamme getroffen werden.*

> Nur soviel Lot abschmelzen lassen, wie in den Lötspalt „hineingesaugt" wird! Zuviel eingebrachtes Lot ist nutzlos!

Paraphrasiert heißt das:

> *Lot bildet Tropfen an der Lötstelle. Beim Löten wird das Lot in den Lötspalt hineingesaugt. Überschüssiges Lot staut sich auf. Deshalb nur soviel Lot abschmelzen lassen, wie in den Lötspalt „hineingesaugt" wird! Zuviel eingebrachtes Lot ist nutzlos!*

Die Verbindung der explikativen und der deskriptiven Textentfaltung in den Lernmedien der Berufsausbildung kann den Rezeptionsprozeß durch die Auszubildenden stören, wenn die unterschiedlichen Zwecke – Beschreibung von Handlungsschritten, Begründung dieser Handlungsschritte – nicht unterschieden worden sind.

Im nachfolgenden Abschnitt soll verdeutlicht werden, daß der Lernerfolg beim Umgang mit Fachtexten auch dadurch gestützt werden muß, daß die Funktion, die Fachtexte in der Ausbildung einnehmen, reflektiert wird.

8.2 Kommunikationsprobleme

8.2.1 Einsicht in die Funktion der Texte in der beruflichen Ausbildung fördert deren Verstehbarkeit

Die in Abschnitt 4 dargestellten Untersuchungen geben Beobachtungen der Arbeit mit zweitsprachigen Auszubildenden in der beruflichen Ausbildung wieder und zeigen, daß das aus einem Zusammenhang herausgelöste Lernen und Üben von Wörtern und Sätzen nicht ausreicht, um sprachliches Wissen zu vermitteln. Für die Planung eines Lernprogramms zur Stützung der Fähigkeit, fachsprachliche Texte der Berufsausbildung zu entschlüsseln, ergeben sich auf der Textebene weitergehende Anforderungen. Es müssen Funktion und Bedeutung unterschiedlicher Texte herausgestellt und die konventionellen Regeln, nach denen sie gebildet sind, erläutert werden.

In den Aufgabenstellungen der Sprachstandsanalyse wurden Fachtexte mit unterschiedlichen Funktionen verwendet. Die Aufgabenstellungen 2 bis 5 (vgl. Anhang) geben Arbeitsregeln für das Weich- und Hartlöten wieder, die Aufgabenstellung 11, Teil 1 enthält einen Text mit Begründungen für diese Arbeitsregeln. Während 90 % der Auszubildenden mit den Arbeitsregeln umgehen konnten, waren nur 30 % in der Lage, den explikativen Text, der die Arbeitsregeln reflektiert, zu bearbeiten.

Die Daten zur Voruntersuchung der Sprachstandsanalyse geben wieder, daß die Leseerfahrungen der Auszubildenden das Verstehen explikativer Fachtextsorten nicht begünstigen. Weiter legen die Beobachtungen während der Sprachstandsanalyse nahe, daß die Auszubildenden die unterschiedlichen Funktionen, die Texte erfüllen können, nicht wahrnehmen.

Die Aufgabe des Theorieunterrichts in der Berufsausbildung liegt vor allem darin, das prozessurale Wissen der Auszubildenden durch ein reflektorisches zu ergänzen. Eine wesentliche Funktion der hier verwendeten Texte liegt darin, physikalische und chemische Begründungen für technische Abläufe und Zuordnungen zum systematisierten Wissen des Berufsfeldes zu bieten.

Die spezifische Funktion eines Textes kann von den Auszubildenden erst wahrgenommen werden, wenn in Lern- und Übungssequenzen die unterschiedliche Funktionalität von Texten problematisiert wird.

Unter der Funktion eines Textes versteht Brinker (1992) die Aufgabe, die der Text im Zusammenhang einer Kommunikationssituation wahrnimmt, den Sinn, den der Text im Kommunikationsprozeß erhält oder den Zweck, den ein Text in einer Kommunikationssituation erfüllt (vgl. Brinker 1992, S. 81).

Die konventionell geltende, kommunikative Bedeutung einer sprachlichen Handlung wird durch eine konventionelle Regel festgelegt, die sich in einer Formel darstellen läßt: X gilt als Y im Kontext C. Regeln dieser Art konstituieren die pragmatische Bedeutung von sprachlichen Handlungen.

Die Typen der sprachlichen Handlungen lassen sich in die folgende Formel einbauen: „Die Äußerung, bzw. der Text, X gilt in einem bestimmten Situations- bzw. Handlungszusammenhang C als der Versuch eines Sprechers / Schreibers, die (sprachliche) Handlung Y gegenüber dem Hörer / Leser zu vollziehen." (Searle 1969, S. 56)

In dieser Deutlichkeit werden Sprechakte selten ausgeführt, sie erscheinen implizit, können aber durch Paraphrasen in eine explizite Form umgewandelt werden.

Die *explizite Form einer Sprechhandlung* ist der vollständige Satz mit performativem (sprechaktindizierendem) Verb in der ersten Person, der Ausdruck kann mit *hiermit* ergänzt werden.

Ich stelle hiermit fest, die Lötstelle muß zuerst entfettet werden.

Ich fordere dich hiermit auf, mache die Arbeit sorgfältig!

Ich rate dir hiermit, bei der Arbeit eine Schutzbrille zu tragen.

Ich frage dich hiermit, hast du noch genügend Gas in der Flasche?

Sprechhandlungen dieser Art beziehen sich auf konkrete berufliche Tätigkeiten am Arbeitsplatz, die nachfolgenden Erklärungen sind Teil des Theoriewissens von Auszubildenden:

Ich erkläre dir hiermit, weshalb du die Lötstelle entfetten mußt.

Ich erkläre dir hiermit, wie sich Metalle verbinden.

Ich erkläre dir hiermit, welche Arten der Verbindungen es gibt.

In dem geplanten Lernprogramm müssen die unterschiedlichen Funktionen der Textsegmente herausgestellt werden, um den Verstehensprozeß zu fördern.

8.2.2 Textillokutionen als Grundlage für die Texttypologisierung

Die Funktion der Textsorten oder auch die Funktion von Sprechakten, die in Textsorten realisiert werden, sind bei Fachtexten relativ neutral. Fragen, Behauptungen, Bitten treten selten explizit auf. Der neutrale Text des Lehrbuches wird im Unterricht erst im Kommunikationszusammenhang mit einer Funktion versehen. Er dient auf der einen Seite der Reflexion, Systematisierung und Begriffsbildung fachlicher Inhalte und hat damit Mitteilungsfunktion. Die Nutzer stehen der Verwendung des Textes aber nicht neutral gegenüber, vielmehr empfinden sie ihn als lehrreich und informativ, wenn er ihnen hilft, unterrichtliche Hürden zu überwinden, oder sie lehnen ihn ab, wenn er unangemessene Schwierigkeiten bietet. Ein Lehrbuchtext kann befreiend wirken, wenn er fachliche Inhalte anschaulich vermittelt. Er kann seine Nutzer aber auch unter Druck setzen, wenn die fachlichen Inhalte zu komplex dargestellt werden und für den Nutzer keine Verständnismöglichkeit entsteht. Der Fachtext ist ein Teil des komplexen Kommunikationsgewebes im Unterricht.

Göpferich (vgl. Abb. 15) teilt die schriftlichen Textsorten der Wissenschaften in Bereiche ein, die in die Großgruppen juristisch-normative Texte, fortschrittsorientiertaktualisierende Texte, didaktisch-instruktive Texte und wissenszusammenstellende Texte gegliedert sind. In dieser Gliederung sind fortschrittsorientiert-aktualisierende Texte, didaktisch-instruktive Texte und wissenszusammenstellende Texte von besonderem Betracht, die faktenorientierte Textsorte Bericht, die publizistisch aufbereitete Textsorte Fachzeitschrift, die mnemotechnisch organisierte Fachtsorte Lehrbuch, der Interesse weckende populärwissenschaftliche Zeitschriftenartikel, die Anleitung, der enzyklopädisch organisierte Bereich der Lexika und die satzfragmentarischen Textsorten, wie Formelsammlung, Stückliste, Katalog, Tabellenbuch usw.

Nach Göpferich decken die gruppierten Textsorten mögliche Kommunikationssituationen und dadurch auch kommunikative Funktionen ab. In Bezug auf die Berufsausbildung ist Göpferichs Beschreibung der didaktisch-instruktiven Texte verkürzt. Sie kommentiert lediglich:

„Didaktisch-instruktive Texte haben die kommunikative Funktion, den aktuellen Wissenstand zur intellektuellen Bereicherung oder zum Zwecke der praktischen Anwendung zu verbreiten." (Göpferich 1995, S. 125)

Die Hierarchisierung der Texte nach kommunikativen Funktionen wie sie Göpferich (1995) vornimmt, erscheint mir problematisch, weil in dieser Perspektive der Begriff von Funktion innerhalb der Kommunikation zu kurz greift.

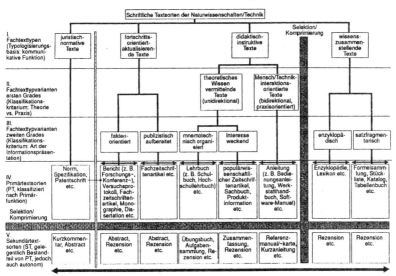

Abb. 15: Schriftliche Textsorten in Naturwissenschaft und Technik

Erörterungsbedürftig ist die Tatsache, daß Fachtexte hier als neutral, informierend dargestellt werden (vgl. Abb. 15, Göpferich 1995, S. 124). Es wird den Texten ein gleitender Übergang von Fachlichkeit attestiert, daß aber Kommunikationssituationen entstehen können, in denen die Fachlichkeit der Texte mit der Aufnahmefähigkeit der Rezipienten in Konflikt geraten, wird nicht thematisiert. Für den berufsschulischen Zusammenhang ergeben sich hier aber erhebliche Problemebenen, weil die im Unterricht verwendeten, zum Teil auch didaktisierten Textsorten sich eher am wissenschaftlichen Sprachgebrauch der Ingenieure orientieren als an den sprachlichen Möglichkeiten der Auszubildenden und damit Verständnisschwierigkeiten setzen, über die sich Lehrer und Ausbilder selten bewußt sind. In dem Modell von Göpferich, insbesondere in der Diskussion der Kommunikationszusammenhänge, werden die Zwänge, unter denen ein Textrezipient stehen kann, ganz ausgeblendet.

Auch die moderne Entwicklung der Lernmedien, von den visuellen und auditiven Mitteln zur multimedialen CD-ROM, ist in dieser Texttypologisierung kaum bedacht.

Die Handlungen, die mit Fachtexten bei Auszubildenden bewirkt werden, können mit Göpferichs Modell nicht beschrieben werden.

Das Problem betsteht hauptsächlich darin, daß eine Typologisierung der Fachtextsorten nach den indizierten Illokutionen den Vorstellungen, nach denen von Austin und Searle die Handlungstypen gebildet wurden, nicht gerecht werden kann. In der Sprechhandlungstheorie wird versucht, Konventionen zu beschreiben, mit denen Sprecher ihre Äußerungen indizieren, mit denen sie versuchen sicherzustellen, daß ihre Äußerungen als das verstanden werden, als was sie gemeint sind. Es geht darum, die Intention von Sprechern in Kommunikationssituationen an den Äußerungen zu erkennen. Die Bedingung der Wahrhaftigkeit ist dabei notwendig, um komplexe sprachliche Formen wie bei der Ironie auszuschließen. Dieses Modell kann aber nicht ausreichen, die Bedeutung einer sprachlichen Handlung in einem Fachtext umfassend zu erklären, denn diese leitet sich erst aus den Bedingungen der konkreten Kommunikationssituation ab.

Die Betrachtung der Sprache unter dem Aspekt der damit für die Sprecher verbundenen Funktionen folgt dem semiotischen Dreieck. Im Rahmen meines Vorhabens, Informationen über den Umgang mit Fachtexten durch Auszubildende zu gewinnen, kommt dieser Theorie eine neue Ebene zu. Sie birgt den Ansatz in sich, zu zeigen, daß Fachsprache nicht allein einen Sachbezug hat, sondern innerhalb von Kommunikationssituationen genutzt wird. Auch der schriftliche Text, um den es hier hauptsächlich geht, hat ein breiteres Bedeutungspotential als nur die referentiellen Aspekte, die bei der Reduktion der Typologie von Fachtexten auf die Informationsfunktion als dominierend angesehen werden.

8.2.3 Der Handlungsaspekt von Fachtexten

Bei diesem didaktischen Ansatz wird Sprache als Sprachhandlung in der Situation gesehen. Die Texte sind in einen Handlungszusammenhang eingebettet, sie gewinnen aus den Situationen ihre Bedeutung.

Hierbei handelt es sich um einen Begriff von Sprache, der weit über die schematisiertschablonisierte Sichtweise hinausgeht. Barrieren der Auszubildenden gegenüber der

Fachsprache können aus dieser Perspektive begründet und Ansätze zu ihrer Beseitigung gefunden werden.

Ein wesentlicher Faktor für die sprachlichen Schwierigkeiten der Auszubildenden ist, daß durch die Entkontextualisierung der Fachtexte der Handlungsaspekt zurückgedrängt und der Darstellungsaspekt in den Vordergrund gerückt wird. Die Leseerfahrungen der Auszubildenden beziehen sich auf Texte, in denen die Appell- und Ausdrucksfunktion betont sind (vgl. Leseverhalten in der Freizeit). In dem zu planenden Lernprogramm wird deshalb der Vergleich von Fachtexten und fiktionalen Texten, in denen ein ähnlicher Inhalt bearbeitet wird, wichtig sein, um die Verknappung und Verarmung der Sprache im instrumentellen Zusammenhang zu zeigen.

8.2.3.1 Das Organon-Modell der Sprache von Bühler

Die von Bühler entwickelte Sprachtheorie bietet die Möglichkeit, den Fachtext nicht nur als neutrale Sacherklärung zu deuten, sondern auch Rückschlüsse auf den Autor und seine Hinwendung zum Leser zu begründen. Die Fortschreibung der funktionalen Theorie der Kommunikation durch die Prager Schule und gegenwärtige Autoren lenkt die Aufmerksamkeit auf die vielfältigen Faktoren, die die Kommunikation in Interaktionsbeziehungen neben dem reinen Sachaspekt erfüllt. Den Vorstellungen folgend kann der Unterricht als Kommunikationssituation gesehen werden, in der zwar vieles festgelegt ist, aber mit der Einsicht, daß Lernmißerfolge bei den Auszubildenden auch Ergebnisse gescheiterter Kommunikation auf dem Schauplatz der schulischen oder betrieblichen Ausbildung sein können und geändert werden können.

Der Fachunterricht und die darin verwendeten Lehr- und Lernmaterialien stellt eine besondere Form des Umgangs mit Fachsprachen dar, deren Bedingungen in diesem Zusammenhang geklärt werden sollen.

Der Aspekt der Funktionen der Sprache in der Kommunikation wird – im Gegensatz zur Auseinandersetzung mit der Theorie der Sprechakte von Searle – in der Literatur zur Fachsprachendidaktik wenig weitergeführt, obwohl hier auch wichtige Impulse für die Beschäftigung mit der Kommunikation in betrieblichen Ausbildungszusammenhängen gegeben werden könnten.

Karl Bühler hat in seiner „Sprachtheorie" (1934) das Organon-Modell der Sprache entwickelt.

Unter einem Organon versteht Bühler einen „geformten Mittler", Sprache wird von ihm als eine Art Werkzeug betrachtet, das den Menschen zur Interaktion dient.

Aus den drei „Relationsfundamenten" *einer – dem anderen – über die Dinge* formt Bühler ein Schema, in dem das sprachliche Zeichen in der Mitte steht:

Abb. 16: sprachliches Zeichen

Beim Sprechen treten der eine und der andere in Beziehung, indem sie zugleich einen Bezug zu den Dingen herstellen.

Bühler bezeichnet diesen Vorgang auch als: Ich spricht mit Du über Etwas.

Aus dem Schema entwickelt Bühler das Organon-Modell:

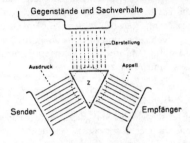

Abb. 17: Bühlersches Modell der Sprache

Bühler (1934, S. 28) beschreibt sein Modell der Sprache folgendermaßen:

„Der Kreis in der Mitte symbolisiert das konkrete Schallphänomen. Drei variable Momente an ihm sind berufen, es dreimal verschieden zum Rang des Zeichens zu erheben. Die Seiten des eingezeichneten Dreiecks symbolisieren diese drei Momente. Das Dreieck umschließt in einer Hinsicht weniger als der Kreis (Prinzip der abstraktiven Relevanz). In anderer Richtung wieder greift es über den Kreis hinaus, um anzudeuten, daß das sinnlich Gegebene stets eine apperzeptive Ergänzung erfährt. Die Linienscharen symbolisieren die semantischen Funktionen des (komplexen) Sprachzeichens." (Bühler 1934, S. 28)

Beim Sprechen treten Sprecher und Empfänger der sprachlichen Zeichen in Beziehung, indem sie einen Bezug zu den Dingen herstellen. Sie bauen dabei drei „weitgehend unabhängig variable Sinnbezüge" (Bühler 1934, S. 28) auf, die er Ausdruck, Appell und Darstellung nennt. Bühler betont dabei: „Alle drei Grundbegriffe müssen semantische Begriffe sein." (Bühler 1934, S. 29) Das heißt, daß die Funktionen Ausdruck, Appell und Darstellung je eine eigene Bedeutung tragen, und daß deren Einbezug in die Analyse von Kommunikationsprozessen eine erhebliche Erweiterung gegenüber der Fixierung auf die Darstellungsfunktion ergibt.

Die Funktionen, die das sprachliche Zeichen haben kann, treten in unterschiedlichen konkreten Sprechereignissen verschieden gewichtet auf, so daß zwar je eine der Sprachfunktionen dominiert, prinzipiell in jedem Sprechereignis aber immer alle drei Funktionen enthalten sind.

8.2.3.2 Jakobsons Modell der sprachlichen Kommunikation

Roman Jakobson entwickelt in seinem Aufsatz „Linguistik und Poetik" (1960, deutsch 1971) das Organon-Modell Bühlers auf andere Weise fort, als das die Sprechakttheorie getan hat. Ganz im Gegensatz zu Searle und den Vorstellungen von Brinker geht Jakobson nicht von konventionalisierten Formen der Kommunikation aus, die das Verständnis von Sprechakten sichern. Vielmehr wird hier das Zusammenwirken verschiedener Faktoren in einem „Zusammenspiel von Sprache und Situation" (Hebel 1976) thematisiert.

Ein Zusammenhang zur Fachsprachenlinguistik entsteht dadurch, daß sich die Arbeit Jakobsons hauptsächlich mit der Beschreibung der Funktionen der Sprache beschäftigt und gegenüber Bühler noch drei weitere Funktionen feststellt.

Als konstitutive Faktoren der Kommunikation bestimmt Jakobson:

„Der Sender schickt eine Nachricht an den Empfänger. Um wirksam zu werden, bedarf die Nachricht eines Kontextes, auf den sie sich bezieht (eines 'Referenten' in einer anderen, etwas mehrdeutigen Nomenklatur), der vom Empfänger erfaßt werden kann, und der verbal oder doch verbalisierbar ist; dann bedarf es eines Kodes, der ganz oder zumindest teilweise Sender und Empfänger (oder mit anderen Worten dem Kodierer und Encodierer der Nachricht) gemeinsam ist; und endlich eines Kontaktmediums, eines physischen Kanals oder einer psychologischen Verbindung zwischen Sender und Empfänger, die es beiden ermöglicht, in Kommunikation zu treten oder zu bleiben." (Jakobson 1971, S. 146)

Das Verhältnis von Bühlers Organon-Modell der Sprache und der Erweiterung durch Jakobson

Jakobson hat das Bühlersche Modell um entscheidende Positionen weiterentwickelt. Während er sich bei den drei Faktoren Sprecher, Angesprochener und Sachverhalt/Gegenstände und den damit verbundenen Funktionen emotiv, konativ und referentiell auf Bühler bezieht, sind die Faktoren Nachricht, Kontakt und Kode und die damit verbundenen Funktionen poetisch, phatisch und metasprachlich Weiterentwicklungen, die hauptsächlich aus den Anregungen durch den Prager Linguistenkreis hervorgehen.

Hebel weist in dem sprachdidaktischen Zusammenhang „Sprache und Situationen" (Hebel et al. 1976) darauf hin, daß es bei der Erklärung des Kommunikationsprozesses durch Jakobson Mißverständnisse geben könne:

„So könnte man glauben, daß die Faktoren und Funktionen der Kommunikation zwar immer alle vorkämen, daß aber in jeder Situation einer dieser Faktoren und damit auch eine der zugehörigen Funktionen beherrschend sei. Wäre das so, dann könnte man das Zusammenspiel von Sprache und Situationen von der Sprache her erklären." (Hebel et al. 1976, S. XXVI)

Wenn diese Erklärung möglich wäre, könnte man Kommunikationssituationen nach den sie beherrschenden Kommunikationsfaktoren und -funktionen ordnen. Die Gefahr bei solchen Zuordnungen läge dann darin, daß bei Hierarchisierungen der Art der Blick dafür verstellt würde, daß es keine eindeutige Zuordnung bestimmter Eigenschaften des Sprachsystems zu jeweils entsprechenden bestimmten Eigenschaften seines Gebrauchszusammenhangs gibt.

Im Fall der Auseinandersetzung mit den Fachsprachen heißt das, daß die postulierte Dominanz der Referenzfunktion nicht uneingeschränkt gelten kann und noch andere Funktionen in der fachlichen Kommunikation mitbedacht werden müssen.

8.2.3.3 Dell Hymes' Ethnographie des Sprechens

Die Überlegungen Hymes' in „Ethnographie des Sprechens" (1962, deutsch 1979) beziehen sich auf eine umfassende Analyse von Sprechereignissen, deren genaue Bedeutung ermittelt werden soll.

Das Ziel seiner Untersuchung bezeichnet Dell Hymes so:

„Wir müssen wissen, welche Sprechmuster in welchen gesellschaftlichen Kontexten verfügbar sind, und auch wie, wo und wann sie ins Spiel kommen." (Dell Hymes 1979, S. 40)

Die Ergebnisse solcher Untersuchungen bilden die semantischen Gewohnheiten im Verhaltenszusammenhang ab.

Um die Sprechmuster in ihren Kontexten ermitteln zu können, werden sie unter drei Gesichtspunkten betrachtet:

„In der Sprechökonomie einer Ortsgesellschaft scheint es drei Seiten zu geben, die man sinnvollerweise getrennt betrachten sollte: Sprechereignisse als solche; die *konstituierenden Faktoren* der Sprechereignisse; und die *Funktionen* des Sprechens." (Dell Hymes 1979, S. 47)

Klassen von Sprechereignissen in dem uns bekannten kulturellen Zusammenhang können sein: z.B. Predigt, Eröffnungsansprache, Unterrichtsgespräch. Andere Klassen von Sprechereignissen sind durch eher umgangssprachliche Ausdrücke angedeutet: Gespräch unter vier Augen, Verkaufs-, Frauen-, Männergespräch, Geplauder, Konversation.

Dell Hymes lenkt die Aufmerksamkeit auf sieben Funktionen, die den Faktorentypen entsprechen, allerdings muß beachtet werden, daß die Funktionen der Sprache sehr weit sind, und der Untersuchungsrahmen nicht eng gefaßt wird. Die Funktionen können z.B. auch das Prestige einzelner Sprecher, die Festigung der Gruppe durch Sprache, die Abgrenzung von anderen Gruppen und die Identität einzelner beinhalten. Als Grundfunktionen, die die Analyse von Sprechereignissen anregen sollen, formuliert er folgende sieben Typen:

1 expressiv (emotiv)

2 direkt (konativ, pragmatisch, rhetorisch, meinungsbeeinflussend, bzw. persuativ)

3 poetisch

4 kontaktiv

5 metasprachlich

6 referentiell

7 kontextuell

Im einfachsten Fall ergibt sich eine Zuordnung der Funktionen zu den Faktoren, streng genommen nehmen aber alle Funktionen an allen Faktoren teil, aus diesem Grund sind sie im Modell nicht neben den Faktoren verzeichnet.

Der unterschiedliche Stellenwert von Faktoren und Funktionen der Kommunikation begründet Hymes Kritik an Jakobson. Hymes Vorstellungen vom Zusammenhang zwischen Faktoren und Funktionen unterscheiden sich von Jakobsons so:

„Für jede Sprachfunktion im Verhalten einer Gruppe können die sieben Faktoren der Sprechsituation (...) als Zustandskoordinaten angesehen werden, deren Werte innerhalb bestimmter Grenzen variieren, um die Sprachfunktion aufrecht zu erhalten." (Hymes 1979, S. 71)

Gegen die Ansicht Jakobsons, daß die Funktionen der Sprache eng an den Faktoren hängen, setzt Hymes die Nichteindeutigkeit der Beziehungen zwischen Sprachfaktor und Sprachfunktion. In seiner Sicht finden Vermischungen statt, Sprachfunktionen müssen, so Hymes, in Kontexten des Kommunikationsvollzugs definiert werden.

8.2.4 Fachtexte unter den Bedingungen der Kommunikation in der Ausbildung – Kommunikation und Situation

In der kommunikationsorientierten Linguistik werden die Funktionen von Texten beschrieben, die diese innerhalb von konkreten Kommunikationssituationen haben. Bezogen auf den Unterricht an beruflichen Schulen und die Vorüberlegungen zu einer Sammlung von Lehr- und Lernmaterialien gehe ich davon aus, daß Fehler, die von Auszubildenden bei der Lösung der Aufgabenstellung der Sprachstandsanalyse gemacht werden, nicht den Auszubildenden anzulasten sind, sondern als Zeichen mißlungener Kommunikation gelten müssen. In den referierten theoretischen Ansätzen zur Fachsprachendidaktik kommen weniger die Auszubildenden und ihre Lernbedürfnisse als vielmehr eine in den Lehrbüchern vorgefundene Fachsprache vor, die es für die Nutzer aufzuschlüsseln gilt. Es wird kaum reflektiert, wie Fachtexte verbessert werden können, damit die Empfänger erreicht werden können.

Ausgehend von Bühlers Organon der Sprache habe ich im Abschnitt 8.2.3 beschrieben, welche Bedeutung einem sprachlichen Zeichen zukommen kann.

Die Funktionen der Sprache in Weiterentwicklungen des Organonmodells durch Searle und Brinker oder durch Jakobson und Dell Hymes können durch Paraphrasen ausgedrückt werden.

Dell Hymes nennt die Faktoren Sender, Empfänger, Form der Mitteilung, Kanal, Kode, Gegenstand und Schauplatz der Kommunikation, denen er die Funktionen expressiv, konativ, poetisch, phatisch, metasprachlich, referentiell und kontextuell zuordnet.

Der Sender gibt mit einem Text Auskunft über sich selbst, er wendet sich einem Empfänger auf eine bestimmte Weise zu, er gestaltet seinen Text mit sprachlichen Mitteln, er stellt einen Kontakt her und prüft den Bestand des Kontaktes, er bezieht sich mit dem Text auf einen Gegenstand und handelt sprachlich im Rahmen einer Situation.

Wenn, Dell Hymes folgend, die Kommunikation gelingen soll, müßten durch den Sender und den Empfänger – paraphrasiert ausgedrückt – folgende Funktionen erfüllt werden:

Ich gebe Auskunft über mich und meine Absichten.

Ich gebe Auskunft über die Tatsache X.

Ich beziehe mich auf dich.

Ich gestalte meine Auskunft.

Ich stelle den Kontakt zu dir her.

Ich frage nach, ob du mich verstehst.

Ich weiß, daß wir uns in einer bestimmten Situation befinden und hier bestimmte Handlungen zu erwarten sind.

Eine Reflexion der in diesen Paraphrasen deutlich werdenden Funktionen der Kommunikation im Unterrichtszusammenhang kann helfen, Barrieren, die nicht auf der Ebene der Mittel der Fachsprache bestehen, lösen zu helfen.

Die fünf textuellen Grundfunktionen, die Brinker (1992) vor dem Hintergrund der Searl'schen Sprechakttheorie entwickelt hat, Informations-, Appell-, Obligations-, Kontakt- und Deklarationsfunktion, können in folgende Paraphrasen umgewandelt werden:

Ich informiere dich über den Sachverhalt X.

Ich fordere dich auf, die Handlung H zu vollziehen.

Ich verspreche dir, Handlung H auszuführen.

Ich beglückwünsche, kritisiere (usw.) dich.

Ich bewirke hiermit, daß X als Y gilt.

In der Diktion von Bühler sind <u>alle</u> Funktionen der Sprache in einem sprachlichen Zeichen – unterschiedlich gewichtet – enthalten. Insofern sind die Textfunktionen, wie sie von Brinker formuliert werden, gegenüber dem Organon-Modell verkürzt. Denn das Interesse, den Illokutionen zuordbare Indizes zu ermitteln, zu beschreiben und für eine Textsortendifferenzierung zu nutzen, vernachlässigt den vielschichtigen intentionalen Aspekt, der auch den Fachtexten innerhalb konkreter Kommunikationssituationen innewohnt.

Um das didaktische Potential eines Fachtextes zu beschreiben, formuliere ich aufgrund dieser Einsicht die Paraphrasen um:

Über welchen Sachverhalt X informiert mich der Text?

Welche Aufforderung, welche Handlung H zu vollziehen, geht von dem Text aus?

Welches Versprechen ist in dem Text enthalten?

Werde ich durch den Text kritisiert oder bestärkt?

Wird durch den Text bewirkt, daß X als Y gilt?

Die Informationsfunktion ist in den Fachtexten aus Schulbuchtexten grundsätzlich enthalten. Wenn Regeln formuliert werden wie – *Werkstück durch Bürsten oder Schleifen reinigen* – handelt es sich nicht um eine Aufforderung, sondern um eine Technik der Beschreibung eines Arbeitsvorgangs, der von den Auszubildenden nachvollzogen werden kann. Die Aufforderung des Textes, der Appell – im Rahmen der Kommunikationssituation Unterricht – liegt eher darin, eine Beschreibungstechnik zu erlernen oder Techniken zur Textauswertung zu entwickeln. Fragen wie: *Was versteht man unter Kapillarität?* sind, obwohl als Frage indiziert, keine echten Fragen, weil der Lehrer die Antwort ja weiß und falsche Antworten als Fehler wertet. Fragen dieser Art sind Teil der Lernerfolgskontrolle.

Im Fachtext selbst kann kein Versprechen und auch keine Drohung liegen, wohl aber in der Unterrichtssituation. Die Begründung für die Beschäftigung mit Fachtexten wird vom Lehrer aus der Notwendigkeit, Prüfungswissen zu erwerben, abgeleitet. Implizit liegt von Seiten des Lehrers ein Versprechen (Obligationsfunktion) vor, das heißen könnte:

„Ich verspreche dir hiermit, daß du bei der Prüfung Erfolg haben wirst, wenn du diesen Text bearbeitest." Die Obligationsfunktion des Textes ist zwar nicht indiziert, diese Funktion kann er aber durch die Bedingungen einer Situation erhalten. In der Unterrichtssituation ist oft das Element der Leistungsmessung implizit vorhanden, damit ist auch die Funktion von Kritik oder Bestätigung im Text enthalten. Wer einen Text gut versteht oder ihn gut bearbeiten kann, wird bestätigt. Auch hier kommt dem Text die Kontaktfunktion nicht durch Indizierung, sondern durch Interpretation durch die an der Situation Beteiligten zu.

Auch die Deklarationsfunktion kann nur implizit aus der Situation abgeleitet werden. Im Unterricht wird zugeordnet, wer ein guter, wer ein schwacher Schüler ist. Durch die Bewertung des Lehrer, der die Fähigkeit der Auszubildenden mit Texten umzugehen beurteilt, werden solcherart Deklarationen vorgenommen.

Im abgebildeten Schema (Abb. 18) werden die Elemente der Kommunikationssituation beim Umgang mit Fachtexten gezeigt. Es soll deutlich werden, daß in die Bedeutungsbildung bei der Rezeption ein über den materiell vorliegenden Schrifttext hinausgehendes Bündel von Motiven eingeht. In Abschnitt 4.6 wurde die Lage der zweisprachigen Auszubildenden in der Berufsausbildung besprochen, es wurde deutlich, daß der Druck zu Assimilation und die Versuche, durch eine Berufsausbildung in die Aufnahmegesellschaft integriert zu werden, bestimmende Faktoren der Lebensverhältnisse der zweisprachigen Auszubildenden sind.

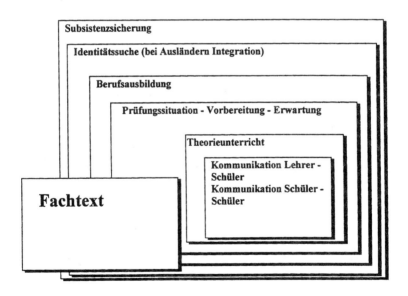

Abb. 18: Kommunikativer Hintergrund von Fachtexten bei zweisprachigen Auszubildenden

Aus dieser Perspektive läßt sich begründen, weshalb die Erfolgsquotienten bei der Lösung der Aufgabenstellungen dieser Versuchsgruppe trotz relativ schlechter Vorbildung gegenüber den erstsprachigen fast gleichwertig ausfallen.

Statistisch auswertbare Ergebnisse können im Rahmen dieser Studie noch nicht gegeben werden. Erst eine eigenständige Untersuchung der psycho-sozialen Disposition durch den Vergleich von Ausbildungsbiografien und evaluierenden Interviews würde gesicherte Aussagen zulassen. Für die Planung eines Lernprogramms sind aber insofern Schlüsse zu ziehen, als folgende Punkte bei der didaktisch und methodisch begründeten Auswahl und Bearbeitung von Lehr- und Lernmaterialien zu berücksichtigen sind:

- Wozu wird der Fachtext benötigt?
- Gibt der Fachtext Auskunft über die Absichten, die mit ihm verfolgt werden?
- Welche Vermittlungsstrategie wird angewandt?
- Gibt der Fachtext Auskunft über Tatsachen?
- Wie bezieht sich der Fachtext auf die Auszubildenden?
- Wie wird der Kontakt zum Leser hergestellt?
- Ist der Text unnötig komplex?
- Könnte der Fachtext so umformuliert werden, daß er verständlicher wird?
- Welche Elemente müßten geändert werden, damit der Text verständlicher wird?
- Würde die Ausbildungssituation auch eine andere Textgestaltung zulassen?
- Aus welchem Grund muß der Text bearbeitet werden?
- Wozu fordert der Text auf?
- Welche Folgen hat es, wenn der Text nicht bearbeitet werden kann?

Diese Art der Suche nach Funktionen, die Fachtexte in Unterrichtssituationen haben können, stellt ein offenes Modell dar. Es bringt die verschiedenen Perspektiven, die in die Kommunikation eingehen, in den Blick. Auf diese Weise kann der dynamische Charakter der Sprache deutlich gemacht werden.

8.3 Die Anknüpfung der Fachtexte an das individuelle Wissen

Fachtexte in der Berufsausbildung – in dem von mir beobachteten Fall des Berufsfeldes Metall – transportieren eine spezielle Sicht der Welt, ein Weltbild des Ingenieurs, das aus dem kulturellen Zusammenhang der technischen und ökonomischen Entwicklung dieser Gesellschaft entstanden ist.

Das Weltbild kann sich einmal auf die Einstellung zur Technik beziehen, also fortschrittskritisch oder fortschrittsgläubig oder auch technikfeindlich sein. Ein technikfeindlicher Text wird aber selten in der Ausbildung verwendet werden. Das technische Weltbild bezieht sich auch auf den Grad der Aufklärung über technische oder naturwissenschaftliche Sachverhalte. In diesem Zusammenhang wird der umfassende Bereich der naturwissenschaftlichen Begriffe von Belang, die die Welt auf eine spezifische Weise abbilden. So ist z.B. Temperatur, wie sie von Celsius definiert wird, eine meßbare Größe, die sich an den Aggregatzuständen des Wassers, also am Gefrieren und Verdampfen, als Meßgröße orientiert. Das Längenmaß Meter ist eine festgelegte Einheit, die zu Beginn des 19. Jh. zur Vereinheitlichung der unterschiedlichsten Maßsysteme ausgehend von Frankreich in vielen Staaten Europas durchgesetzt wurde. Ähnliches läßt sich zu den Begriffen wie Arbeit und Leistung, Geschwindigkeit und ähnlichem sagen. Die Erfahrungen der genannten Begriffe, wie sie im alltäglichen Leben gemacht werden, werden ausgeblendet. Eine ausführliche Darstellung der Probleme, die hierbei entstehen können, geben Gipper (1956) und Pfundt in Duit (1981), die am Beispiel von „Sonnenauf- und untergang" nachweisen, daß die Weltbilder der Muttersprachler nicht mit dem der modernen Physik übereinstimmen, was im Unterricht ein „Umschalten" zwischen verschiedenen Weltbildern fordert und zu Verstehensschwierigkeiten führt.

Wenn Natur wissenschaftlich betrachtet wird, entsteht eine Relation, auf die sich Messen und Vergleichen beziehen; wenn Natur alltagsweltlich betrachtet wird, geht es um eine subjektive Wahrnehmung, in der die Begriffe auf andere Weise denotiert und konnotiert werden.

Bei der Vermittlung von Fachtexten geht es also auch um die hinter dem Text stehende Sicht der Welt des Ordnens, Systematisierens, Kalkulierens, um die Anforderungen von Präzision und Effizienz.

Heinemann/Viehweger (1991, vgl. S. 134) vertreten die Position eines interaktionsorientierten Gesamtkonzeptes: Die Textverarbeitung durch den Leser setzt nicht erst mit dem Lesen des Textes ein, sondern bereits mit der „pragmatischen Voraborientierung". Der Rezipient aktiviert schon vor Beginn des eigentlichen Perzeptionsprozesses bestimmte Elemente seines interaktionalen Wissens, die ihm die Kognizierung der Handlungssituation und der Handlungsbeteiligten des sozialen Bezugsrahmens erlauben. Damit ist die Bildung von Erwartungshaltungen, die sich auf den Text beziehen, eng verknüpft. Die Erwartungen beziehen sich auf die Bedeutung der Textinhalte, sie grenzen die Interpretation des Textes ein, dadurch wird die Rezeptionstätigkeit des Lesers fokussiert.

Die Texterwartungen stellen Rahmenkonstruktionen dar mit „offenen Stellen" (open slots), die durch Fragmente des eigentlichen Textes ausfüllbar sind. Durch weitere situative oder textuelle Präsignale werden die Texterwartungen noch weiter eingegrenzt.

Die Aktivierung eines der Texterwartung entsprechenden globalen Textmusters darf daher als die erste und grundlegende Interferenzleistung des Rezipienten verstanden werden.

Texterwartungen beziehen sich, wie Göpferich erläutert, in besonderem Maß auf die durch Textsortensignale angezeigten Textinhalte, deren Indizierung durch Konventionen festgelegt ist.

Die Voraborientierung kann auch als Schema verstanden werden, das zum Verstehen und Produzieren von Texten genutzt wird.

Das Denken und Verstehen in Schemata leitet Aebli aus der Handlungstheorie ab.

8.3.1 Handlungsschemata

Aebli erläutert, daß Bausteine des Handelns Handlungsschemata sind wie: „Eine Mahlzeit bereiten", „ein Feuer anzünden", „Benzin tanken". Die Wiederholung einer Handlung liegt vor, wenn zwei Episoden die gleiche Struktur haben.

In der Berufsausbildung treten Handlungen ähnlicher Art stark hervor: Gleiche Tätigkeiten sollen an unterschiedlichen Orten zu anderen Zeiten immer wieder gleich vollzogen werden, Beispiele aus unterschiedlichen Berufsfeldern sind: „Lackieren eines Geländers", „Löten von Heizungsrohren" usw. Diese beruflichen Handlungen werden erlernt. Nachdem Auszubildende gemeinsam mit Ausbildern mehrmals erfolgreich Arbeiten ausgeführt haben, können sie sie ohne weitere Anleitung sicher ausführen; sie haben ein Handlungsschema erworben.

„Den Handlungsschemata liegt ein organisiertes Wissen zugrunde, aus dem heraus sie erzeugt werden, und das ihren sicheren und geläufigen Vollzug ermöglicht." (Aebli 1980, S. 84)

Teile des Handlungsschemas, wie sie z.B. für das Löten gebraucht werden, sind auch für andere Tätigkeiten, wie dem Schweißen, verwendbar, sie sind transformierbar.

Aebli entwickelt aus diesen Vorstellungen die Bestimmung des Handlungsschemas:

Ein Handlungsschema ist wiederholbar.

Es ist auf neue Aufgaben und auf neue Situationen übertragbar.

Ein Handlungsschema ist durch seine im wiederholten Vollzug invariante Struktur definiert.

Neu an der Vorstellung Aeblis ist der Gedanke, Handlungen in ihrer Struktur zu beschreiben, und weiter: den Strukturgedanken mit demjenigen der Wiederholung und Übertragung eines Schemas zu verbinden.

„Es ist die Handlungsstruktur, die wir in neuen Situationen realisieren." (Aebli 1980, S. 85)

Diese Handlungsschemata sind auf sprachliche Handlungssituationen übertragbar. Die Schemata konstituieren das Handlungswissen des Menschen, das seine Ordnung hat und über die statischen Elemente hinaus Regeln des Verhaltens enthält.

Wenn Sprecher Sprache aus Regeln erzeugen, dann haben sie diese Regeln aus Schemata gewonnen. Schemata sind in Handlungssituationen erworben, sie können in diesen angemessen sein. In einer übertragenen Situation können Schemata aber auch unangemessen wirken, d.h. sie müssen dann verändert werden, was durch Kognition der Bedingung der Situation möglich wäre.

Aebli stellt die Kognition als aktiven Prozeß dar, der über die Orientierung durch den Rezipienten hinausgeht und seine Teilnahme an der Aufrechterhaltung einer bestehenden Kommunikationsstruktur beschreibt.

8.3.2 Textinterpretation durch Kognizierung

Der Speicherung von semantischen Strukturen müssen Prozesse vorausgehen, die die Einordnung der Textinhalte in das Wissen des Rezipienten ermöglichen. Diese Orientierung geschieht im Rahmen kognitiver Prozesse.

Heinemann und Viehweger (1991, vgl. S. 134) stellen fest, daß die *Textinterpretation durch Kognizierung* der Handlungsbeteiligten ermöglicht wird. Das Textverstehen basiert ganz wesentlich auf der rahmenhaften Vorgabe des Erwartbaren. Ein Textinterpret prüft, welche sozialen, emotionalen Beziehungen zum Textproduzenten bestehen, ob der Text in eine Kommunikationsgeschichte einzuordnen ist, die auf frühere gemeinsame Kontakte zurückgeht. In der Prüfung des institutionellen Kontextes werden Erwartungen an den Autor aktiviert, ein Verstoß gegen die Erwartungen würde als Fehler angesehen.

Heinemann und Viehweger (1991) stellen dar, daß kommunikative, kognitive, situative, soziale Phänomene das Textverstehen determinieren und die Interpretationsmöglichkeiten des Textes einschränken. Diese Vorstellungen verbinden sich eng mit den Hypothesen Dell Hymes'.

In der Vorstellung von Aebli treten kognitive Prozesse im Rahmen der Kommunikation auf, sie betreffen die Wahrnehmungstätigkeiten, die Orientierung der Menschen in der Kommunikation.

„Kognition hat zum Ziele, die Struktur des Handlungsablaufs zu sichern und mögliche Dissonanzen zu beheben." (Aebli 1980, S. 21)

Die Kognition hat in der sprachlichen Handlung einen metasprachlichen Aspekt. Aebli stellt heraus, daß die Hauptleistung der Kognition in der Reflexion über die Wahl der Mittel zur Erreichung eines Kommunikationszieles liegt. Sie trägt mit dem Mittel der strukturellen Reflexion zum Finden der günstigsten Möglichkeit, ein Ziel zu erreichen, bei.

8.3.3 Verstehensleistung bei der Rezeption von Texten

In einer Untersuchung zum Verstehen von Fachtexten stellte Jahr (1996) fest, daß Verstehen an verschiedenartigen Kriterien gemessen werden kann:

Die Leser sollten in der Lage sein, einen Text wiederzugeben, sie sollen ihn in eigene Worte fassen können, sie sollen Fragen beantworten können, zu denen der Text Informationen gibt, sie sollen die wichtigsten Informationen aus einem Text zusammenfassen können und sie sollen Handlungen, die ein Text vorschreibt, ausführen können (vgl. Jahr 1996, S. 7 f.).

Für die Ermittlung der Verständlichkeit von Fachtexten nennt Jahr (1996) im Anschluß an Groeben vier Faktoren:

1. Stilistische Einfachheit
2. Semantische Redundanz
3. Kognitive Strukturierung/inhaltliche Gliederung
4. Konzeptueller Konflikt

(vgl. Abschnitt 8)

Auch Hörmann weist darauf hin, daß das Verstehen von Texten durch einen Leser offensichtlich weit über eine reine Dekodierungsleistung sprachlicher Äußerungen und Texte und deren Speicherung hinausgeht (vgl. Hörmann 1978, S. 462 f.).

Der Leser setzt die linguistische Struktur eines Textes in eine semantische Struktur um, um sie im Gedächtnis abspeichern zu können.

In der *Dual-Coding-Hypothesis* von Paivio (1969) wird festgehalten, daß der Abspeichervorgang konkreter und abstrakter Texte unterschiedlich verläuft. Konkrete Inhalte werden bildhaft gespeichert, abstrakte in einem Wort-Begriffssystem. Bei der Aktivierung des Gedächtnisses beim Erinnern läuft im Leser ein konstruktiver Prozeß ab, in dem die Vorstellungen wieder in linguistische Strukturen umgesetzt werden.

Für den Zusammenhang beruflicher Bildung scheint es mir wichtig darauf hinzuweisen, daß die von der Dual-Coding-Hypothesis aufgeführten Wege der Verarbeitung von Texten durch den Hinweis Aeblis ergänzt werden müssen, daß Erfahrung und Wissen der Menschen in drei Arten von Medien dargestellt werden, weil berufliches Lernen zum großen Teil auf Imitation, d.h. auf der nicht in Textform gefaßten Wissensspeicherung eines Handlungsablaufs beruhen.

Aebli bezieht sich auf die Allgemeinpsychologische Theorie der *drei Darstellungsmedien* für die Erfahrung und das Wissen des Menschen, wie sie Bruner (1966) in Anlehnung an Piaget (1936) formuliert:

Die Handlung

Das anschauliche, wahrgenommene oder vorgestellte Bild

Die Sprache (oder ein anderes Symbolsystem)

„Es gibt ein Wissen, das im Ausführenkönnen einer Handlung steckt, das *„enaktive Wissen"*, es gibt ein Wissen, das wir uns vergegenwärtigen, indem wir ein anschauliches Bild betrachten oder es uns vorstellen, das *„ikonische Wissen"*, und es gibt jenes Wissen, das wir uns in Zeichen repräsentieren: das *„symbolische Wissen"* (Aebli 1980, S. 61).

Die Art des Speicherns von Texten sagt aber noch nichts über die Verarbeitung durch den Leser aus, die zu einem Verstehensprozeß führt. Verstehen ist aus der Sicht Hörmanns kein mechanischer Akt der Decodierung und Umcodierung, sondern ein konstruktiver Prozeß, der verschiedene Faktoren beinhaltet.

Der Leser formt die linguistischen Strukturen von Äußerungen in semantische Strukturen um, die im Verstehensprozeß zu einer *semantischen Beschreibung* der Situation werden. Die semantische Beschreibung nimmt die Bedingungen, unter denen die Kommunikation stattfindet, in sich auf. Im Lese- und Verstehensprozeß vereinfachen Hilfen durch Abbildungen, Fotos, Grafiken und andere bildhafte Elemente den Aufbau semantischer Bezüge im Leser.

Das linguistische Input durch einen Text wird von Hörmann als Anweisung zur Konstruktion einer semantischen Beschreibung angesehen. Die Verstehensleistung des Lesers besteht nicht in der Verarbeitung des Inputs, sondern in der Konstruktion einer Bedeutung aufgrund des Inputs.

Aebli entwickelt den Gedanken der semantischen Beschreibung, wie ihn Hörmann formuliert, unter dem Aspekt der Tiefenstruktur in Anlehnung an Chomsky (1957) und Fillmore (1968).

Aebli stellt die Kasusgrammatik als Möglichkeit dar, semantische Beschreibungen deutlich zu machen.

Die Tiefenstrukturen, die den Sätzen aller Sprachen zugrunde liegen, sind semantischer Natur.

„Sie entsprechen der Natur der menschlichen Handlung, in der die an der Handlung partizipierenden Instanzen in ganz bestimmten Rollen oder Funktionen auftreten." (Aebli 1980, S. 62)

Aktor (a), Empfangender (e), Instrument (i), Objekt (o), Ursprung (s), Ziel (g), Lokativ (l) und Zeit (t). Diese an der Handlung partizipierenden Elemente bilden das Kasusmilieu, in welches das Verb eingesetzt wird, das seinerseits semantische Charakteristika hat, die es in ein Milieu passen lassen oder nicht.

Das Verb bildet zusammen mit der es umgebenden Kasusstruktur den semantischen Kern des Satzes. Seine Oberflächenstruktur entsteht gemäß Umsetzungsregeln aus der semantischen Tiefenstruktur.

LÖTEN: (a: der Auszubildende, o: die Werkstücke, l: am Arbeitsplatz)

Es ergeben sich Zusammenhänge zwischen Fillmores Theorie der Kasusgrammatik und der Theorie des semantischen Gedächtnisses.

Jedes Verb hat charakteristische Leerstellen, es fordert bestimmte Kasuspositionen. Damit wird ein Handlungsschema wiedergegeben, in dessen Leerstellen individuelle Personen und Objekte eingesetzt werden können. Aebli weist darauf hin, daß zwischen Handlungsstruktur und Satzstruktur eine strukturelle Ähnlichkeit besteht. Theorien des semantischen Gedächtnisses haben Kintsch (1974) und Norman, Rumelhart (1975) entwickelt.

Aebli referiert ein Modell der Organisation der Gedächtnisinhalte. Er bezieht sich dabei auf das sprachlich gefaßte Gedächtnis.

Dessen Bausteine seien: *Begriffe* (bezeichnet als Lexikon) und *Propositionen* (bezeichnet als Knotenraum, Textbasis, das Wissen des Menschen). Von Chomskys Theorie wird abgeleitet, daß sprachliche Äußerungen eine Tiefenstruktur haben. Die Tiefenstruktur ist vorstellbar als der Niederschlag früheren Sprechens (und Handelns) im Gedächtnis und Basis für die Reproduktion und Variation der Sätze (und Handlungen) (vgl. Aebli 1980, S. 69).

Die Tiefenstrukturen sind permanentes Sprach-, Handlungs- und damit Weltwissen.

Die *Propositionen* der Sätze sind die Bausteine, die aus einem Prädikat und einem oder mehreren Argumenten gebildet werden. Die Argumente einer Proposition können auch Leerstellen sein, in die man verschiedene spezifische Ausdrücke einsetzen kann. Das *Lexikon* liefert die Ausdrücke, die in die Leerstellen der Propositionen eingesetzt werden können.

Die Vorstellung des semantischen Gedächtnisses bedient sich der Metapher des Netzes. Propositionen in einem Text sind unter sich zu *Netzen* verknüpft. Das Netz gibt eine Abfolge von Ereignissen wieder, die die Bedeutung einer sprachlichen Äußerung konstituieren: das *semantische Netz*. Semantische Netze machen die verschiedenen möglichen Bedeutungen eines Satzes deutlich.

In der Sicht Hörmanns heißt Verstehen, daß Bedeutung vom Leser im Verstehensprozeß geschaffen wird.

„Information schaffen wir selbst, wir projizieren sie in die Fakten der Welt." (Hörmann 1978, S. 480)

Information wird vom Leser aufgenommen und in sein Wissen integriert. Voraussetzung für die Integration ist das Vorhandensein einer Struktur, in die das Wissen eingebaut werden kann. Strukturen, die das Neue aufnehmen, hat der Leser im Laufe seiner Sozialisation aufgebaut, sie umfassen sein Wissen über die Welt und deren sprachliche Repräsentationen.

Schule und Unterricht sind Teil der Sozialisation, d.h. auch hier werden Strukturen zur Aufnahme und Verarbeitung neuen Wissens gelegt.

Die Strukturen, auch „Schemata der Wahrnehmung" genannt, steuern die Möglichkeiten, neues Wissen aufzunehmen und einzuordnen. Die Zuordnung neuen Wissens in das Vorhandene wird durch die Sinnkonstanz geleitet. Verstehen ist ein Prozeß der individuellen Sinnsuche.

Der Anschluß des Lesers an den Sinn des Textes wird durch die im Text enthaltenen *Präsuppositionen* gewährt oder ausgeschlossen. Präsupponiert ein Text zuviel, kann ihm der Leser keinen Sinn entnehmen, er wird irritiert.

Für Knobloch ist die entscheidende Kategorie des Verstehens die *Sinnunterstellung*, also die Beziehbarkeit einer Äußerung auf die laufende Orientierungssituation (Knobloch 1994, S. 177 f.).

Wenn Auszubildende Texte lesen, suchen sie nach Möglichkeiten, den Sinn des Textes zu erfassen, indem sie die ihnen zur Verfügung stehenden Orientierungsmöglichkeiten nutzen. Die Sinnerwartung führt zu Versuchen der Sinnerfüllung, die Versuche dürften bei der allmählichen Konturierung der Wortbedeutungen eine Rolle spielen.

Verstehen ist also ein aktiver Prozeß der Sinngebung, der sich „am Leitseil der jeweiligen Inputbedeutungen vollzieht, konkretisiert und organisiert." (Knobloch 1994, S. 180)

Die Aktivität des Lesers beim Lesen besteht darin, daß er eine kognitive Adresse aufbaut, die prädikative Teilhandlung, geäußert im Satz, lagert er ein Stück Information bei dieser Adresse an.

Die Wahrnehmungswelt der Menschen, von Knobloch auch als Sehwelt bezeichnet, ist von sprachmäßigem Verstehen durchzogen und strukturiert. Die Grundlage neuer Wahrnehmungen sind Sinngebungsprozeduren.

„Leitebene für spontanes Verstehen ist die Ebene des Sinns und nicht die der Bedeutung." (Knobloch 1994, S. 180)

Verstehen wird von Knobloch nicht nur als konstellative Einpassung in vorhandenes Wissen eines Menschen aufgefaßt, sondern auch als Interpretation der Handlungen anderer im Licht seiner eigenen Handlungen und Tätigkeiten. Knobloch führt das an einem Beispiel aus: Wir beobachten die Tätigkeit eines Automechanikers, sie wird uns sinnvoll dadurch, daß wir sagen „Er repariert das Auto", die Kategorisierung kann vertieft werden, wenn wir sagen: „Er schraubt den Vergaser ab", „Er prüft die Benzinpumpe". Das entspricht der Art und Weise, wie Auszubildende in der Berufsausbildung ihr Weltwissen erweitern. Der Auszubildende lernt die beobachteten Tätigkeiten und ihren Sinn aus den Handlungszusammenhängen seiner Ausbildungssituation. Diese beruflichen Tätigkeiten werden auch durch Sprache begleitet, deren Sinn sich aus den Tätigkeiten und gemeinsam mit ihnen ergibt.

Das *Sinnverstehen ist ein Gradphänomen*, es wird begrenzt durch die notwendigen Anschlußmöglichkeiten, also das Ende der Kenntnisse und des Wissens des einzelnen Menschen.

8.3.4 Die Konventionalisierung von Fachtexten als Stütze der Rekonstruktionsleistung

Bei der Bearbeitung von Fachtexten im Unterricht wird es notwendigerweise auch darum gehen, die Konventionen, nach denen Texte erstellt werden, transparent zu machen. Fachtexte sind in einem hohen Maße gegliedert. Für den fachkundigen Leser bedeutet das Ökonomie bei der Lesestrategie. Er kennt die Gliederungsschemata und kann in kurzer Zeit neue Informationen aus einem Text entnehmen. Für den Auszubildenden können nicht erkannte Regeln der Konventionen aber zu Barrieren im Verständnis führen.

Konventionen bei der Produktion von Fachtexten sind Vorstellungen zur Gestaltung und zur Vertextungsstrategie. Es werden immer wieder gleiche Elemente der Textgliederung und des Textaufbaus in den einzelnen Textsorten verwendet. Nach der Vorstellung von Göpferich haben sie sich durch den Koordinierungswillen der am Kommunikationsprozeß Beteiligten herausgebildet. Sie leitet ihre Vorstellungen aus der Definition des Kommunikationsbegriffs von Lewis ab.

„Konventionen entstehen genau dann, wenn Situationen vorliegen,

a) in die mehrere Personen wiederholt involviert sind und

b) in denen die Personen eine Intention verfolgen, die nur realisiert werden kann, wenn sich nahezu alle in bestimmter Weise verhalten. Solche Situationen stellen Koordinationsprobleme dar, d. h., das Verhalten der Personen muß zu irgendeinem Zweck aufeinander abgestimmt, d. h. koordiniert werden (Intentionalität von Konventionen)." (Göpferich 1995, S. 158)

Göpferich geht von gleichberechtigten Partnern in der Kommunikation aus, wenn sie von einer Abstimmung des Verhaltens redet. Bei den Fachtexten, die in der Berufsausbildung verwendet werden, sind die Konventionen in der Regel so nicht bestimmbar.

Reiß/Vermeer sehen Konventionen als Erkennungssignale, als Auslöser von Erwartungshaltungen und Steuersignalen für das Verstehen (1984, S. 188 f.). Konventionen seien zweckgerichtet und hätten den Zweck, das Gelingen der Kommunikation zu sichern, zu rationalisieren und zu erleichtern. Für die Auszubildenden mag dahin aber ein weiter Weg bestehen. Sie sind nicht Teilnehmer einer zweiwegigen, symmetrischen Kommunikation, vielmehr müssen sie an die Konventionen der Fachtexte herangeführt werden, damit Verstehen ermöglicht wird.

Göpferich erläutert, daß „[...] zwischen dem Begriff der *Konvention* einerseits und verwandten Begriffen wie *Norm, Gesetz, Vorschrift* etc. andererseits [ein Unterschied] darin besteht, daß Konventionen im Gegensatz zu letzteren nicht von einer höheren Instanz festgelegt werden, [...]." (vgl. Göpferich 1995, S. 159)

Für den Ausbildungsbereich kann das nicht gelten, denn obwohl es für die Erstellung von Textsorten, wie Berichtshefteintrag oder Ablaufschilderung eines Arbeitsprozesses oder Gegenstandsbeschreibung keine Norm, Gesetze oder Vorschriften gibt, so wird doch der korrigierende Lehrer streng auf die Einhaltung von Konventionen achten, die er im Unterrichtszusammenhang eingeführt hat.

Reiß/Vermeer stellen fest, daß Konventionen nicht starr sind (Reiß/Vermeer 1984, S. 178 f.) und einem ständigen Anpassungs- und Koordinationsprozeß unterliegen. Im Sprachunterricht der Berufsschule gibt es aber lang tradierte Konventionen für die Texterstellung, deren Nichtbeachtung Sanktionen in Form von schlechter Bewertung nach sich zieht. Man kann diesen Sanktionen zugute halten, daß sie die Textsortenkonventionen eintrainieren helfen, und daß sie so dazu beitragen, daß die drei von Reiß/Vermeer entwickelten Funktionen erfüllt werden: „a) als Erkennungssignale, b) als Auslöser von Erwartungshaltungen und c) als Steuerungssignale für das Textverstehen" (Reiß/Vermeer 1984, S. 189).

Unter diesem Gesichtspunkt gesehen, kann das Lernen der Textkonventionen zu einer Vertiefung des Verständnisses von Fachtexten führen.

8.3.5 Textualität entsteht „im Kopf des Rezipienten"

Nussbaumer (1994) nimmt in seiner Arbeit einen wichtigen Impuls der Sprechhandlungstheorie auf.

Er bezieht sich auf die Vorstellung, daß Textualität nicht die Eigenschaft eines sprachlichen Gebildes ist, sondern von einem Rezipienten einem Text unterlegt oder unterstellt wird. Textualität ist so nicht linguistisch, sondern hermeneutisch bestimmt.

Nach Nussbaumer (1994) sind Texte keine einfach vorliegenden Objektivgebilde. Textualität entsteht „im Kopf von Textproduzenten und Textrezipienten" (vgl. Nussbaumer 1994, S. 134).

Die Kohärenz eines Textes wird auf drei Stufen gebildet: Ein Autor hat eine Gesamtidee, die in einer Gliederung entwickelt und schließlich in der Entfaltung formuliert wird.

Den Schrifttext auf dem Papier nennt Nussbaumer (1994) T I. Den Text, der im Kopf des Lesers realisiert wird, nennt Nussbaumer (1994) T II.

Drei Ebenen charakterisieren T II:

1. die funktional-illokutive Ebene, in der die dem Text zugrundeliegende Handlungsstruktur realisiert wird,

2. die inhaltlich-propositionale Ebene, die den Gegenstandsbezug herstellt und

3. die sprachlich-ausdrucksseitige Ebene, die sich auf die grammatischen Einheiten bezieht.

Diese drei Ebenen hängen mit den Wissensebenen des Lesers zusammen. Um einen Text zu verstehen, benötigt der Rezipient Sprech- und Handlungswissen. Er muß die Intentionen sprachlicher Interaktionen kennen. Er benötigt zweitens Welt- und Sachwissen, das episodisch oder schematisch gegliedert werden kann. Und er benötigt drittens das sprachliche Wissen, er muß schreiben und lesen können, und er muß die Bedingungen von Textsorten kennen.

Nach Nussbaumer (1994) entsteht Textualität erst durch die geistige Arbeit des Rezipienten. Kohärenz entsteht durch die Textbildung im Kopf des Rezipienten. Kohärenz ist deshalb nur unter den spezifischen Bedingungen der Welt in den Köpfen beschreibbar. Diese Vorstellungen nennt Nussbaumer (1994) das kognitivistische Paradigma.

Verstehen durch den Leser knüpft an sein Vorwissen an. Nussbaumer (1994) stellt Verstehen als einen Akt der Amalgierung von Altem mit Neuem dar. D.h. ohne Vorwissen des Lesers ist kein Verständnis möglich. Verständnis wird von Nussbaumer (1994) als geistige Repräsentation verstanden. Sie ist ein prozessuraler Aspekt.

Verstehen ist nicht passives Aufnehmen, ist kein Eingeprägtbekommen, vielmehr ist Verstehen (Re-)Aktion, aktive Aneignung, produktive Rezeption.

Verstehen ist eine spezifische Handlung des Rezipienten, Nussbaumer (1994) bezeichnet diese Handlung als *kognitiven Konstruktivismus*. Unter diesem Gesichtspunkt kann die Sprechakttheorie zur Hör-, Verstehensakttheorie erweitert werden.

Das sprachliche Input wird als Instantiierung von Schemata (wieder-)erkannt. Verstehen ist das Wiedererkennen und Einsortieren bekannter Wissensstrukturen. Vorhandene Schemata können aufgrund neuer Inputs revidiert werden. Nussbaumer (1994) sagt, daß Schemata labil sind. D.h. sie sind nicht statisch und deshalb jederzeit veränderbar. Diesen Prozeß nennt er Lernen.

„Dabei werden jedoch tendenziell auch immer die Schemata aufgrund von neuem Input revidiert, modifiziert." (Nussbaumer 1994, S. 163)

Schemata sind in der Sicht Nussbaumers induktive Ableitungen, Abstraktionen von konkretem Input. Sie sind Basis für inferenzielle Prozesse, das sind Ausdeutungen, sie können auch als Ergänzung oder Korrektur der Daten des Inputs gesehen werden.

Nussbaumer (1994) unterscheidet unterschiedliche Arten des Wissens:

I – Das Wissen bezieht sich auf das knowing that – es ist deklaratives Wissen, es betrifft die Kompetenz, das Verfügen über Schemata.

II – Das Wissen bezieht sich auf das knowing how – es ist prozedurales Wissen, es betrifft die Kompetenz zur Performanz, die Fähigkeit, Schemata anzuwenden.

„Handlungs- und Interaktionswissen darf nicht gleichgesetzt werden mit knowing how, mit prozeduralem Wissen. Vielmehr ist auch hiermit zuerst einmal ein knowing that gemeint, ein Verfügen über Regeln des Handelns, über Relationen zwischen Handlungsmustern und Äußerungsmustern." (Nussbaumer 1994, S. 163)

8.3.6 Fachtexte und Vorwissen

Die in beruflichem Zusammenhang geforderte Wissensart ist in Handwerksberufen hauptsächlich das Handlungswissen in Form praktischer Tätigkeit. Im Fall der Tätigkeit des Lötens heißt das, daß Auszubildende eine qualitativ gute Lötarbeit herstellen können müssen. Wenn das nicht gelingt, drohen den Auszubildenden Sanktionen, die bis zum Abbruch des Ausbildungsverhältnisses führen können. Die Unterweisungsarten am Arbeitsplatz sind hauptsächlich Vormachen und Nachahmen, die Tätigkeiten werden durch Äußerungen begleitet, die hauptsächlich Arbeitsregeln wiedergeben. Naturwissenschaftliche Erklärungen werden meist nicht gegeben.

Wie in Abschnitt 8.3.1 erläutert, haben Auszubildende ein Schema entwickelt, das die Herstellung qualitativ hinreichender Lötungen ermöglicht. Das Schema wurde hauptsächlich durch sprachlich begleitetes Vorzeigen und Nachmachen erzeugt. Das Schema enthält die praktische Fertigkeit, das enaktive Wissen und Teile der Fachterminologie *Entfetten, Entgraten, Flußmittel, Brenner* und *Lot.* Wie konsequent die Fachterminologie im definitorischen Sinn am Arbeitsplatz genutzt wird, kann aus den Ergebnissen der Sprachstandsanalyse nicht abgelesen werden.

Wenn Auszubildende im Theorieunterricht damit konfrontiert werden, Texte zum Löten zu bearbeiten, können sie auf die Kenntnisse aus der betrieblichen Ausbildung zurückgreifen.

In den ersten drei Aufgabenstellungen wird die Tätigkeit des Lötens in Form von Abbildungen von Lötgeräten und Nennung von Arbeitsregeln in den Mittelpunkt gestellt. Die theoretische Beschäftigung mit dem Löten – Fragen nach den Verfahren, den naturwissenschaftlich erklärbaren Bedingungen wie Temperatur, Material, Kohäsion, Adhäsion und Kapillarität – hat mit der beruflichen Erfahrung wenig zu tun. Die naturwissenschaftlichen Erklärungen sollen das Hintergrundwissen für Materialentscheidungen und die Auswahl von Arbeitsverfahren abgeben, die weit über ein Regelwissen hinausgehen. Die Sprache und die dahinterstehende Denkweise können vom Auszubildenden kaum nachvollzogen werden, weil er kaum naturwissenschaftliches Wissen hat und weil in seiner Arbeitsumgebung Vorgehensweisen nicht naturwissenschaftlich begründet werden.

Im Fall der Aufgabenstellungen der Sprachstandsanalyse realisieren die Auszubildenden das enaktive Wissen und transformieren es in eine andere Wissensart. Im Fall der Abbildungen von Lötgeräten und der bildlichen Darstellung des Ablaufs der Arbeitstätigkeit Löten wird ikonisches Wissen gefordert.

Enaktives und ikonisches Wissen sind nicht versprachlicht, wohl aber begrifflich gefaßt. Bei einigen Auszubildenden sind die Benennungen für die Begriffe nicht vorhanden, was sich bei späteren Aufgabenstellungen zeigt. Arbeitsgeräte und Materialien können von den Auszubildenden unterschieden und Kategorien zugeordnet werden, der Ablauf des Arbeitsprozesses kann rekonstruiert und fehlende Teile können moniert werden.

Die in Abschnitt 8.3.1 dargestellte Bildung von Handlungsschemata stellt dem Auszubildenden im Fall der Aufgabenstellungen der Sprachstandsanalyse folgendes Wissen zur Verfügung:

In Abbildung 19 werden die Wissensbereiche, die zum Verstehen eines Fachtextes zum Löten aktiviert werden, gezeigt. Die Rechtecke symbolisieren konkrete berufliche Erfahrungen, die Ellipsen Begriffe für Erklärungen, die den naturwissenschaftlichen Hintergrund des Lötvorgangs betreffen.

In den Aufgabenstellungen der Sprachstandsanalyse sind die Wissebenen in verschiedenen Arbeitsformen repräsentiert.

Ikonisches Wissen bezieht sich auf das anschauliche Bild. Im Fall der Aufgabenstellungen waren die Bilder schon weit abstrahiert, die abgebildeten Tätigkeiten erscheinen deshalb eher symbolisch, also abgelöst von der konkreten Situation. Aus diesem Grunde haben viele Auszubildende Schwierigkeiten bei der Zuordnung.

Bei der Konfrontation mit Schrifttexten wird von den Auszubildenden sprachlich symbolisches Wissen gefordert. Berufliche Tätigkeiten wie das Löten werden vielfach ohne die sprachliche Wissensform vermittelt und ausgeführt. In Gesprächssituationen am Arbeitsplatz werden oft nur die Fachbegriffe genannt. Die fachlichen Schrifttexte sind dagegen komplex und auf weitergehende Dimensionen bezogen als auf die reine Vermittlung von Arbeitsregeln.

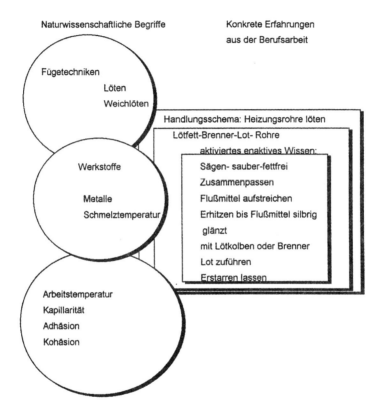

Abb. 19: Begriffe und Erfahrungen

Die von Hoffmann (1985) formulierte Charakterisierung der Leistung der Fachsprachen wie Genauigkeit, logische Strenge, Informationsfülle und -dichte, die sich vor allem in komplexen syntaktischen Konstruktionen, Passivgebrauch und starker Unpersönlichkeit äußert, wird den Auszubildenden zur Hürde.
Die Begriffe, die in den Fachtexten der Lehrbücher verwendet werden, sind von der individuellen beruflichen Erfahrung abgelöst, sie sind darauf angelegt, diese Erfahrungen zu verallgemeinern. Aus diesem Grund gehen die Fachtexte, wie sie in der Aus-

bildung erscheinen, weit über die sprachliche Wiederholung von Arbeitstätigkeiten hinaus. Der Zweck dieser Fachtexte liegt in der Verallgemeinerung der beruflichen Erfahrungen und in deren Bezug auf das Wissenssystem des Faches. Dieses Wissenssystem ist nicht nach den subjektiv möglichen Erfahrungen der Auszubildenden am Arbeitsplatz, sondern nach naturwissenschaftlichen und fachsystematischen Kriterien geordnet. Das Ordnungssystem ist die Grundlage für Ausbildungs- und Lehrpläne, von Auszubildenden kann es im klassifizierten Inhaltsverzeichnis der Schulbücher nachvollzogen werden.

Als Verständnishürde kann sich aufbauen, daß der Zweck der fachlichen Texte vom Auszubildenden nicht nachvollzogen werden kann.

Ein Text, der einen Arbeitsvorgang beschreibt oder die dem Arbeitsvorgang zugrundeliegenden Regeln wiederholt, unterscheidet sich von einem Text, der den Vorgang des Lötens unter dem physikalischen Gesichtspunkt von Temperatur, Schmelz- und Fließverhalten, Kohäsion und Kapillarität betrachtet, erheblich. Diese physikalischen Informationen sind Grundlagen für das Verständnis von Problemen, die beim Löten entstehen können, für Materialauswahl und Verfahrensentscheidungen. Als solche gehen sie in das Wissenssystem des Faches ein. Inwieweit Auszubildende Kenntnisse dieser Art zur Ausübung ihres Berufes benötigen, kann hier nicht diskutiert werden. Hier besteht das Interesse darin, herauszustellen, welche Art von Vorwissen vom Auszubildenden über die Berufserfahrung hinaus aktiviert werden muß, damit er den Text verstehen und das Verständnis durch die richtige Lösung einer Aufgabenstellung nachweisen kann. Bei der Frage: „Wie kommt es zur Verbindung von Lot und Grundwerkstoff?" wird erwartet, daß die Auszubildenden antworten, daß diese Verbindung durch „Legierung" erreicht wird. Soll diese Benennung den begrifflichen Zusammenhang von Temperatur, Änderung des Aggregatzustandes der Stoffe durch Temperaturänderung (Schmelzen der Metalle) und Vermischung im flüssigen Zustand zu einer Legierung wiedergeben, müßten im Unterricht umfängliche Versuche angestellt werden, um hier ein anschauliches Verstehen zu ermöglichen. Im Fall der Lötnaht liegt aber ein Sonderfall vor, weil bei der Arbeitstemperatur ja nur ein Metall, das Lot, fließt und das andere fest bleibt. Ein Vorgang, der im Schulbuch durch die weit komplexere Vorstellung vom Kristallgitter der Metallmoleküle erläutert wird.

Der naturwissenschaftlich wenig unterrichtete Rezipient hat kaum eine Chance, die Aussage des theoretischen Textes zu verstehen, indem er neue Informationen in vorhandenes Wissen einbaut. Er wird „Legierung" als „eine Art Klebstoff" einordnen müssen, der die Verbindung herstellt und die Benennung des Begriffs für entsprechende Überprüfungsfragen speichern.

Wie bei den Überlegungen zur kommunikativen Funktion von Fachtexten in der Berufsausbildung werde ich auch die Überlegungen zum Aspekt der Kombination von Vorwissen und neuer Information zum Verstehen des Fachtextes in Form von Fragen formulieren, die bei der didaktischen und methodischen Bearbeitung von Lehr- und Lernmaterialien zu beachten sind.

- An welchen Wissensstand schließt der Text an?
- Wie wird der Wissensstand aktiviert?
- Wie wird der Textinhalt auf berufspraktische Fragen bezogen?
- Auf welchen Denkhorizont ist der Text orientiert?
- Welche Vermittlungsstrategien werden angewandt?
- Welche semantischen Hilfen werden geboten?
- Welches Gliederungsschema wird verwendet?
- Welche Begriffe werden erarbeitet?
- Welche Beziehung der Begriffe (logisch/ontologisch) liegt vor?

9 Zusammenfassung

Die im Rahmen dieser Arbeit konzipierte und ausgewertete Sprachstandsanalyse gibt Auskunft darüber, wie Fachtexte von Auszubildenden verstanden werden.

Auszubildende haben im Theorieunterricht der beruflichen Schulen signifikante Schwierigkeiten beim Umgang mit Fachtexten. Diese Schwierigkeiten beruhen nicht nur auf mangelnden Fähigkeiten bezogen auf die Sprache als System. Die Probleme liegen tiefer, denn die intensive Schulung sprachlicher Mittel bringt oft nicht die gewünschten Fertigkeiten, wie sie auch im Test- und Prüfungszusammenhang der Ausbildung benötigt werden.

Die Beschäftigung mit der Berufssprache ist den Ausbildern im Betrieb und den Fachlehrern in der Schule oft fremd. Auf die Nachfrage in der Voruntersuchung zur Sprachstandsanalyse hin konnten die Ausbilder die Defizite der Auszubildenden zwar benennen, paradoxerweise aber keine Vorschläge zur Behebung geben.

Die Ausweitung der Unterrichtsperspektive auf den Zweck und die Funktion der Kommunikation, die Intention der Texte und die darin enthaltenen Illokutionen kann den Bedürfnissen der Auszubildenden besser entsprechen. Die in den vergangenen Jahren entwickelten Konzepte zum fachsprachlichen Fremdsprachenunterricht liefern Ansätze dazu, die in der Schule übliche Fixierung auf den materiell vorliegenden Schrifttext mit der isolierten Analyse der Wort-, Satz- und Textgliederungsebene zu durchbrechen.

Das Interesse an Funktion und Leistung der Sprache, wie sie im Ausbildungszusammenhang in Form von Gesprächen und geschriebenen Texten verwendet wird, kann durch die vermehrte Ausbildung von zweisprachigen Auszubildenden und die damit verbundenen sprachlichen Probleme erzeugt werden.

Aufgabenstellungen und Methodik der Sprachstandsanalyse

Ziel der Untersuchung war es, die sprachlichen Schwierigkeiten von Berufsschülern genau zu beschreiben und die besondere Rolle der Auszubildenden, die nicht Deutsch zur Muttersprache haben, darzustellen.

Die vorliegende Arbeit entstand als wissenschaftliche Vertiefung der Konzeption des Modellversuchs TEFAS, dessen Ziel die Entwicklung eines computergestützten Lernprogramms insbesondere für den Unterricht mit Auszubildenden ist, die nicht Deutsch als Muttersprache haben. In diesem Programm sollen Materialien angeboten werden, die die Versprachlichung und Verschriftlichung des beruflichen Lernens unterstützen und damit den Weg zur fachlichen Kommunikation erleichtern. Ein Schwerpunkt liegt dabei in der Aufnahme und Produktion von Texten, wie sie in Lehrbüchern, Berichtsheften und Prüfungen vorkommen, ein weiterer in der Erarbeitung von Grundlagen für eine selbständige, fachliche Information.

Weil Beschäftigung mit der sprachlichen Seite fachlicher Texte den Auszubildenden fremd ist und zum Teil vorausgegangener Unterricht eine Abwehrhaltung erzeugt hat, sollen in das Fachsprachen-Lernprogramm, das am Ende des Modellversuchs TE-

FAS zur Verfügung stehen wird, Fachtexte alltäglicher und beruflicher Situationen eingebunden werden. Die Beschäftigung mit Sprache soll zur Lösung fachlicher Aufgaben genutzt werden.

Die Sprachstandsanalyse wurde in Klassen durchgeführt, die am Modellversuch TE-FAS beteiligt sind. Auf der ersten Stufe wurde eine Voruntersuchung durchgeführt, die Daten über Herkunft, Schulkarriere, Ausbildungsberuf, Leseverhalten und Werturteile gegenüber Schulbüchern gibt. Parallel dazu wurde eine Befragung von Lehrern an Berufsschulen durchgeführt, die eine Einschätzung der sprachlichen Leistungsfähigkeit von Auszubildenden ermöglicht.

Die zweite Stufe der Sprachstandsanalyse ist eine praktische Untersuchung an Berufsschulen, die die Grundlagen zur Bewertung der sprachlichen Fähigkeiten der am Modellversuch beteiligten Auszubildenden abgibt. Es wurden den Auszubildenden 13 Aufgabenstellungen gleichen Inhalts in unterschiedlichen – an das jeweilige Medium angepaßten – Arbeitsformen zur Bearbeitung gegeben. Der Versuch wurde in zwei Gruppen durchgeführt. In einer Gruppe wurde das Medium Arbeitsblätter, in der anderen das Medium Computer eingesetzt.

Mit den Aufgabenstellungen wurde untersucht, wie Auszubildende mit Fachtexten der Berufsausbildung umgehen. Wichtig dabei war zu prüfen, wie Texte von den Auszubildenden verstanden und nach vorgegebenen Fragen ausgewertet werden.

Der Untersuchung lag die Hypothese zugrunde, daß die Auszubildenden bereits berufliche Kenntnisse besitzen, aber oft nicht in der Lage sind, diese sprachlich umzusetzen. Es ging bei der Untersuchung weniger darum, die Fehler der Auszubildenden beim Gebrauch der fachsprachlichen Mittel zu belegen, als vielmehr darum, Verstehensleistungen zu prüfen und den Gebrauch des Begriffssystems des Faches durch die Auszubildenden zu beschreiben.

Ergebnisse der Sprachstandsanalyse

Die Medien des Theorieunterrichts wurden von den Auszubildenden kritisiert; die Änderungswünsche bezogen sich hauptsächlich auf die Vermittlungsstrategie der Autoren, sie wünschen verständlichere Texte, einen Überblick über die Fachwörter in einem Anhang, bessere Erklärungen und übersichtlichere Gestaltung. Auch hier fordern die zweitsprachigen Auszubildenden Änderungen, die helfen, ihre Verstehensschwierigkeiten zu beheben.

Bei dem Vergleich von Schulabschluß und der Bereitschaft zur Auseinandersetzung mit Verständnisproblemen fiel auf, daß sich gerade Auszubildende mit höheren Abschlüssen kritisch mit dem Lehrbuch auseinandersetzen. Auszubildende mit niederen Abschlüssen können mit der Nachfrage offensichtlich kaum umgehen.

Die Einschätzung der fachsprachlichen Fähigkeiten der Auszubildenden durch die Lehrer fällt meist negativ aus. Sie werden als verbesserungsbedürftig, gering bis mangelhaft eingestuft. Die von den Lehrern geforderten fachsprachlichen Kenntnisse können die Auszubildenden ihrer Meinung nach nicht einbringen.

Die linguistische Auswertung der Ergebnisse der Sprachstandsanalyse zeigt, daß die Auszubildenden spezifische Schwierigkeiten bei der Bearbeitung der Aufgabenstellungen haben. Den Auszubildenden, die Deutsch nicht als Muttersprache haben, fällt es insbesondere schwer, komplexe Lückentexte, Tabellen, Kurven und explikative Texte auszuwerten, während ihnen die Bearbeitung von Bildern und bebilderten Texten leichter fällt. Arbeitsregeln können von ihnen leichter bearbeitet werden als Definitionen und Begriffssysteme. Das bedeutet, daß Texte mit konkreten Inhalten bearbeitbar sind, wenn Abbildungen, die sich direkt auf den Textinhalt beziehen, den Verstehensprozeß leiten.

Die geduldige Auseinandersetzung mit Textformen, die für die Prüfung benötigt werden, gehört zu den Stärken dieser Gruppe. Das Textverstehen wird für diese Gruppe dadurch ermöglicht, daß die Texte in kurze Sequenzen geteilt sind, deren Gliederung auffällig gestaltet ist.

Lesestrategien, die über die Grenze einfacher Sätze hinausgehen, können von den Auszubildenden beider Versuchsgruppen kaum erwartet werden. Die Besonderheit der fachlichen Begriffe, ihre Definition und Hierarchisierung und auch die Makrogliederung von Lehrbuchkapiteln wird von den zweitsprachigen und den erstsprachigen Auszubildenden kaum verstanden.

Textproduktion mit Hilfe vorformulierter Textteile ist möglich, eine eigenständige Textproduktion – auch mit Hilfe von Bildern oder Textvorlagen – können die Auszubildenden nur in den wenigsten Fällen in Planung, Gliederung und Ausführung gestalten.

Die Ergebnisse der Sprachstandsanalyse bestätigen vorangegangene Untersuchungen darin, daß Auszubildende, die Deutsch nicht als Muttersprache haben, signifikante Schwierigkeiten beim Umgang mit der Fachsprache ihres Berufsfeldes haben, sie zeigen aber auch die erheblichen Schwierigkeiten der erstsprachigen Auszubildenden.

Barrieren der Auszubildenden gegenüber schriftlichen Fachtexten haben ihre Ursachen nicht allein in Defiziten im Umgang mit den Mitteln der Fachsprachen, sondern auch in kommunikativen und kognitiven Konflikten (vgl. Abschnitt 8). Ziel der Auswertung der Sprachstandsanalyse war es, Faktoren herauszufinden, die das Verständnis der Fachtexte im Ausbildungszusammenhang blockieren und Möglichkeiten zu entwickeln, diese Blockaden zu beseitigen.

Ein wesentliches Merkmal der Fachtexte ist ihre Kondensierungsleistung. Die so entstehenden, informationsverdichteten Texte sind von den Rezipienten nur mit Schwierigkeiten wieder aufzulösen. Es wird also darauf ankommen, Strategien zu entwickeln, die Transformationsleistungen ermöglichen und die abstrakten Texte mit konkreten beruflichen Erfahrungen verbinden.

Für Auszubildende, die nicht Deutsch als Muttersprache haben, wird ein wesentlicher Lernfaktor sein, wie die Benennungen als Zeichen für die Begriffe gebildet werden. Varianten aus den jeweiligen Sprachen können nicht einfach ins Deutsche übertragen werden, weil die Wortbildung in unterschiedlichen Sprachen verschieden vorgenommen wird. Wesentlich ist, daß der Terminus in allen Sprachen nach eigenständigen sprachsystematischen Regeln gebildet wird, die vom Wissenssystem über die Verfahren und Geräte unabhängig sind.

In einem Lernprogramm müssen weitere Dimensionen angelegt sein als das Training fachsprachlicher Mittel. Der Inhalt der Lektionen wird von der Bearbeitung der Mittel der Fachsprache zur Reflexion der Aspekte der Terminologie, des Verhältnisses von Begriff und Benennung, der Beziehungen der Begriffe untereinander und des kommunikativ orientierten Umgangs mit schriftlichen Fachtexten weitergeführt. Die Ergebnisse der Sprachstandsanalyse beschreiben Elemente in Fachtexten, die das Verstehen durch Auszubildende leicht oder schwierig machen, sie beziehen sich nicht nur auf die Ebene von Lexik, Syntax oder Text. Die Auswertung unter dem Gesichtspunkt der didaktischen Perspektive fordert Fragestellungen nach dem Interesse der Auszubildenden zur Bearbeitung von Fachtexten, nach der Rolle der Fachtexte in der Berufsausbildung und danach, weshalb die Auszubildenden am Computer motivierter arbeiten.

Ein wesentliches Moment des Theorieunterrichts besteht darin, das Erfahrungswissen der Auszubildenden, das sie in konkreten beruflichen Situationen gewonnen haben, in symbolisches Wissen zu transferieren. Diese Transferleistung setzt voraus, daß die Mittel der Fachsprache, die das symbolische Wissen transportieren, gelernt werden. Die Beschäftigung mit der lexischen und grammatischen Morphologie im Unterricht an beruflichen Schulen kann nur den Zweck haben, die Versprachlichung der beruflichen Erfahrungen zu unterstützen. Ein Unterrichtsvorhaben, das die Besonderheiten der Wortbildung in den Fachsprachen thematisiert, wird das immer im Zusammenhang von konkreten beruflichen Problemen tun müssen.

Ein wesentlicher Faktor für die sprachlichen Schwierigkeiten der Auszubildenden ist, daß durch die Entkontextualisierung der Fachtexte der Handlungsaspekt zurückgedrängt und der Darstellungsaspekt in der Vordergrund gerückt wird. Die Leseerfahrungen der Auszubildenden beziehen sich aber auf Texte, in denen die Appell- und Ausdrucksfunktion betont sind. In dem zu planenden Lernprogramm wird deshalb der Vergleich von Fachtexten und fiktionalen Texten, in denen ein ähnlicher Inhalt bearbeitet wird, wichtig sein, um die Verknappung und Verarmung der Sprache im instrumentellen Zusammenhang zu zeigen.

Im Abschnitt 8.2 habe ich dargestellt, daß Fachtexte ihre Bedeutung erst im Rahmen einer konkreten Kommunikationssituation erhalten, und daß in die Bedeutung verschiedene – zum Teil weit über den Textinhalt hinausgehende – Elemente mit eingehen. Die Bedeutung eines Textes wird nicht nur von der Kommunikationssituation bestimmt, sondern vom Rezipienten auf dem Hintergrund seines Vorwissens erzeugt. Wie im Abschnitt 8.3 dargestellt, setzt die Textverarbeitung durch den Leser nicht erst mit dem Lesen des Textes ein, sondern mit der pragmatischen Voraborientierung. Vor Beginn des Perzeptionsprozesses aktiviert der Leser Elemente seines interaktionalen Wissens, er stellt an den Text Erwartungen, die die Interpretation eingrenzen. Diese Texterwartungen werden durch Textortensignale, deren Indizierung durch Konventionen festgelegt ist, ausgelöst. Diese Konventionen, die sich in unterschiedlichen Kulturen unterscheiden können, müssen von den Auszubildenden erlernt werden.

Medien für den Unterricht können von Auszubildenden nur dann verstanden und bearbeitet werden, wenn sie an deren Wissensstand anschließen. Lesen ist ein aktiver Prozeß; der Leser erkennt bekannte Wissensstrukturen im Text wieder und ordnet sie erweiternd in seine Wissensstrukturen ein. Verstehen bedeutet, daß ein Autor einen Text anbietet, den der Leser in seinem Kopf rekonstruieren kann.

Für die Einlösung der Forderung nach selbstgesteuertem Lernen mit den Neuen Medien ist eine sorgfältige Prüfung des Vorwissens der Nutzer für die Gestaltung von Unterrichtsmodulen notwendig.

Ausblick: Nutzung der Neuen Medien in der beruflichen Bildung

Neue Medien nehmen in der beruflichen Bildung eine immer größere Rolle ein, es werden große Erwartungen an die Motivation und die breite Informationswirkung gestellt, die eine neue Qualität beruflichen Lernens ermöglichen und die Ziele der Erweiterung des systematischen Wissens erreichen sollen. Mit den Neuen Medien wird auch die Anforderung an den Unterricht, selbstgesteuertes Lernen zu gestalten, näher gerückt. Selbstorganisation, Selbstverantwortung und sozial-kommunikatives Handeln sind Anforderungen, die an die Arbeitskräfte im gegenwärtigen Produktionsprozeß gestellt werden. Die berufliche Bildung kann Eigenaktivität und kommunikative Bereitschaft durch Unterrichtsorganisation und Nutzung der Medien fördern. Selbstgesteuerte Lernprozesse sollen in Lernwelten realisiert werden, die unterschiedliche Materialien, Informationsträger und Hilfen aufeinander abgestimmt anbieten.

Viele Lernmaterialien der neueren Generation bauen auf das Eigeninteresse der Nutzer. Lernprogramme sollen so vielfältig sein und das Neugierverhalten anregen, daß sie das Interesse der Nutzer „angeln" und dann dem Lernprozeß zuführen.

Die Neuen Medien für den Zweck des selbstgesteuerten Lernens müssen offen sein und die Selbsttätigkeit begünstigen. Das bedeutet aber, daß die Bearbeitung durch die Nutzer auch geleistet werden kann. Bislang ist die Sprache der Medien, der Lehrmittel im Unterricht an Berufsschulen, die Sprache der Ingenieure. Sie wirft bei den Auszubildenden gravierende Verständnisprobleme auf.

Wie anderes Lernen auch, schließt computergestütztes Lernen an das Vorwissen der Rezipienten an. Das Vorwissen bei der Bearbeitung der Medien in der beruflichen Bildung bezieht sich einmal auf die fachlichen Inhalte, in starkem Maße aber auch auf den Umgang mit der Sprache, die die Inhalte transportiert.

Bei der Gestaltung von Neuen Medien muß genau bestimmt werden, welche Fähigkeiten die angesprochene Zielgruppe hat. Das Vorwissen der Auszubildenden ist meist geringer, als es die Autoren vermuten. Wird die Interaktion in multimedialen Hypertexten nicht genau geplant, dann kann es zu unerwünschten browsing-Effekten kommen, d.h. Grafik, Tabellen, komplexe Texte etc. werden bei der Bearbeitung umlaufen.

Um multimediale Elemente zielgerichtet einsetzen zu können, Hyperfunktionen für die Nutzer thematisch klar zu gestalten, müssen Daten über die Leistungsfähigkeiten der Nutzer bekannt sein.

Die Ergebnisse der in dieser Arbeit durchgeführten Sprachstandsanalyse lassen Prognosen zum Gebrauch der Neuen Medien durch Auszubildende zu. Bei der Auswertung wurde deutlich, daß die Aufgabenstellungen in Arbeitsformen der Neuen Medien zwar einen erheblich höheren Motivationscharakter haben, daß sich die spezifischen Schwierigkeiten bei der Dekodierung von Textelementen der beruflichen

Kommunikation in den traditionellen Medien aber bei der Nutzung des Computers wiederholen.

Die Ergebnisse dieser Arbeit legen nahe, daß erst eine Grundschulung, die die Einführung in den Umgang mit interaktivem Hypertext und Multimedia, den Umgang mit komplexen Schrifttexten, Tabellen, Grafiken, Schaubildern und Videoclips enthält, helfen wird, die Forderungen nach selbstgesteuertem Lernen zu realisieren.

Die Konzeption der Sprachstandsanalyse war darauf angelegt, den individuellen Punkt zu benennen, an dem die sprachliche Kompetenz von Auszubildenden gegenüber den Mitteln der Fachsprache des Ausbildungsberufes abbricht. Wie eng die sprachlichen Möglichkeiten der Auszubildenden sind, war nicht abzusehen. Wie wichtig ein Lernprogramm ist, das die Fähigkeiten zur Nutzung von Informationstexten stärkt, wird unter dem Aspekt der Informationsflut durch die elektronischen Medien und der Forderungen nach selbsttätigem Lernen während der Ausbildung und im Rahmen der späteren Berufstätigkeit einsichtig.

10 Anhang

1. Erhebung Phase I – Fragebogen

2. Aufgabenstellungen der Sprachstandsanalyse

3. Auswertungsbogen

Fragen an die Auszubildenden

Klasse:

1. Wie alt sind Sie?.....................

2. Männlich oder weiblich?
O männlich   O weiblich

3. Ihre Muttersprache ist
O Deutsch
O Russisch
O Türkisch
....

4. Sie kommen aus
O Deutschland
O Russland
O Türkei
O ....

5. Welche Schule haben Sie vor
Ihrer Ausbildung besucht?
O BVJ, EBA o.ä.
O Hauptschule
O Realschule
O Gesamtschule
O Gymnasium
O ....

6. Welchen Schulabschluß haben
Sie?
O keinen
O Hauptschule
O Realschule
O Abitur

7. Geben Sie bitte Ihren Lehrberuf
an
....

8. Lesen Sie in der Freizeit?
O Tageszeitung
O Zeitschrift
O Fachzeitschrift
O Magazin für Auto
O   Motorrad
O   Bike
O
   ....

9. Welche Fachbücher für das
   Berufsfeld Metall kennen Sie?
   ....
   ....
   ....
   ....
   ....
   ....

10. Meinen Sie, daß das Lehrbuch,
    das Sie im Fachunterricht
    benutzen, verständlich
    geschrieben ist?
O ja   O nein

11. Welche Änderungen schlagen
Sie vor?
....
....
....
....
....

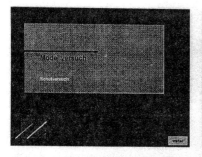

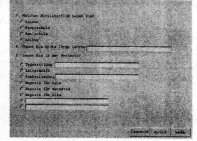

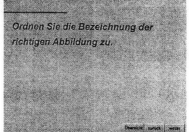

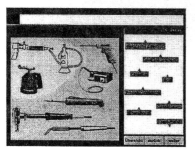

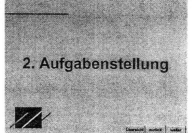

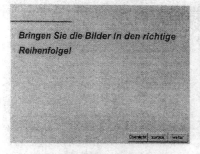

Bringen Sie die Bilder in den richtige Reihenfolge!

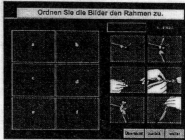

Ordnen Sie die Bilder den Rahmen zu.

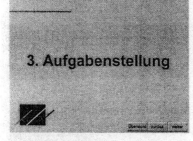

3. Aufgabenstellung

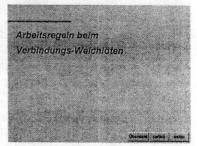

Arbeitsregeln beim Verbindungs-Weichlöten

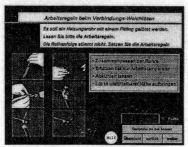

Arbeitsregeln beim Verbindungs-Weichlöten

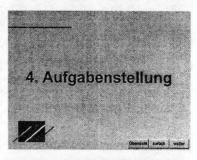

4. Aufgabenstellung

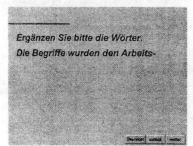

Ergänzen Sie bitte die Wörter.
Die Begriffe wurden den Arbeits-

Arbeitsregeln beim Verbindungs-Weichlöten

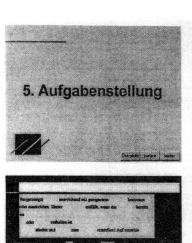

5. Aufgabenstellung

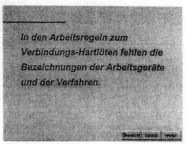

In den Arbeitsregeln zum Verbindungs-Hartlöten fehlen die Bezeichnungen der Arbeitsgeräte und der Verfahren.

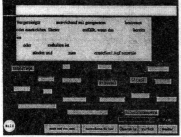

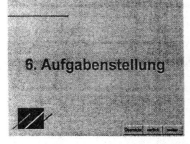

6. Aufgabenstellung

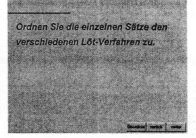

Ordnen Sie die einzelnen Sätze den verschiedenen Löt-Verfahren zu.

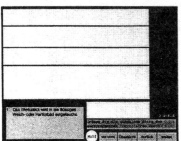

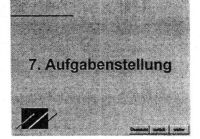

7. Aufgabenstellung

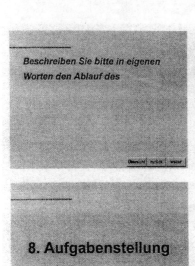
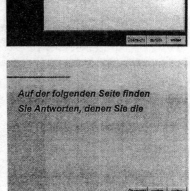
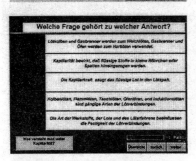
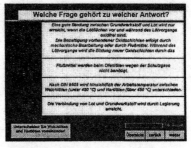

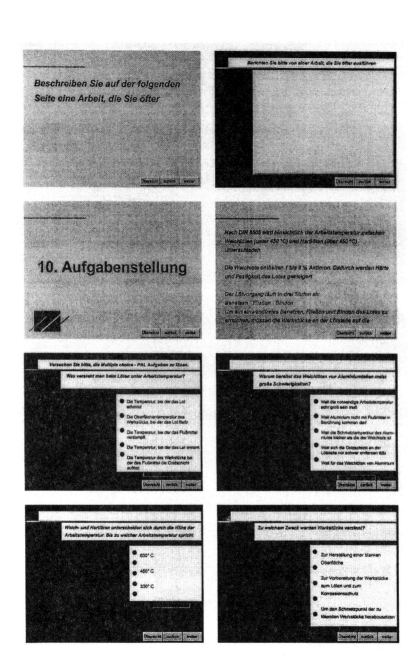

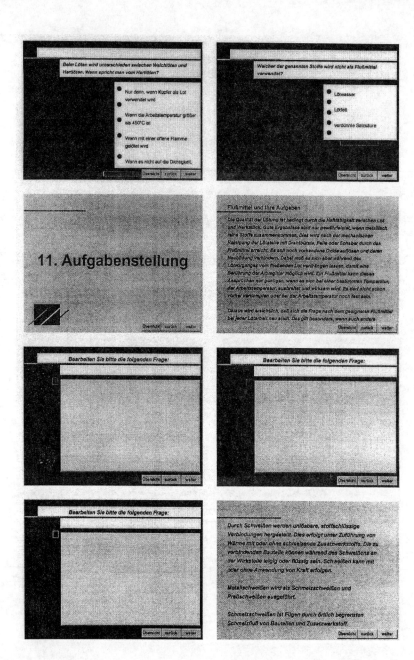

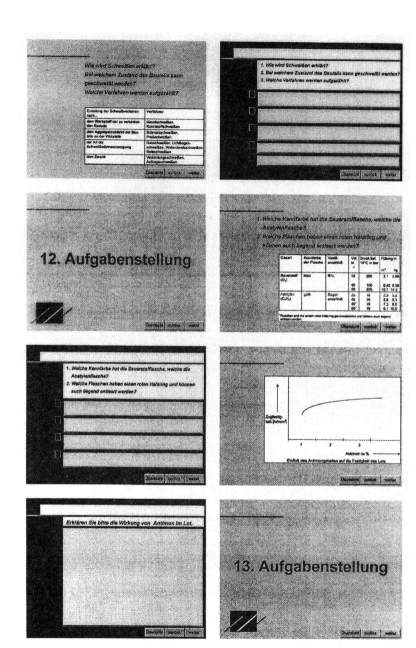

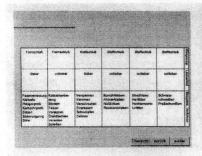
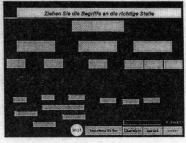
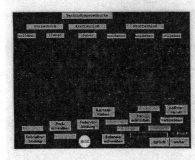

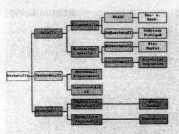

178

I
Auswertungsbogen

	Aufgabenstellungen	Analyse	Erfolgsquotient (Richtige)
1.	Wortliste einem Bild zuordnen	Fehler	in % 100 - (n x 4,7)=
2.	Bilderfolge rekonstruieren	Fehler	in % 100 - (n x 16)=
3.	Satzfolge in die richtige Reihenfolge bringen	Fehler	in 100 - (n x 16)=
4.	Wörter vervollständigen	Fehler	in % 100 - (n x 7,6)=
5.	Lückentext	Fehler	in % 100 - (n x 3,7)=
6.	Sätze zu einem Text zusammenfügen	Fehler	in % 100 - (n x 4,7)=
7.	Bildsequenz beschreiben	Handkorrektur *): Sachliche Richtigkeit Textaufbaustrategie	
8.	Antworten aus einer Auswahl den Fragen zuordnen	Fehler	in % 100 - (n x 9)=
9.	Arbeitsablauf eigenständig darstellen	Handkorrektur *): Sachliche Richtigkeit Textaufbaustrategie	
10.	Auswahlantworten PAL	Fehler	in % 100 - (n x 11)=
11.	Lehrbuchtext eigenständig auswerten	Handkorrektur *): Sachliche Richtigkeit Textaufbaustrategie	
12.	Tabelle / Grafik auswerten	Handkorrektur *): Sachliche Richtigkeit Textaufbaustrategie	
13.	Ober- und Unterbegriffe zuordnen	Fehler	in % 100 - (n x 10)=

*) 100%= klar, vollständig, 80%=weitgehend klar und vollst., 60%=falsche
Benennungen, Verstöße gegen Stil, verständlich, 50%=gerade noch
verständlich, viele Verstöße, 30%=grobe Verstöße, 10-0%=unverständlich
t1= hier geb. bis 8 Jahre , t2= 8 -3 Jahre ; t3= 3 - 0 Jahre

Identifikation:			
nicht / Deutsch als Muttersprache			
D	t1	t2	t3
	HU	DI	DA
	G1	G2	
	Papier	Lernprogramm	

11 Literaturverzeichnis

Adamy, W. (1993): Ausbildungs- und Beschäftigungssituation ausländischer Jugendlicher. In: Gewerkschaftliche Bildungspolitik, Heft 6/1993, S. 131-135. Bochum: Berg-Verlag.

Aebli, H. (1980): Denken: Das Ordnen des Tuns. Stuttgart.

Ahlheim, K. (1993): Schlüsselqualifikationen – Ein bildungspolitisches Zauberwort mit begrenzter Wirkung. Überlegungen aus Anlaß eines Gutachtens. In: Nachrichtendienst (DEAE), Heft 1/1993, S. 14-18.

Akademie für Lehrerfortbildung Dillingen (ed.) (1979): Deutsch für Kinder ausländischer Arbeitnehmer. Unterrichtspraktische Hilfen zum Lehrplan „Deutsch als Fremdsprache". Donauwörth: Auer.

Alatis, J. E. et. al. (1991): Linguistics and language pedagogy: the state of the art. In: Georgetown University round table on languages and linguistics, S. 1-612. Washington, D. C.

Albers, H.-G./Funk, H./Grundmann, R./Neuner, G./Zielke, A. (1987): Handreichung Fachsprache in der Berufsausbildung ausländischer Jugendlicher. Zur Unterstützung der Träger des Benachteiligtenprogramms bei der inhaltlichen Gestaltung der Ausbildungsmaßnahmen. Hrsg. vom Bundesminister für Bildung und Wissenschaft. Bonn.

Albrecht, J./Baum, R. (eds.) (1992): Fachsprache und Terminologie in Geschichte und Gegenwart. Forum für Fachsprachen-Forschung, Bd. 14.

Altenidiker, F./Appold, H. et. al. (1987): Grundkenntnisse Metall: Technologie – Technische Mathematik – Technisches Zeichnen. 16., überarb. und erw. Aufl. Hamburg: Handwerk und Technik.

Antos, G. (1990): Rhetorische Textproduktion in technischen Fachtexten. In: Becker, Th./Jäger, L./Michaeli, W./Schmalen, H. (1990): Sprache und Technik: Gestalten verständlicher technischer Texte. – Konzepte, Probleme, Erfahrungen. S. 1-10. Aachen: Alano.

Antons, G./Augst, G. (eds.) (1989): Textoptimierung. Das Verständlichmachen von Texten als linguistisches, psychologisches und praktisches Problem. Theorie und Vermittlung der Sprache, 41. Frankfurt/M. – Bern.

Apeltauer, E. (ed.) (1987): Gesteuerter Zweitsprachenerwerb: Voraussetzungen und Konsequenzen für den Unterricht. München: Max Hueber.

Apitzsch, U. (1993): Migration und Biographie: Zur Konstitution des Interkulturellen in den Bildungsgängen junger Erwachsener der zweiten Migrationsgeneration. Studien zur Sozialwissenschaft, Bd. 136. Opladen: Westdeutscher Verlag.

Arm, A. (1994): Schlüsselqualifikationen fördern ganzheitliches Arbeiten. In: Berner Erwachsenenbildung, Heft 7/1994, S. 18-22.

Armaleo-Popper, L. (1982): Der Einstieg ins Deutsche über Fachsprachen – Fachsprache versus Umgangssprache. In: Zielsprache Deutsch, Jg. 13, Heft 3/1982, S. 36-41. Ismaning: Max Hueber.

Arnold, R. (1994): Schlüsselqualifikation und Selbstorganisation in Betrieb und Schule. In: Beiler, J./Lumpe, A, Reetz, L. (eds.) (1994): Schlüsselqualifikation, Selbstorganisation, Lernorganisation: Dokumentation des Symposions in Hamburg am 15./16.09.1993. S. 45 – 64. Hamburg: Feldhaus.

Arntz, R./Picht, H. (1995): Einführung in die Terminologiearbeit. Studien zu Sprache und Technik, Bd. 2. 3. Aufl. Hildesheim: Olms.

Asao, K. (1991): Communication goals, communication strategies, and script processing in CMM and constructivism. In: Area and culture studies 42, S. 69-79. Tokio.

Ash, E. (1990): Using stockmarket games to promote LSP skills. In: Rapport d'activites de l'Institut de Phonetique 25, S. 49-68. Brüssel.

Auernheimer, G. (1988): Der sogenannte Kulturkonflikt: Orientierungsprobleme ausländischer Jugendlicher. Frankfurt/M. - New York: Campus.

– (1990): Einführung in die interkulturelle Erziehung. (Die Erziehungswissenschaft). Darmstadt: Wissenschaftliche Buchgesellschaft.

Baden- Württemberg, Ministerium für Arbeit, Gesundheit, Familie und Frauen (1991): Zur Lebenssituation ausländischer Kinder und Jugendlicher in Baden-Württemberg: Abschlußbericht einer Untersuchung. Stuttgart.

Baden-Württemberg, Ministerium für Arbeit, Gesundheit und Sozialordnung (eds.), Grapke, E./Lindemann, L. et. al. (o. J.): Befragung ausländischer Jugendlicher im Alter von 15 bis unter 18 Jahren in Mannheim und Stuttgart. Stuttgart.

Bahner, W./Schildt, J./Viehweger, D. (eds.) (1990): Proceedings of the Fourteenth International Congress of Linguists. Berlin: Akademie-Verlag.

Baldegger, M./Müller, M./Schneider, G. (1981): Kontaktschwelle Deutsch als Fremdsprache. München: Langenscheidt.

Barkowski, H. (1986): Kommunikative Grammatik und Deutschlernen mit ausländischen Arbeitern. 2. Aufl. Mainz: Verlag Manfred Werkmeister.

– (1992): „Setz dich zu mir, mein Kamel" – Interkulturelles Lernen und Lehren und der Erwerb des Deutschen als Zweitsprache. In: Deutsch lernen, Jg. 17, Heft 2/1992, S. 144-166. Baltmannsweiler: Schneider Verlag Hohengehren.

– (1993): Deutsch als Zweitsprache. In: Deutsch als Fremdsprache, Jg. 30, Heft 2/1993, S. 86-87. Berlin: Langenscheidt.

– (1993): Deutsch lernen mit Spielfilmen? Die Videoserie KORKMAZLAR und wie man sie nutzen kann. In: Bildungsarbeit in der Zweitsprache Deutsch, Heft 3/1993, S. 10-23.

– (1995): Deutsch als Zweitsprache. In: Bausch, K.-R./ Christ, H./Krumm, H.-J. (eds.) (1995): Handbuch Fremdsprachenunterricht. 3. Aufl. S. 360 – 365.Tübingen: Francke.

Barkowski, H./Harnisch, U./Kumm, S. (1986): Handbuch für den Deutschunterricht mit Arbeitsmigranten. 2. durchges. und erg. Aufl. Mainz: Verlag Manfred Werkmeister.

Barkowski, H./Fritsche, M. et. al. (1986): Deutsch für ausländische Arbeiter. Gutachten zu ausgewählten Lehrwerken. 3. Aufl. Mainz: Verlag Manfred Werkmeister.

Barten, H. (ed.) (1990): Beiträge zur Methodik des fachbezogenen Fremdsprachenunterrichts V. Zweites fachsprachliches Symposium des Instituts für Fremdsprachen. Greifswald 20./21.9.1989. Greifswald: Universität

Barth, W. (1991): Fachsprache in der Berufsausbildung. FiB-Fortbildungs-baustein. Heidelberg: hiba.

-- (1993): Stichwort Fachsprache. In: Bildungsarbeit in der Zweitsprache Deutsch, Heft 1/1993, S. 29.

Barth, W./Schwermer, R. (1987/88): Seminar „Fachsprache". Tips und Anregungen für den Umgang mit Fachsprache. Hrsg. vom Modellversuch Materialentwicklung Berufliche Schulen MEB, Stadt Essen, Schulverwaltungsamt. Essen.

Batran, B./Bläsi, H. et. al. (1990): Grundwissen Bau: Technologie -- Technische Mathematik -- Technisches Zeichnen -- Computertechnik. 4., durchgesehene und verb. Aufl. Hamburg: Handwerk und Technik.

Baugrande, R.-A. de /Dressler, W.U. (1981): Einführung in die Textlinguistik

Baumann, K. D. (1990): LSP Research and Lexical Semantics. In: Fachsprache, Jg. 12, Heft 1-2/1990, S. 18-28. Wien: Braumüller.

-- (1992): Integrative Fachtextlinguistik. Forum für Fachsprachen-Forschung Bd. 18. Tübingen: Narr.

Baurmann, J. (1981): Fachtexte. In: Praxis Deutsch, Jg. 8, Nr. 48/1981, S. 10-14. Seelze: Friedrich Verlag.

Bausch, K.-R./Christ, H./Krumm, H.-J. (eds.) (1995): Handbuch Fremdsprachenunterricht. 3. Aufl. Tübingen: Francke.

Bausch, K.-R./Heid, M. (eds.) (1990): Das Lehren und Lernen von Deutsch als zweiter oder weiterer Fremdsprache: Spezifika, Probleme, Perspektiven. Manuskripte zur Sprachlehrforschung, 32. Bochum.

Bausch, K.-H./Schewe W. H. U./Spiegel, H.-R. (1976): Fachsprachen -- Terminologie, Struktur, Normung. Hrsg. v. DIN, Deutsches Institut für Normung. DIN Normungsurkunde, Bd. 4. Berlin -- Köln: Beuth.

Beaugrande, R.-A. de/Dressler, W. U. (1981): Einführung in die Textlinguistik. Konzepte der Sprach- und Literaturwissenschaft; 28. Tübingen: Niemeyer.

Beck, H. (1993): Schlüsselqualifikationen im Spiegel von Interessengruppen und Zukunftsperspektiven. In: Wirtschaft und Berufs-Erziehung, Jg. 45, Heft 8/1993, S. 231-235. Bielefeld: Bertelsmann.

-- (1993): Schlüsselqualifikationen lehren und lernen. -- Orientierungspunkte zur Realisierung in Thesenform. In: Wirtschaft und Erziehung, Jg. 45, Heft 5/1993, S. 167-169. Wolfenbüttel: Heckners Verlag.

-- (1993): Schlanke Produktion, Schlüsselqualifikationen und schulische Bildung. In: Pädagogik, Jg. 45, Heft 6/1993, S. 14-16. Weinheim: Beltz.

-- (1993): Schlüsselqualifikationen. Bildung im Wandel. Darmstadt: Winkler.

Becker, H. (1987): Zur Didaktik der Fachsprachen. In: Schröder, H./Ylönen, S. (ed.): Ideen für den fachbezogenen Fremdsprachenunterricht (Deutsch als Fremdsprache). Jyväskylä (Reports from the Language Centre for Finnish Universities. 29). S. 1-17.

Becker, N. (1978): Fachsprache Technik: Metall- und Elektroberufe. Köln: Carl Duisberg Centren.

-- (1986): Unterrichtliche Ansätze und Lehrwerkentwicklung in Deutsch als Fachsprache. In: Wierlacher, A. et. al. (ed.) (1986): Jahrbuch Deutsch als Fremdsprache, Bd. 12, S. 217-233. München: Max Hueber.

Becker, Th. (1990): Technische Dokumentation – lästiges Beiwerk oder Aufgabe für Spezialisten. In: Becker, Th./Jäger, L./Michaeli, W./Schmalen, H. (1990): Sprache und Technik: Gestalten verständlicher technischer Texte. – Konzepte, Probleme, Erfahrungen. S. 155-171. Aachen: Alano.

Becker, Th./Jäger, L./Michaeli, W./Schmalen, H. (1990): Sprache und Technik: Gestalten verständlicher technischer Texte. – Konzepte, Probleme, Erfahrungen- Aachen: Alano.

Becker, Th./Schmalen, H. (1990): Das Kooperationsprojekt „Transferoptimierung technisch-wissenschaftlicher Ergebnisse in die betriebliche Praxis". In: Becker, Th./Jäger, L./Michaeli, W./Schmalen, H. (1990): Sprache und Technik: Gestalten verständlicher technischer Texte. – Konzepte, Probleme, Erfahrungen. S. 91-123. Aachen: Alano.

Beer, D. (1988): Der Übergang ausländischer Jugendlicher von der Schule in die Berufsausbildung: Informations- und Orientierungshilfen. Heft 24. Berlin – Bonn: BIBB.

– (1989): Ausbildungsbegleitender (Fach-) Sprachunterricht. In: Deutsch lernen, Jg. 14, Heft 2-3/1989, S. 6-27. Baltmannsweiler: Schneider Verlag Hohengehren.

Beer, D./Tober, R. (1989): Modellversuche zur Ausbildung ausländischer Jugendlicher: Ausbildungsbegleitende Stütz- und Förderangebote. Heft 25. Berlin – Bonn: BIBB.

Beer, D./Wagner, U. (1984): Berufsausbildung ausländischer Jugendlicher: Ausbildungsbegleitende Stütz- und Förderangebote: Zwischenbilanz aus Modellversuchen. Heft 21. Berlin – Bonn: BIBB.

Beer-Kern, D. (1992): Lern- und Integrationsprozeß ausländischer Jugendlicher in der Berufsausbildung. Berichte zur beruflichen Bildung 141. Berlin.

– et. al. (1994): Schulbildung junger Migranten. (Ausländische Jugendliche in Deutschland). Heft 166. Berlin – Bonn: BIBB.

Behrend-Roth, K./Fritton, M. et. al. (1990): Sprachkurse „Deutsch für ausländische Arbeitnehmer und ihre Familienangehörigen". Eine Bestandsaufnahme. Dortmund: Gockel und Klein.

Behringer, F./Jeschek, W./Wagner, G. (1994): Ausländerintegration und Bildungspolitik. In: DIW-Wochenbericht, Jg. 61, Heft 3/1994, S. 33-38. Berlin.

Beiderwieden, K. (1994): Schlüsselqualifikationen erfordern offene Methoden in der Berufsbildung. In: Zeitschrift für Berufs- und Wirtschaftspädagogik, Bd. 90, Heft 1/1994, S. 76-88. Stuttgart: Franz Steiner Verlag.

Beier, R./Möhn, D. (1981): Vorüberlegungen zu einem 'Hamburger Gutachten'. In: Fachsprache – Special Language, Jg. 3, Heft 3-4/1981, S. 112-150. Wien: Braumüller.

– / – (1983): Merkmale fachsprachlicher Übungen. Beschreibungskategorien für das 'Hamburger Gutachten'. In: Wierlacher, A. et. al. (ed.) (1983): Jahrbuch Deutsch als Fremdsprache, Bd. 9, S. 194-228. München: Max Hueber.

– / – (1984): Fachtexte in fachsprachlichen Lehr- und Lernmaterialien für den fremdsprachlichen Unterricht – Überlegungen zu ihrer Beschreibung und Bewertung. In: Fachsprache – Special Language, Jg. 6, Heft 3-4/1984, S. 89-115. Wien: Braumüller.

-- / -- (1988): Fachsprachlicher Fremdsprachenunterricht. Voraussetzungen und Entscheidungen. In: Die Neueren Sprachen, Jg. 87, Heft 1-2/1988, S. 19-75. Frankfurt/M.: Diesterweg.

Beiler, J./Lumpe, A./Reetz, L. (eds.) (1994): Schlüsselqualifikation, Selbstorganisation, Lernorganisation: Dokumentation des Symposions in Hamburg am 15./16.09.1993. Materialien zur Berufsbildung, Bd. 4. Hamburg: Feldhaus.

Beine, G./Fischbach, S. (1990): Der Europäische Binnenmarkt 1992: Konsequenzen für die berufliche Aus- und Weiterbildung. In: Hessische Blätter für Volksbildung 40, Heft 1/1990, S. 32-40. Frankfurt/M.: dipa-Verlag.

Beinke, L./Christ, H. (eds.) (1989): Fachdidaktik im Gespräch. Probleme – Papiere – Perspektiven. Gießen: Universität.

Benz, W. (ed.) (1993): Integration ist machbar: Ausländer in Deutschland. Beck'sche Reihe 1016. München: Beck.

Berliner Institut für Vergleichende Sozialforschung (ed.) (1991): Regionale und strukturelle Faktoren von Rechtsradikalismus und Ausländerfeindlichkeit in West- und Ostberlin. Arbeitsheft 111. Berlin: Edition Parabolis.

Bickel, G. et. al. (1988): Konzeption und Materialien zu Berufsvorbereitung und Anfang der Berufsausbildung METALL. Eschborn: Bildungswerk der Hessischen Wirtschaft.

Bickes, Ch. (1993): Wie schreiben Griechen und Deutsche?: Eine kontrastive textlinguistische Analyse. München: iudicium.

Biere, B. U. (1990): Verständlich-Machen. Möglichkeiten adressatenspezifischer Textgestaltung. In: Becker, Th./Jäger, L./Michaeli, W./Schmalen, H. (1990): Sprache und Technik: Gestalten verständlicher technischer Texte. – Konzepte, Probleme, Erfahrungen. S. 15-32. Aachen: Alano.

Biermann, H. et. al. (1983): Ausländische Jugendliche in der beruflichen Fortbildung. Fernstudienmaterialien für die Lehrerfortbildung: DIFF. Tübingen.

Bildung und Erziehung, Jg. 46, Heft 4/1993, S. 369-474: Nationale Loyalität und kulturelle Identität im Konflikt. (Heftthema: 6 Aufsätze).

Bisle-Müller, H. (1992): Artikelwörter im Deutschen: Ein Modell für den Unterricht von Deutsch als Fremdsprache. In: Beiträge zur Fremdsprachenvermittlung aus dem Konstanzer SLI, Heft 24/1992, S. 29-63. Universität Konstanz.

Blei, D. (1988): Zur Fachlichkeit der Fachtextsorte – Dilemma oder Vorzug für den Fremdsprachenlehrer? In: Deutsch als Fremdsprache, Jg. 25, Heft 2/1988, S. 78 – 83. Leipzig: VEB Verlag Enzyklopädie.

Bommes, M./Scherr, A. (1990): Die soziale Konstruktion des Fremden – Kulturelle und politische Bedingungen von Ausländerfeindlichkeit in der Bundesrepublik. In: Vorgänge 103, Jg. 29, Heft 1/1990, S. 40-50. Opladen: Leske & Budrich.

Bonifer-Dörr, G. (1990): Auf der Suche nach einer anderen Zukunft. hrsg. vom Institut für Sozialforschung und Betriebspädagogik (IBAB). Heidelberg.

Borelli, M. (ed.) (1992): Zur Didaktik interkultureller Pädagogik Teil I und II. Interkulturelle Erziehung in Theorie und Praxis, hrsg. von A. J. Tumat, Band 13, 14. Baltmannsweiler.

Borelli, M./Hoff, G. (eds.) (1987): Interkulturelle Pädagogik im internationalen Vergleich: (Zum Teil in englischer und französischer Sprache). Interkulturelle Erziehung in Praxis und Theorie, Bd. 6. Baltmannsweiler: Schneider Verlag.

Bossong, G. (1992): Form und Inhalt in der Europäisierung nicht europäischer Kultursprachen. In: Albrecht, J./Baum, R. (eds.) (1992): Fachsprache und Terminologie in Geschichte und Gegenwart. Forum für Fachsprachen-Forschung, Bd. 14. S. 79-114. Tübingen: Narr.

Bott, P./Merkens, H./Schmidt, F. (eds.) (1991): Chancen von Schülern aus Minderheiten im deutschen Schulsystem und die Forderung nach allgemeiner Bildung unter besonderer Berücksichtigung von türkischen und Aussiedlerkindern: Türkische Jugendliche und Aussiedlerkinder in Familie und Schule. Theoretische und empirische Beiträge der pädagogischen Forschung. Hohengehren: Schneider.

Brandt, F. et. al. (1987): Verständigung: Deutsch für berufliche Schulen. 1. Aufl. Stuttgart: Klett.

Brater, M. (1984): Fachliche und allgemeine Anforderungen an berufliche Bildung. In: Sprache und Beruf, 1/1984.

Brater, M/Maurus, A./Ballin, D. (1994): Informations- und Kommunikationstechniken im Handwerk. Heft 35. Berlin – Bonn: BIBB.

Braun, K. (1990): Der Praktikant: Eine Fibel für Ausländer. 6. Aufl. Ismaning: Hueber.

Braun, C./Diekmann, H. et. al. (1993): Grundkenntnisse Metall: Technologie – Technische Mathematik – Technische Kommunikation. 4. Aufl. Hamburg: Handwerk und Technik.

Braun, C./Einloft, M. et. al. (1990): Fachkenntnisse Metall, Industriemechaniker: Technologie – Technische Mathematik – Technische Kommunikation. Hamburg: Handwerk und Technik.

Braunöhler, P. (1987): Pragmatische Ansätze der Fachsprachenforschung in der Deutschen Demokratischen Republik und in der Bundesrepublik Deutschland. In: Knobloch, C. (ed.) (1987): Fachsprache und Wissenschaftssprache. Siegener Studien, 42. S. 9-34. Essen.

Bremerich-Vos (ed.) (1993): Handlungsfeld Deutschunterricht im Kontext. Festschrift für Hubert Ivo. 1. Aufl. Frankfurt/M.: Diesterweg.

Brinker, K. (1992): Linguistische Textanalyse: Eine Einführung in Grundbegriffe und Methoden. 5., durchges. u. erw. Aufl. Grundlagen der Germanistik; 29. Berlin: Erich Schmidt.

Bruner, J. S. (1966): Studies in cognitive growth. New York: Wiley. (Deutsch: Studien zur kognitiven Entwicklung. Stuttgart: Klett 1971).

Buck, B. (1993): Die Verneinung des Fremden: Arbeit, Bildung und die Kultur des Subjekts. Berlin – Bonn: BIBB.

Buck, G. (1981): Hermeneutik und Bildung. München.

Budde, H./Bata, A. (1990): Für interkulturelle Erziehung qualifizieren: Handreichungen für die Ausbildung sozialpädagogischer Fachkräfte. Band 2: Hintergrundinformationen und Medien. Hrsg. von der Robert-Bosch-Stiftung. Berlin: Verlag Bildung und Wissen.

Budin, G. (1996): Wissensorganisation und Terminologie: Die Komplexität und Dynamik wissenschaftlicher Informations- und Kommunikationsprozesse. Forum für Fachsprachen-Forschung, Bd. 28. Tübingen: Narr.

Bühler, K. (1965): Sprachtheorie: Die Darstellungsfunktion der Sprache. [1. Ausgabe 1934] Nachdr. Frankfurt/M. – Berlin – Wien: Ullstein

Buesa, P./Schmitt, G./Wienandts, G. (o. J.): Ausländische Jugendliche ausbilden – außerhalb städtischer Ballungszentren: Handreichung zur Organisation und Arbeit von Fördermaßnahmen und Beratungsdiensten. zu beziehen durch: Forschungsstelle Migration und Integration, Pädagogische Hochschule Freiburg.

Bünting, K.-D./Eichler, W. (1989): Grammatik-Lexikon: Kompaktwissen für Schule, Ausbildung, Beruf. Frankfurt/M.: Scriptor.

– / – (1994): Deutsche Grammatik: Form, Leistung und Gebrauch der Gegenwartssprache. 5. Aufl. Weinheim: Beltz Athenäum.

Buhlmann, R. (1983): Sprachliche Handlungsfähigkeit im Fach als Ziel der Fachsprachendidaktik. In: Kelz, H. P. (ed.) (1983): Fachsprache 1: Sprachanalyse und Vermittlungsmethoden. Dokumentation einer Tagung der Otto Benecke Stiftung zur Analyse von Fachsprachen und zur Vermittlung von fachsprachlichen Kenntnissen in der Ausbildung von Flüchtlingen in der Bundesrepublik Deutschland. Dümmlerbuch 6302. S. 62 – 89. Bonn: Dümmler.

– (1990): „Wirtschaftsdeutsch" – didaktisch relevante Merkmale. In: Fremdsprachen lehren und lernen, Heft 19/1990, S. 46 – 63.

Buhlmann, R./Fearns, A. (1979): Hinführung zur naturwissenschaftlich-technischen Fachsprache. Teil 1: Werkstoffkunde. München: Max Hueber.

– / – (1987): Handbuch des Fachsprachenunterrichts: Unter besonderer Berücksichtigung naturwissenschaftlich-technischer Fachsprachen. Fremdsprachenun-terricht in Theorie und Praxis. München: Langenscheidt.

Bundesarbeitsgemeinschaft Jugendaufbauwerk (1988): Statistische Erhebung ausgewählter berufsvorbereitender Maßnahmen der Trägergruppen der BAG JAW für den Berichtszeitraum 1986/87: F-Lehrgänge, V-Lehrgänge, MBSE. Bonn.

Bundesinstitut für Berufsbildung, Der Generalsekretär (ed.) (1994): Lernen heute – Fragen für morgen: zur Lernforschung in der Berufsbildung. Berichte zur beruflichen Bildung, Heft 168. Bielefeld: Bertelsmann.

Bundesministerium für Bildung und Wissenschaft (1996): Berufsbildungsbericht 1996. Grundlagen und Perspektiven für Bildung und Wissenschaft. Bad Honnef: Bock.

Bundesministerium für Bildung und Wissenschaft (1995): Berufsbildungsbericht 1995. Grundlagen und Perspektiven für Bildung und Wissenschaft. Bad Honnef: Bock.

Bundesministerium für Bildung und Wissenschaft (1994): Abgeschlossene Berufsausbildung für alle Jugendlichen: Ein Handlungskonzept zur Qualifizierung von Jugendlichen, die bisher ohne abgeschlossene Berufsausbildung bleiben. Grundlagen und Perspektiven für Bildung und Wissenschaft, Nr. 38. Bonn.

Bundesministerium für Bildung und Wissenschaft (1992): Berufsbildungsbericht 1992. Grundlagen und Perspektiven für Bildung und Wissenschaft 31. Bad Honnef: Bock.

– (1993): Berufsbildungsbericht 1993. Grundlagen und Perspektiven für Bildung und Wissenschaft 34. Bad Honnef: Bock.

– (1994): Berufsbildungsbericht 1994. Grundlagen und Perspektiven für Bildung und Wissenschaft. Bad Honnef: Bock.

Bundesministerium für Bildung und Wissenschaft; Deutscher Bundestag, SPD-Fraktion (1993): Situation ausländischer Jugendlicher im Bildungs- und Ausbildungssektor und ihre Integrationschancen in unserer Gesellschaft: Antwort der Bundesregierung auf die Große Anfrage der Fraktion der SPD – Drucksache 12/2858. Deutscher Bundestag. Drucksachen, Dr. 12/4986 v. 19.5.93.

Bundesminister für Bildung und Wissenschaft (ed.) (1991): Funk, H./Ohm, U./Felmeden, B.: Handreichung Fachsprache in der Berufsausbildung: Zur Förderung von jungen Ausländern und Aussiedlern. Bonn.

Bundesministerium für Bildung und Wissenschaft (1991): In Sachen Lesekultur. Bonn: BMBW.

Bundeszentrale für Politische Bildung (ed.) (1993): Das Ende der Gemütlichkeit. Theoretische und praktische Ansätze zum Umgang mit Fremdheit, Vorurteilen und Feindbildern. Bonn.

Bungarten, T. (1983): Fachsprachen und Kommunikationskonflikte in der heutigen Zeit. In: Kelz, H. P. (ed.) (1983): Fachsprache 1: Sprachanalyse und Vermittlungsmethoden. Dokumentation einer Tagung der Otto Benecke Stiftung zur Analyse von Fachsprachen und zur Vermittlung von fachsprachlichen Kenntnissen in der Ausbildung von Flüchtlingen in der Bundesrepublik Deutschland. Dümmlerbuch 6302. S. 130 – 142. Bonn: Dümmler.

Butzkamm, W. (1980): Praxis und Theorie der bilingualen Methode. Heidelberg.

Calchera, F./Weber, J. C. (1990): Entwicklung und Förderung von Basiskompetenzen/Schlüsselqualifikationen. Heft 116. Berlin – Bonn: BIBB.

Cenoz, J./Valencia, J. F. (1993): Ethnolinguistic vitality, social networks and motivation in second language acquisition: some data from the Basque country. In: Language, culture and curriculum, Jg. 6, Heft 2/1993, S. 113-127. Clevedon – Avon.

Christmann, U. (1989): Modelle der Textbearbeitung: Textbeschreibung als Textverstehen. Arbeiten zur sozialwissenschaftlichen Psychologie; 21. München: Aschendorff.

Cillia, R. de (1990): Linguistik und Fremdsprachenunterricht. In: Erziehung und Unterricht 140, Heft 3-4/1990, S. 166-172.

Corbeil, J.-C./Archambault, A. (1992): Bildwörterbuch. Deutsch – Englisch – Französisch – Spanisch. 1. Aufl. Stuttgart – Dresden: Klett.

– / – (1994): Bildwörterbuch – kompakt. Deutsch – Englisch. 1. Aufl. Stuttgart – Dresden: Klett.

Dehnbostel, P. et. al. (eds.) (1992): Neue Technologien und berufliche Bildung: Modellhafte Entwicklungen und theoretische Erkenntnisse. Heft 151. Berlin – Bonn: BIBB.

Desgranges, I. (1990): Korrektur und Spracherwerb: Selbst- und Fremdkorrekturen in Gesprächen zwischen Deutschen und ausländischen Kindern. Frankfurt/M: Lang.

Desselmann, G. (1986): Kommunikative Aufgabentypen im fachbezogenen Fremdsprachenunterricht. In: Special Language / Fachsprache, Jg. 8, Heft 3-4/1986, S. 141-154. Wien: Braumüller.

Deutscher Industrie- und Handelstag (1988): Berufsbildung, Weiterbildung, Bildungspolitik 1987/88: die Berufs- und Weiterbildungsarbeit der Industrie- und Handelskammern. Bonn.

Dijk, T. A. van (1980): Textwissenschaft: Eine interdisziplinäre Einführung. Tübingen: Niemeyer.

Dittmar, N. et. al. (1990): Die Erlernung modaler Konzepte des Deutschen durch erwachsene polnische Migranten: Eine empirische Längsschnittstudie. In: Info DaF, Jg. 17, Heft 2/1990, S. 125-172. München.

Dittmar, N./Rost-Roth, M. (eds.) (1995): Deutsch als Zweit- und Fremdsprache: Methoden und Perspektiven einer akademischen Disziplin. Werkstattreihe Deutsch als Fremdsprache, Bd. 52. Frankfurt/M. – Berlin – Bern – New York – Paris – Wien: Peter Lang.

Djafari, N. (1992): Europa und die „Eine Welt" mitten in Deutschland – Berufliche Qualifizierung von Migranten. In: VHS-Kurs- und Lehrgangsdienst; hrsg. von der Pädagogischen Arbeitsstelle des Deutschen Volkshochschul-Verbandes.

Dobischat, R./Georg, W./Lipsmeier, A./Wacker, M. (1994): Integration als Ziel beruflicher Bildung: Erfahrungen aus einem berufsqualifizierenden Modellprojekt für Aussiedler aus Osteuropa. Frankfurt/M. – Berlin – Bern – New York – Paris – Wien: Peter Lang.

Dobrovol'skij, D./Piirainen, E. (1993): Sprachliches Weltbild im Spiegel der Phraseologie. In: Das Wort. Germanistisches Jahrbuch S. 63-71. Moskau.

Doyê, P. (1988): Typologie der Testaufgaben für den Unterricht in Deutsch als Fremdsprache. München: Langenscheidt.

– (1991): Systematischer Fremdsprachenunterricht vs. Begegnung mit Fremdsprachen. In: Neusprachliche Mitteilungen aus Wissenschaft und Praxis, Jg. 44, Heft 3/1991, S. 145-146.

Drozd, L./Seibicke, W. (1973): Deutsche Fach- und Wissenschaftssprache. Bestandsaufnahme – Theorie – Geschichte. Wiesbaden.

Dubs, R. (1995): Konstruktivismus: Einige Überlegungen aus der Sicht der Unterrichtsgestaltung. In: Zeitschrift für Pädagogik, Jg. 41, Heft 6/1995, S. 889 – 903. Weinheim: Beltz.

Dürr, W. et. al. (1989): Lernen und Arbeiten in der Werkstatt. hrsg. vom Institut für Sozialforschung und Betriebspädagogik. Berlin.

Duit, R. (1995): Zur Rolle der konstruktivistischen Sichtweise in der naturwissenschaftsdidaktischen Lehr- und Lernforschung. In: Zeitschrift für Pädagogik, Jg. 41, Heft 6/1995, S. 905 – 923. Weinheim: Beltz.

Duit, R. (1981): Können Schüler der Sekundarstufe I physikalische Begriffe erlernen? In: Härtel (1981).

Duit, R./Jung, W./Pfundt, H. (eds.) (1981): Alltagsvorstellungen und naturwissenschaftlicher Unterricht. Didaktik der Naturwissenschaften, 6. Köln.

East, P. (1992): Deklaratives und prozedurales Wissen im Fremdsprachenerwerb. Eine empirische Untersuchung des Grammatikwissens von deutschen Lernern mit Englisch als Fremdsprache. München: Tuduv.

Eberleh, E. (1990): Komplementarität von Text und Bild. In: Becker, Th./Jäger, L./Michaeli, W./Schmalen, H. (1990): Sprache und Technik: Gestalten verständlicher technischer Texte. – Konzepte, Probleme, Erfahrungen. S. 67-89. Aachen: Alano.

Eckert, M. (1993): Lernschwache Jugendliche in den neugeordneten technischen Ausbildungsberufen: Ein Prüfstein für die Berufsdidaktik?. In: Zeitschrift für Berufs- und Wirtschaftspädagogik, Bd. 89, Heft 1/1993, S. 26-41. Wiesbaden: Franz Steiner Verlag.

Eckert, M./Höfkes, U./Kutscha, G. (1993): Berufsausbildung und Weiterbildung unter dem Einfluß neuer Technologien in gewerblich-technischen Berufen. Heft 160. Berlin – Bonn: BIBB.

Ehlers, S. (1992): Lesen als Verstehen. Fernstudieneinheit 2 der Reihe: Fernstudienangebot DaF, hrsg. vom Deutschen Institut für Fernstudien Tübingen, von der Gesamthochschule Kassel und dem Goethe-Institut München. München: Langenscheidt.

Ehlich, K. (1992): Kommunikationsbrüche – Vom Nachteil und Nutzen des Sprachkontakts. In: Zielsprache Deutsch, Jg. 23, Heft 2/1992, S. 64-74. Ismaning: Max Hueber.

Ehlich, K./Noack, C./Scheiter, S. (eds.) (1994): Instruktion durch Text und Diskurs: Zur Linguistik 'Technischer Texte'. Opladen: Westdeutscher Verlag.

Eichler, W./Bünting, K.-D. (1994): Deutsche Grammatik: Form, Leistung und Gebrauch der Gegenwartssprache. 5. Aufl. Weinheim: Beltz Athenäum.

Eisenreich, H./Köhler, C. et. al. (1967): Deutsch für Techniker: Ein Lese und Übungsbuch für Ausländer. 2. Aufl. Leipzig: VEB Verlag Enzyklopädie.

Enquete-Kommission Zukünftige Bildungspolitik – Bildung 2000 (ed.) (1991): Evaluation des Standes der Forschung zur kompensatorischen und interkulturellen Bildung ausländischer und deutscher Jugendlicher in der Bundesrepublik Deutschland. Diskussionspapiere der Enquete-Kommission Zukünftige Bildungspolitik – Bildung 2000 des 11. Deutschen Bundestages. Bonn.

Erfahrungen und Empfehlungen zur Vermittlung fachtheoretischer Inhalte in der Berufsausbildung benachteiligter Jugendlicher (1985) (Ergebnisse des Erfahrungsaustausches der Modellversuche in Bremen 1984). Berlin – Bonn: BIBB.

Europäisches Zentrum für die Förderung der Berufsausbildung, Berlin (1992): Aus- und Weiterbildung in der Europäischen Automobilindustrie. In: Zeitschrift CEDEFOP-flash, Nr. 2/1992, S. 1-11.

Falk, D./Gockel, H.-K. et. al. (1988): Metalltechnik Grundbildung. 2. Aufl. Braunschweig: Westermann.

Fechner, J. (ed.): Neue Wege im computergestützten Fremdsprachenunterricht. München: Langenscheidt.

Feldbusch, E./Pogarell, R./Weiss, C. (eds.) (1991): Neue Fragen der Linguistik, Bd. 2. Tübingen: Niemeyer.

Feldmann, Th. (1993): Schlüsselqualifikationen zwischen Funktionalität und Dysfunktion. In: Die berufsbildende Schule, Jg. 45, Heft 3/1993, S. 83-86. Wolfenbüttel: Heckners Verlag.

Feinäugle, N. (ed.) (1974): Fachsprachen und Sondersprachen: (Arbeitstexte für den Unterricht) – Sekundarstufe. Stuttgart: Reclam.

Felix, S. W. (1982): Psycholinguistische Aspekte des Zweitsprachenerwerbs. Tübingen: Narr.

Felke-Sargut, M./Jäger, A./Nagel, H./Sargut, S. (1989): „Haben Schnecken Zähne?" – Zur Verzahnung von fachlichen Inhalten und sprachlichem Lernen. In: Deutsch lernen, Zeitschrift für den Sprachunterricht mit ausländischen Arbeitnehmern, Jg. 14, Heft 2-3/89, S. 108-130. Baltmannsweiler: Schneider Verlag Hohengehren.

– / – / –/ – (1990): Wirtschafts- und Sozialkunde: Materialien für den fachsprachlichen Unterricht. München: Gockel & Klein.

– / – / – / – (1991): Metall Bd. 1 und 2: Materialien für den fachsprachlichen Unterricht. München: Gockel & Klein.

Fennell, B. A. (1992): Markers of ethnic identity in immigrant worker German. In: Language quarterly; Jg. 30, Heft 1-2/1992, S. 1-19. Tampa (Florida).

Field, M. (1994): On the internalization of language and ist use: Some functional motivations for other-correction in children's discourse. In: Pragmatics, Jg. 4, Heft 2/1994, S. 203-220. Wilrijk.

Fillmore, C. J. (1968): The case for case. In: Bach E. & Harms, R. T. (eds.): Universals in linguistic theory. New York: Holt, Rinehart and Winston. (Deutsch in: Abraham, W. (ed.) (1977): Kasustheorie. Schwerpunkte Linguistik und Kommunikationswissenschaft. Bd. II. Frankfurt/M.: Athenaion.

Finck, A./Mollenhauer, S./Wiedemann, R. (1991): Förderungslehrgänge erleichtern den Berufseinstieg. In: Informationsdienst für Ausländerarbeit, Heft 2/1991, S. 55-59. Frankfurt/M.: Verlag des Instituts für Sozialarbeit und Sozialpädagogik.

Firat, I. (1991): Nirgends zu Hause!?: türkische Schüler zwischen Integration in der BRD und Remigration in die Türkei. Eine sozialpsychologisch-empirische Untersuchung. Wissenschaft und Forschung 13. Frankfurt: Verlag für Interkulturelle Kommunikation.

Fischer, H.-P. et. al. (1982): Projektorientierte Fachausbildung im Berufsfeld Metall: Ein Gestaltungsansatz der Lernorganisation im Werk Gaggenau der Daimler-Benz AG. Heft 9. Berlin – Bonn: BIBB.

Fischer, R. (1989): Es muß nicht immer das Fach sein... Zur Fachsprachenvermittlung im Muttersprachenunterricht aus der Sicht eines Fremdsprachendidaktikers. In: Informationen zur Deutschdidaktik, Jg. 13, Heft 1/1989, S. 102-109.

Flowerdew, J. (1993): An educational, or process, approach to the teaching of professional genres. In: ELT Journal, Jg. 47, Heft 4/1993, S. 305-316. Oxford: University Press.

Fluck, H.-R. (1984): Fachdeutsch in Naturwissenschaft und Technik. Einführung in die Fachsprachen und die Didaktik/Methodik des fachorientierten Fremdsprachenunterrichts. Heidelberg: Julius Groos Verlag.

– (1992): Didaktik der Fachsprachen: Aufgaben und Arbeitsfelder, Konzepte und Perspektiven im Sprachbereich Deutsch. Forum für Fachsprachen-Forschung, Bd. 16. Tübingen: Narr.

– (1996): Fachsprachen: Einführung und Bibliographie. 5., überarb. u. erw. Aufl. München: Francke.

Fluck, H.-R./Hoberg, R./Siegrist, L. (1991): Fachsprachenunterricht für Chinesen. Ein Darmstädter Projekt. In: Fachsprache, Jg. 13, Heft 1-2S/1991, S. 48-52.

Forschungsergebnisse 1992 des Bundesinstituts für Berufsbildung (1993). Berlin – Bonn: BIBB.

Forschungsinstitut der Friedrich-Ebert-Stiftung (1992): Multikulturelle Gesellschaft: Der Weg zwischen Ausgrenzung und Vereinnahmung? Bonn.

Fromeyer, M. (1993): Blatt oder Seite? Yaprak veya Sayfa? Beispiele für die Bedeutung der Begriffsbildung in der Grundschule und für einen zweisprachig orientierten Unterricht. In: Deutsch lernen, Jg. 18, Heft 1/1993, S. 71-81. Baltmannsweiler: Schneider Verlag Hohengehren.

Fthenakis, W. E./Sonner, A./Thrul, R. et. al. (1985): Bilingual-bikulturelle Entwicklung des Kindes: Ein Handbuch für Psychologen, Pädagogen und Linguisten. Ismaning: Hueber.

Funk, H. (1983): „Deutsch als Fachsprache". Überlegungen und Materialien zu einem vernachlässigten Aspekt der Zweitsprachendidaktik. In: Ausländerkinder in Schule und Kindergarten, Jg. 4, Heft 2/1983, S. 7-12. Braunschweig: Westermann.

– (1985): Fachsprachliches Lernen im DaF-Unterricht in der Schule? In: Finlance. The Finnish Journal of Language Learning and Language Teaching 4, S. 127-140.

– (1992): Berufsbezogener Deutschunterricht. In: Fremdsprache Deutsch (Sondernummer 1992): Berufsbezogener Deutschunterricht mit Jugendlichen. S. 4 – 15.

Funk, H./Koenig, M.(1991): Grammatik lehren und lernen. Fernstudieneinheit 1 der Reihe: Fernstudienangebot DaF, hrsg. vom Deutschen Institut für Fernstudien Tübingen, von der Gesamthochschule Kassel und dem Goethe-Institut München. München: Langenscheidt.

Funk, H./Neuner, G. (1983): Zur Arbeit mit Fachtheorietexten im Unterricht mit ausländischen Jugendlichen am Beispiel „Textil" oder: „Die Stichbildung bei der Doppelsteppstich-Nähmaschine mit Vertikal-Umlaufgreifer". In: Hoberg, R. (ed.) (1983): Sprachprobleme ausländischer Jugendlicher. Aufgaben der beruflichen Bildung. S. 91-114. Frankfurt/M.

Funnekötter, F./Hebel, F. (eds.) (1985): Zugriffe: Deutschbuch für Berufsschüler. 1. Aufl. Frankfurt/M.: Hirschgraben.

Gerigk, P./Bruhn, D. et. al. (1987): Kraftfahrzeugtechnik. 1. Aufl. Braunschweig: Westermann.

Gerstenmaier, J./Mandl, H. (1995): Wissenserwerb unter konstruktivistischer Perspektive. In: Zeitschrift für Pädagogik, Jg. 41, Heft 6/1995, S. 867 – 888. Weinheim: Beltz.

Gipper, H. (1956): Die Kluft zwischen muttersprachlichem und physikalischem Weltbild. In: Physikalische Blätter 12, S. 97-105.

Gläser, R. (1989): Das kommunikative Prinzip im fachbezogenen Fremdsprachenunterricht aus linguistischer Sicht. Zum Forschungsstand in der DDR. In: Die Neueren Sprachen, Jg. 88, Heft 3/1989, S. 246-258. Frankfurt/M.: Diesterweg.

– (1990): Fachtextsorten im Englischen. Forum für Fachsprachen-Forschung, Bd. 13. Tübingen: Narr.

Glaser, P./Popp, J. (1984): Förderung der Berufsausbildung von benachteiligten Jugendlichen: Handreichungen für die Berufsausbildung: Metalltechnik 8. Berlin – Bonn: BIBB.

– (1988): Ausbildung benachteiligter Jugendlicher: Handreichungen für die Berufsausbildung: Metalltechnik 9. Berlin – Bonn: BIBB.

– (1989): Ausbildung benachteiligter Jugendlicher: Handreichungen für die Berufsausbildung: Metalltechnik 10. Berlin – Bonn: BIBB.

Glinz, H. (1989): Muttersprachen- und Fremdsprachenunterricht. In: Bausch, K.-R. et. al. (eds.) (1989): Handbuch Fremdsprachenunterricht. S. 61-65. Tübingen: Francke.

Glück, H. (1991): Deutsch als Fremdsprache und als Zweitsprache: eine Bestandsaufnahme. In: Zeitschrift für Fremdsprachenforschung, Jg. 2, Heft 1/1991, S. 12-63.

Glumpler, E./Sandfuchs, U. (1992): Mit Aussiedlerkindern lernen. Braunschweig: Westermann.

Gnutzmann, C. (1988): Fachbezogener Fremdsprachenunterricht. Forum für Fachsprachenforschung, 6. Tübingen.

– (1992): Kontrastive Fachtextlinguistik als Projektaufgabe: theoretische Fragen und praktische Antworten. In: Baumann, K.-D./Kalverkämper, H. (eds.): Kontrastive Fachsprachenforschung. Forum für Fachsprachen-Forschung, Bd. 20. S. 266-275. Tübingen: Narr.

Gnutzmann, C./Oldenburg, H. (1991): Contrastive text linguistics in LSP-research: theoretical considerations and some preliminary findings. In: Schröder, H. (ed.): Subject-oriented texts: languages for special purposes and text theory. S.103-136. Berlin: De Gruyter.

Gockel, G./Klein, R./Leray, R. (1988/89): Ausbildung – eine Gelegenheit zu systematischem Sprachlernen. Curriculum für den ausbildungsbegleitenden DaZ-Unterricht mit türkischen Auszubildenden. München: Gockel & Klein.

– Heft 1: Handreichung zu den 10 Unterrichtseinheiten.

– Heft 2: Unterrichtseinheit „Ich habe einen Ausbildungsplatz".

– Heft 3: Unterrichtseinheit „Kleine Werkzeugkunde".

– Heft 4: Unterrichtseinheit „Regeln im Betrieb".

– Heft 5: Unterrichtseinheit „Vorläufiger Ausbau, Holz".

– Heft 6: Unterrichtseinheit „Entstehung des Steinkohlengebirges".

– Heft 7: Unterrichtseinheit „Arbeitsbühne".

– Heft 8: Unterrichtseinheit „Migration".

– Heft 9: Unterrichtseinheit „Streckenvortrieb".

– Heft 10: Unterrichtseinheit „Gewerkschaft".

– Heft 11: Unterrichtseinheit „Verkokung der Kohle".

Göbel, R. (1986): Kooperative Binnendifferenzierung im Fremdsprachenunterricht. 2. Aufl. Mainz: Verlag Manfred Werkmeister.

Göpferich, S. (1995): Textsorten in Naturwissenschaften und Technik: Pragmatische Typologie, Kontrastierung, Translation. Forum für Fachsprachen-Forschung, Bd. 27. Tübingen: Narr.

Gogolin, I. (1990): Deutsch ist nur ihre zweite Sprache. Sprachliche Bildung in der multikulturellen Schule. In: Pädagogik, Jg. 42, Heft 6/1990, S. 52-55. Weinheim: Beltz.

Gonczi, A./Hager, P. (1994): The distinction between skills based and qualifications based procedures for recognizing migrants' professional skills. In: International Migration, Jg. 32, Heft 1/1994, S. 127-144.

Granato, M. (1993): Zukunftsorientierungen junger Ausländer. In: Informationen für die Beratungs- und Vermittlungsdienste der Bundesanstalt für Arbeit, Nr. 6/1993, S. 311-316. Nürnberg: W. Tümmels Verlag GmbH.

Griese, H. M. (1994): Interkulturelle Erziehung und multikulturelle Gesellschaft. Zur Entwicklung, Typisierung und Kritik eines aktuellen pädagogisch-sozialwissenschaftlichen Begriffspaares. In: Lebensbildung in Europa zwischen Utopie und Wirklichkeit. S. 349-363.

Griesshaber, W. (1990): Transfer, diskursanalytisch betrachtet. In: Linguistische Berichte, Heft 129/1990, S. 386-414.

Grinsted, A./Wagner, J. (eds.) (1992): Fachsprachliche Kommunikation. Tübingen: Narr.

Groeben, N. (1978): Die Verständlichkeit von Unterrichtstexten: Dimensionen und Kriterien rezeptiver Lernstadien. 2., überarb. u. erw. Aufl. Münster: Aschendorff.

- (1982): Leserpsychologie: Textverständnis - Textverständlichkeit. Münster: Aschendorff.

Grümmer, G./Drews, G. (1994): Fachchinesisch für Angeber. Augsburg: Weltbildverlag.

Grüner, H. (1992): Mobilität und Diskriminierung: Deutsche und ausländische Arbeiter auf einem betrieblichen Arbeitsmarkt. Forschungsberichte aus dem Institut für Sozialwissenschaftliche Forschung e.V. München - Frankfurt - New York: Campus.

Grundmann, H. (ed.) (1991): Schlüsselqualifikationen und Deutschunterricht: Zur Standortbestimmung des Faches Deutsch an berufsbildenden Schulen. Berufspädagogisches Forum; 4. Wetzlar.

- (ed.) (1993): Deutschunterricht und Ökologie. Alsbach/Bergstraße: Leuchtturm-Verlag.

- (ed.) (1995): Deutschunterricht und Zukunft der Arbeitswelt; theoretische Ansätze und praktische Beispiele / Hochschultage Berufliche Bildung 1994. Lehrstuhl für Pädagogik der Technischen Universität München. Neusäß: Kieser.

Gudjons, H./Benz, T./Semmerling, R./Rudzio, F. (1987): Handlungsorientierter Unterricht. In: Westermanns Pädagogische Beiträge, Jg. 39, Heft 5/1987, S. 6-41. Hamburg: Pädagogische Beiträge Verlag.

Gudjons, H. (1986): Handlungsorientiert Lehren und Lernen. Bad Heilbrunn.

Gunnarsson, B.-L. (1992): Pragmatic structure of LSP-articles from diachronic viewpoint. In: Grindsted, A./Wagner, J. (eds.): Fachsprachliche Kommunikation, S. 72-92. Tübingen: Narr.

Haas, B. (1993): Universalgrammatik und gesteuerter Zweitsprachenerwerb. Dissertation. Linguistische Arbeiten, Bd. 301. Tübingen: Niemeyer.

Hacker, W./Volpert, W./v. Cranach, M. (eds.) (1982): Kognitive und motivationale Aspekte der Handlung. Berlin – Stuttgart – Wien.

Häfele, M. (1977): Anforderungen der betrieblichen Wirklichkeit an die Sprache. In: Muttersprache, Jg. 87, Heft 2/1977, S. 86-98.

Hager, W./Hasselhorn, M. (eds.) (1994): Handbuch deutschsprachiger Wortnormen. Göttingen: Hogrefe.

Hahn, M. (1993): Zusammen leben und lernen. Teil 1: Mitschüler aus Italien, aus der Türkei, aus Spanien. Prögel Praxis Unterrichtsmaterial, Bd. 20. München: Oldenbourg.

Hahn, W. v. (1983): Fachkommunikation: Entwicklung, linguistische Konzepte, betriebliche Beispiele. Sammlung Göschen 2223. Berlin – New York: de Gruyter.

Halbritter, R./Weidinger, D. (eds.) (1992): Gesagt – getan: Deutsch für Berufsschulen und Berufsfachschulen in Bayern. Frankfurt/M.: Cornelsen.

Haller, J/Tallowitz, U. (1991): Informatik: Bausteine Fachdeutsch für Wissenschaftler. Heidelberg: Julius Groos.

Hamburger, F. (1994): Pädagogik der Einwanderungsgesellschaft. Frankfurt: cooperative.

Handlungsorientierter Deutschunterricht mit deutschen und ausländischen Schülern. Heft 11 der Reihe „Unterricht für ausländische Schüler" der Lehrerfortbildung in Nordrhein-Westfalen. Soest: Soester Verlagskontor 1983.

Handwerker, B. (ed.) (1995): Fremde Sprache Deutsch: Grammatische Beschreibung – Erwerbsverläufe – Lehrmethodik. Tübinger Beiträge zur Linguistik, Bd. 409. Tübingen: Narr.

Hebel, F. (ed.) (1976): Sprache in Situationen: Szenen, Kommentare, Unterrichtsvorschläge für den muttersprachlichen Unterricht. 1. Aufl. München – Berlin – Wien: Urban und Schwarzenberg.

– (ed.) (1979): Fachsprachen im Deutschunterricht. Der Deutschunterricht 5. Stuttgart: Klett.

– (1983): Didaktik und Methodik des Deutschunterrichts an berufsbildenden Schulen. Frankfurt/M.: Hirschgraben.

– (ed.) (1983): Neue Formen der Sprachverwendung. Der Deutschunterricht 4. Stuttgart: Klett.

– (1984): Lernen in der Berufausbildung: Anforderungen an den Deutschunterricht in beruflichen Schulen. In: Sprache und Beruf, 1/1984.

– (ed.) (1987): Deutschunterricht im Spannungsfeld von Allgemeinbildung und Spezialbildung. Frankfurt/M.

– (1989): Kultur und Technologie: Deutschunterricht in informations- und kommunikationstechnologischer Grundbildung. Wetzlar: Jungarbeiterinitiative an der Werner-von-Siemens-Schule.

– (ed.) (1989): Technik in Sprache und Literatur. Der Deutschunterricht 5. Stuttgart: Klett.

Hebel, F./Hoberg, R. (1985): Deutschunterricht an beruflichen Schulen. Anforderungen an seine Lehrer. Frankfurt/M.

– / – (1994): Germanistik im Berufsschullehrer-Studium – Das Darmstädter Modell, in: Rützel, J. (ed.): Gesellschaftlicher Wandel und Gewerbelehrerausbildung

Hebel, F./Jahn, K.-H. (1991): Computer in Sprache und Literatur. Berlin: Cornelsen.

Hecker, U. (1984): Ausländische Jugendliche in Ausbildung und Beruf. Eine Untersuchung zur Situation der zweiten Generation in der Bundesrepublik Deutschland. Heft 70. Berlin – Bonn: BIBB.

Heinemann, W./Viehweger, D. (1991): Textlinguistik: Eine Einführung. Reihe Germanistische Linguistik; 115. Tübingen: Niemeyer.

Heintze, A./Nehr, M./Neumann, M. (1991): Chance oder Risiko? Welche Chancen bietet zweisprachige Erziehung für türkische und deutsche Kinder? In: Die Grundschulzeitschrift, Jg. 5, Heft 43/1991, S. 26-29.

Helbig, G./Buscha, J. (1991): Deutsche Grammatik: Ein Handbuch für den Ausländerunterricht. München: Langenscheidt.

Henrici, G. (1986): Studienbuch: Grundlagen für den Unterricht im Fach Deutsch als Fremd- und Zweitsprache (und anderer Fremdsprachen). Paderborn: Verlag Ferdinand Schöningh.

Henrici, G./Seidel, K. O./Zöfgen, E. (eds.) (1990): Fremdsprachen lehren und lernen (FLuL). Fachsprachen und ihre Vermittlung. Bad Honnef: Keimer.

Hensge, K. (1988): Ausbildungsabbruch im Berufsverlauf: Eine berufsbiographische Studie. Heft 87. Berlin – Bonn: BIBB.

– (1988): Materialband zum Ergebnisbericht „Ausbildungsabbruch im Berufsverlauf": Interviewprotokolle Nr. 1-63 (Eine berufsbiographische Studie). Heft 87/1. Berlin – Bonn: BIBB.

Heringer, H. J. (1978): Wort für Wort: Interpretation und Grammatik. 1. Aufl. Stuttgart: Klett-Cotta.

Herrmann, H. (1993): Ausländische Jugendliche in Schule und Ausbildung. In: Der Ausbilder, Jg. 41, Heft 10/1993, S. 190-193. Bielefeld: Bertelsmann.

– (1994): Junge Ausländer in Schule und Ausbildung. In: Der Arbeitgeber, Jg. 46, Heft 2/1994, S. 62-65.

Hess-Lüttich, E. W. B. (1983): Lernziel 'Fachsprache(n)'. Zu einem Desiderat adressatenspezifischer DaF-Curricula. In: Nelde, P. H. (ed.): Vergleichbarkeit von Sprachkontakten. S. 207-218. Bonn: Dümmler.

– (ed.) (1986): Integration und Identität. Soziokulturelle und psychopädagogische Probleme im Sprachunterricht mit Ausländern. Forum für Angewandte Linguistik, 8. Tübingen.

– (1987): Fachspracherwerb im Zweitsprachenerwerb. Probleme der Vermittlung von Fachsprachen in ethnisch heterogenen Gruppen. In: Sprissler, M. (ed.) (1987): Standpunkte der Fachsprachenforschung. Forum Angewandte Linguistik, Bd. 11, S. 111-128. Tübingen: Narr.

– (1987): Angewandte Sprachsoziologie. Eine Einführung in linguistische, soziologische und pädagogische Ansätze. Stuttgart.

Heursen, G. (1983): Sprache und Sozialisation für den Beruf. Bedingungsanalyse und Skizzen zu einer Theorie des Deutschunterrichts an berufsbildenden Schulen. Schriftenreihe der Wissenschaftlichen Begleitung „Modellversuche Sekundarstufe II" in Hessen, 9. Frankfurt/M.

Hoberg, R. (1981): Fachsprachenforschung und Fachsprachenunterricht. In: Peuser, G./Winter, S. (eds.): Angewandte Sprachwissenschaft. Grundfragen – Bereiche – Methoden. S. 136-149. Bonn.

– (ed.) (1983): Sprachprobleme ausländischer Jugendlicher. Aufgaben der beruflichen Bildung. Frankfurt/M.

– (ed.) (1986): Texterfahrungen: Franz Hebel zum 60. Geburtstag. Frankfurt/M.: Scriptor.

– (1990): Ist die Behandlung der Fachsprachen im Deutschunterricht für Ausländer wirklich so wichtig? In: Pfeiffer, W. (ed.) (1990): Deutsch als Fachsprache in der Deutschlehrerausbildung und -fortbildung. Materialien des Int. Symposiums des Polnischen Neuphilologenverbandes und des Internationalen Deutschlehrerverbandes Sopot, 23.-27.9.1988. Universitet im. Adama Mickiewicza w Poznániu Seria Jezykoznawstwo Stosowane/UAM 10. S. 81-88. Poznán.

– (ed.) (1994): Technik in Sprache und Literatur. THD Schriftenreihe Wissenschaft und Technik; 66. Darmstadt.

– (1997) (masch. Ms.): Methoden im fachbezogenen Muttersprachenunterricht. Erscheint 1997 in: Fachsprachen: Ein internationales Handbuch zur Fachsprachenforschung. Berlin.

Hoberg, R./Hoberg, U. (1988): Der kleine Duden: Deutsche Grammatik. Eine Sprachlehre für Beruf, Fortbildung und Alltag. Mannheim – Wien – Zürich: Dudenverlag.

Hölscher, P./Rabitsch, E. (eds.) (1993): Methoden-Baukasten Deutsch als Fremd- und Zweitsprache. Frankfurt/M.: Cornelsen Scriptor.

Hölscher, P./Rabitsch, E./Wich-Fähndrich, H. (1985): Die Kinder aus der Brunnenstraße. Ein Aufbaukurs für Deutsch als Zweitsprache. Donauwörth: Auer.

Hölsken, H.-G. (1985): Fachexterne Kommunikation als sprachdidaktische Aufgabe. Überlegungen zu einem Konzept „Sachtexte umschreiben". In: Der Deutschunterricht, Jg. 37, Heft 2/1985, S. 73-83. Stuttgart: Klett.

– (1988): Fachtexte leserfreundlich umschreiben. In: Praxis Deutsch, Jg. 15, Nr. 91/1988, S. 27-36. Seelze: Friedrich Verlag.

Hoerger, H.-J. (1994): Anforderungsprofil der Wirtschaft – Konsequenzen für die Ausbildung. In: Schulverwaltung Bayern, Jg. 17, Heft 5/1994, S. 163-166.

Hörmann, H. (1978): Meinen und Verstehen: Grundzüge einer psychologischen Semantik. 1. Auf. Suhrkamp-Taschenbücher Wissenschaft; 230. Frankfurt/M.: Suhrkamp.

Hoffmann, L./Even, H. (1984): Soziologie der Ausländerfeindlichkeit – Zwischen nationaler Identität und multikultureller Gesellschaft. Weinheim – Basel.

Hoffmann, L. (1985): Kommunikationsmittel Fachsprache: Eine Einführung. Forum für Fachsprachen-Forschung, Bd. 1. 2. Aufl. Tübingen: Narr.

– (ed.) (1987): Fachsprachen, Instrument und Objekt. Linguistische Studien. Tübingen: Niemeyer.

– (1988): Vom Fachwort zum Fachtext: Beiträge zur Angewandten Linguistik. Forum für Fachsprachen-Forschung, Bd. 5. Tübingen: Narr.

-- (1990): Texts and text types in LSP. In: Bahner, W./Schildt, J./Viehweger, D. (eds.): Proceedings of the Fourteenth International Congress of Linguists, Nr. 3: Berlin/GDR, August 10 - August 15, S. 2122-2124. Berlin: Akademie-Verlag.

-- (ed.) (1990): Empfehlung, Standard, Norm: Beiträge zur Rationalisierung in der Fachkommunikation. Tübingen: Niemeyer/Enzyklopädie.

-- (1991): Texts and text types in LSP. In: Schröder, H. (ed.): Subject-oriented texts: languages for special purposes and text theory. S. 158-166. Berlin: De Gruyter.

Hofmann, R./Sen, F./Kühn, G. (1985): Einstieg junger Ausländer in berufliche Bildungsmaßnahmen. Vorschläge und Hinweise für Dozenten und Träger. Heft 77. Berlin - Bonn: BIBB.

Holtwisch, H. (1990): Brainstorming- und Informationsverarbeitungstechniken im Fremdsprachenunterricht. Ein Beitrag zur Integration beider Hirnhemisphären durch Arbeit mit Clustern. In: Praxis des neusprachlichen Unterrichts, Jg. 37, Heft 3/1990, S. 244-250. Dortmund: Verlag Lambert Lensing.

Homberger, D. (1989): Deutsche Schulgrammatik. Frankfurt/M.: Diesterweg.

-- (1990): Von Experte zu Laie. Fachsprachliche Kommunikation und Wissenstransfer. In: Rickheit, G./Wichter, S. (eds.): Dialog. Festschrift für Siegfried Grosse. S. 375-393. Tübingen.

Hopster, N. (ed.) (1984): Handbuch „Deutsch": für Schule und Hochschule; Sekundarstufe I. Paderborn - München - Wien - Zürich: Schöningh.

Hudabiunigg, I. (1991): Biographieanalyse als Methode der Zweitspracherwerbsforschung. In: GAL-Bulletin, Heft 14/1991, S. 35-40.

Huellen, W. (1992): Interkulturelle Kommunikation - was ist das eigentlich? In: Der fremdsprachliche Unterricht. Englisch, Jg. 26, Heft 7/1992, S. 8-11.

Huschens, H. J./Reich, H. H. (1986): Sprachsensibler Fachunterricht: Eine Lernkartei für ausländische Auszubildende im Stützunterricht. In: Sprache und Beruf, Heft 2/1986, S. 22-36. Frankfurt/M.: Hirtschgraben-Verlag.

Huth, M. (1993): Welche Möglichkeiten bietet projektorientierter unterricht für die Entfaltung der sprachlichen Fähigkeiten migranter SchülerInnen? In: Info DaF, Heft 4/1993, S. 414 - 427.

-- (ed.) (1994): Hits für den Unterricht Deutsch als Zweitsprache (DaZ), Deutsch als Fremdsprache (DaF). Das schnelle AOL-Nachschlagewerk. Bd. 4. Baltmannsweiler: Schneider Verlag Hohengehren.

Hymes, D. (1979): Die Ethnographie des Sprechens. In: Hymes, D. (1979): Soziolinguistik. S. 29 - 97. Frankfurt/M.: Suhrkamp.

Ickler, T. (1987): Objektivierung der Sprache im Fach - Möglichkeiten und Grenzen. In: Sprissler, M. (ed.) (1987): Standpunkte der Fachsprachenforschung. Forum Angewandte Linguistik, Bd. 11, S. 9-38. Tübingen: Narr.

-- (ed.) (1993): Studien zu Deutsch als Fremdsprache I. In: Germanistische Linguistik, S. 5-241. Hildesheim.

-- (1997): Die Disziplinierung der Sprache: Fachsprachen in unserer Zeit. Forum für Fachsprachen-Forschung; Bd. 33. Tübingen: Narr.

Institut der deutschen Wirtschaft; Theißen-Welters, G.: Berufliche Bildung und Eingliederung türkischer Jugendlicher in den deutschen (europäischen) Arbeitsmarkt. Forschungsprojekt von 1983-04 bis 1992-06. Köln.

International Labour Office, Geneve (ed.); Sen, F. (1990): Problems and integration constraints of Turkish migrants in the Federal Republic of Germany. International Migration for Employment. Working papers 44E. Geneva.

-- (ed.); Werner, H. (1993): Integration ausländischer Arbeitnehmer in den Arbeitsmarkt -- Deutschland, Frankreich, Niederlande, Schweden. World employment programme. Working paper 74 D. Geneva.

IWD (Informationsdienst des Instituts der Deutschen Wirtschaft), Jg. 19, Heft 28/1993, S. 4-5: Eingliederung gelungen. Ausländische Jugendliche.

Jacob, A./Mignot, X. et. al. (1990): Le langage et le reel. In: Cahiers de praxematique 15, S. 1-184. Montpellier.

Jäger, A./Schneider, E. (1987): Wie blind macht ein Verblender?: Methoden zur Vermittlung fachlicher Inhalte unter Berücksichtigung von Verständnisproblemen (nicht nur) bei ausländischen Jugendlichen. Ein Leitfaden für Berufsschullehrer und Ausbilder. Frankfurt/M.: Bildungswerk der Hessischen Wirtschaft.

Jahn, K.-H. (1980): Eine andere Form des Lernens -- zwei Erfahrungsberichte. Mit Vera Kaltwasser. In: Diskussion Deutsch. Themenheft Darstellendes Spiel, Heft 56, S. 651 -- 659

-- (1983): Schüler schreiben selbst, Märchen; Parabel, Lyrik, Eulenspiegelei, Parodie und Utopie als Unterrichtsgegenstand. Mit Karl-Heinz Kirn. Weinheim: Beltz

-- (1984): Schüler schreiben selber. In: Sprache und Beruf. Heft 1, S. 54 -- 57

-- (1985): Ästhetische Erziehung an beruflichen Schulen -- Unterrichtsbeispiele. In: Gerdzeden/Wolf, Stuttgarter Germanistentag. Deutschunterricht im Umfeld seiner Herausforderer: Jugendkultur und Medien, Deutscher Germanistenverband, Fachgruppe der Deutschlehrer. Stuttgart, S. 25 -- 32

-- (1986): Ästhetische Erziehung an berufsbildenden Schulen. In: Texterfahrungen. Franz Hebel zum 60. Geburtstag. Frankfurt, S. 139 -- 142

-- (1988): Selber Schreiben: Eine weitreichende Unterrichtsperspektive. In: informationen zur deutschdidaktik (ide). Themenheft Schreiben. Heft 4/12. Jahrgang. Graz, S. 55 -- 63

-- (1989 a): Subjektive Verarbeitung von Computer- Erfahrungen. In: Franz Hebel (Hrsg.): Deutschunterricht in informations- und kommunikationstechnologischer Grundbildung. Wetzlar, S. 91 -- 104

-- (1989 b): Bibliographie zum Thema „Technik in Sprache und Literatur". In: Der Deutschunterricht 5/89, S. 80 -- 84

-- (1991 a): Subjektive Verarbeitung der Erfahrungen mit dem Computer -- Anforderungen an den Deutschunterricht an berufsbildenden Schulen. In: H. Grundmann (Hrsg.): Schlüsselqualifikationen und Deutschunterricht. Zur Standortbestimmung des Faches Deutsch an berufsbildenden Schulen. Wetzlar, S. 109 -119

-- (1991 b): Computer in Sprache und Literatur. Bausteine für den Deutschunterricht Lehrerband/Schülerband. Mit Franz Hebel. Berlin, Frankfurt: Cornelsen

-- (1994): Roboter im Unterricht. Reflexionen über Mensch und Maschine. In: Hoberg R. (Hrsg.), Technik in Sprache und Literatur. Darmstadt, S. 307 -- 320

– (1995): Interkulturelle Erziehung in der berufsbildenden Schule. In: H. Grundmann (Hrsg.): Fachtagung Deutsch. Deutschunterricht und Zukunft der Arbeitswelt. Theoretische Ansätze und praktische Beispiele. Verlag Neusäß: Kieser S. 35 – 51

– (1997): Fachsprachliche Kompetenz als Teil beruflicher Handlungsfähigkeit In: H. Grundmann (Hrsg.): Fachtagung Deutsch. Deutschunterricht und berufliche Handlungsfähigkeit. Theoretische Ansätze und praktische Beispiele. Neusäß: Kieser S. 52 – 84

Jahr, S. (1992): Didaktische Orientierungen zur Arbeit mit Fachtexten im fachsprachlichen Fremdsprachenunterricht unter Zugrundelegung einer semantischen Beschreibung der Fachtexte. In: Informationen Deutsch als Fremdsprache, Jg. 19, Heft 3/1992, S. 371-383. München.

– (1996): Das Verstehen von Fachtexten: Rezeption – Kognition – Applikation. Forum für Fachsprachen-Forschung, Bd. 34. Tübingen: Narr

Jakobson, R. (1971): Linguistik und Poetik. In: Ihwe, J. (ed.) (1971): Literaturwissenschaft und Linguistik. S. 142 – 178. Frankfurt/M.: Athenäum.

Janisch, R. (1992): Schlüsselqualifikationen und Neuordnung der industriellen Berufsausbildung. Einige kritische Anmerkungen zur derzeitigen beruflichen Qualifikationseuphorie. In: Berufsbildung, Jg. 46, Heft 2/1992, S. 66-68. Seelze: Erhard Friedrich.

Jank, W./Meyer, H. (1994): Didaktische Modelle. 3. Aufl. Frankfurt/M.: Cornelsen Scriptor.

Jeschek, W. (1991): Schul- und Berufsausbildung junger Ausländer in Westdeutschland. In: DIW-Wochenbericht, Jg. 58, Heft 48/1991, S. 675-681. Berlin.

– (1993): Schul- und Berufsausbildung junger Ausländer. In: DIW-Wochenbericht, Jg. 60, Heft 21/1993, S. 293-299. Berlin.

– (1994): Nach wie vor Rückstände in der Schul- und Berufsausbildung junger Ausländer. In: DIW-Wochenbericht, Jg. 61, Heft 28/1994, S. 486-492. Berlin.

Jung, H./Pahl, J.-P./Schröder, W. (1990): Fachpraxis Metall mit Arbeitsplanung und CNC-Technik, Lehr- und Arbeitsbuch für die berufliche Ausbildung. 5. Aufl. Düsseldorf: Cornelsen Schwann-Giradet.

Jung, L. (1993): Morphosyntaktische Schwierigkeiten für Schüler italienischer Muttersprache beim Erlernen der Zweitsprache Deutsch. In: Zielsprache Deutsch, Jg. 24, Heft 3/1993, S. 134-137. Ismaning: Max Hueber.

Just, W.-D. (1989): Na, immer noch da? Ausländer schildern ihre Situation in den Betrieben. Frankfurt/M.: Verlag Otto Lembeck.

Kämper-van den Boogaart, M. (1992): Deutschlernen mit dem Personalcomputer. In: Lernen in Deutschland, Jg. 12, Heft 1/1992, S. 62 – 74. Baltmannsweiler: Schneider Verlag Hohengehren.

– (1992): Textverarbeitung: Lerngegenstand und Lernmedium im Unterricht Deutsch als Fremdsprache. In: Bildungsarbeit in der Zweitsprache Deutsch, Heft 3/1992, S. 86 – 93.

Kämper-van den Boogaart, M./Menge, G. (1993): Deutschunterricht als handlungsorientiertes Lernen: Berufskommunikation in fachbezogenen Sprachkursen für Migranten. In: Deutsch lernen, Jg.18, Heft 3/1993, S. 231-244. Baltmannsweiler: Schneider Verlag Hohengehren.

Kahl, P. W. (1990): Weitere Fragen zur Grammatik im Fremdsprachenunterricht. In: Praxis des neusprachlichen Unterrichts, Jg. 37, Heft 3/1990, S. 234-243. Dortmund: Verlag Lambert Lensing.

Kalverkämper, H. (1983): Textuelle Fachsprachen-Linguistik als Aufgabe. In: Zeitschrift für Literaturwissenschaft und Linguistik, Jg. 13, Heft 51-52/1983, S. 124-166. Göttingen: Vandenhoeck & Ruprecht.

-- (1987): Vom Terminus zum Text. In: Sprissler, M. (ed.): Standpunkte der Fachsprachenforschung. Forum Angewandte Linguistik, 11. S. 39-78. Tübingen.

-- (1988): Verständlichkeit, Verständnis und Verständigung im Fadenkreuz: der Wissenschaftstransfer. In: Kodikas / Code. An International Journal of Semiotics 11. S. 311-325.

-- (1990): Gemeinsprache und Fachsprachen – Plädoyer für eine integrierende Sichtweise. In: Stickel, G. (ed.) (1990): Deutsche Gegenwartssprache. Tendenzen und Perspektiven. Jahrbuch des Instituts für deutsche Sprache 1989. S. 88-133. Berlin – New York: Walter de Gruyter.

-- (1992): Die kulturanthropologische Dimension von 'Fachlichkeit' im Handeln und Sprechen: Kontrastive Studien zum Deutschen, Englischen, Französischen, Italienischen und Spanischen. In: Albrecht, J./Baum, R. (eds.) (1992): Fachsprache und Terminologie in Geschichte und Gegenwart. Forum für Fachsprachen-Forschung, Bd. 14. S. 31-58. Tübingen: Narr.

Kalverkämper, H./Baumann, K.-D. (eds.) (1992): Kontrastive Fachsprachenforschung. Forum für Fachsprachen-Forschung, Bd. 20. Tübingen: Narr.

-/- (eds.) (1996): Fachliche Textsorten: Komponenten, Relationen, Strategien. Forum für Fachsprachen-Forschung, Bd. 25. Tübingen: Narr.

Karger, A. (1991): Semiotik: Vermittlung zwischen evolutionärer Erkenntnistheorie und radikalem Konstruktivismus. In: Semiosis, Nr. 16/1991, S. 61-74. Baden-Baden.

Kars, J./Häussermann, U. (1988): Grundgrammatik Deutsch. Frankfurt/M.: Diesterweg.

Kau, W./Alex, L. et. al. (1990): Qualifikationsbedarf im Handwerk. Heft 117. Berlin – Bonn: BIBB.

Kelz, H. P. (1983): Fachsprache 1: Sprachanalyse und Vermittlungsmethoden – Dokumentation einer Tagung der Otto Benecke Stiftung zur Analyse von Fachsprachen und zur Vermittlung von fachsprachlichen Kenntnissen in der Ausbildung von Flüchtlingen in der BRD. Dümmlerbuch 6302. Bonn: Dümmler.

-- (ed.) (1987): Fachsprache 2: Studienvorbereitung und Didaktik der Fachsprachen. Dümmlerbuch 6303. Bonn.

Kern, P./Loercher, G. A./Roth, W. (eds.) et. al. (1990): Interkulturell – 1990, 3-4. Freiburg i. Br.: Pädagogische Hochschule Freiburg.

Kieslich, L. (1991): Fachsprache Metalltechnik für Aussiedler: Lehrerhandbuch. 2. Aufl. München: Gockel & Klein.

Kieslich, L./Klein, R. (1991): Unterrichtseinheit Maschinen- und Gerätetechnik für die berufsfeldbreite Grundbildung für Industrie-, Werkzeug- und Zerspanungsmechaniker/innen. Reihe: Arbeitsberichte aus den Modellversuchen „Berufliche Integration erwachsener Aussiedler", Bd. 15. Karlsruhe.

Kintsch, W. (1974): The representation of meaning in memory. Hillsdale, N. J.: Erlbaum.

Klein, J. (1990): Typologie, Analyse und Didaktisierung von Fachtexten. In: Pfeiffer, W. (ed.) (1990): Deutsch als Fachsprache in der Deutschlehrerausbildung und -fortbildung. Materialien des Int. Symposiums des Polnischen Neuphilologenverbandes und des Internationalen Deutschlehrerverbandes Sopot, 23.-27.9.1988. Universitet im. Adama Mickiewicza w Poznániu Seria Jezykoznawstwo Stosowane/UAM 10. S. 45-54. Poznán.

Klein, R./Leray, R. (1991): Ausbildung – eine Gelegenheit zu systematischem Sprachlernen: Curriculum für den ausbildungsbegleitenden DaZ-Unterricht mit türkischen Auszubildenden: Lehrerhandbuch mit Kleiner Grammatik. hrsg. vom Sprachverband – Deutsch für ausländische Arbeitnehmer e. V. Mainz.

Klein, W. (1992): Zweitspracherwerb: Eine Einführung. Athenäums Studienbuch, Linguistik. 3. Aufl. Königstein/Ts.: Beltz-Athenäum.

Kleu, B./Werner, A./Reisse, W. (1995): Fachwörterbuch für Ausbildung und Beruf. Verzeichnis mehrsprachiger Wörterbücher. Berlin – Bonn: BIBB.

Klippert, H. (1991): Handlungsorientiertes Lehren und Lernen in der Schule. In: FORUM, Zeitschrift Wirtschaft Nr. 4.

Kloas, P.-W./Puhlmann, A. (1991): Arbeit qualifiziert – aber nicht jede. Berichte zur beruflichen Bildung, Heft 132. Berlin – Bonn: BIBB.

Knobloch, C. (ed.) (1989): Kognition und Kommunikation: Beiträge zur Psychologie der Zeichenverwendung. Münster: Nodus Publikationen.

– (1994): Sprache und Sprechtätigkeit: Sprachpsychologische Konzepte. Tübingen: Niemeyer.

Knoll, J. H. (1992): Politische und kulturelle Tatbestände und Probleme von Minderheiten in einer multikulturellen Gesellschaft. Der Fall: Deutschland. In: Erwachsenenbildung, Jg. 38, Heft 4/1992, S. 175-181, 215. Düsseldorf: Patmos Verlag.

Koch, Ch./Hensge, K. (1992): Muß ein Mensch denn alles können? Schlüsselqualifikationen. Eine Bestandsaufnahme von (berufspädagogischer) Theorie und (betrieblicher) Praxis mit Perspektiven für die Ausbildung benachteiligter Jugendlicher in neugeordneten Metallberufen. Heft 29. Berlin – Bonn: BIBB.

Köhler, C. (1985): Zur Didaktik des Deutschen als Fachsprache – eine spezielle Modifikation fremdsprachendidaktischer Fragestellung. In: Schröder, H. (ed.): Beiträge zu einer Linguistik und Didaktik des Deutschen als Fremdsprache. Nordische Konferenz „Die DDR heute" vom 12.-15. Juni 1984 in Jyväskylä, Konferenzband II. Reports from the Language Centre for Finnish Universities, 21. S. 37-57. Jyväskylä.

– (1986): Didaktik der Fachsprachen und Didaktik des Deutschen als Fachsprache – zwei Aspekte eines umfassenden Ausbildungsprozesses. In: Deutsch als Fremdsprache, Jg. 23, Heft 4/1986, S. 231-235. Leipzig: VEB Verlag Enzyklopädie.

– (1989): Zeitungstexte im fachbezogenen Deutschunterricht? Zur fachsprachendidaktischen Bewertung populärwissenschaftlicher Texte. In: Deutsch als Fremdsprache, Jg. 26, Heft 4/1989, S. 226-232. Leipzig: VEB Verlag Enzyklopädie.

König, P. (1985): Berufsvorbereitende und berufliche Bildungsmaßnahmen für Ausländer. Ausländerforschung und Ausländerpolitik, Bd. 2. Bonn: Verlag Neue Gesellschaft.

Königs, F. G. (1995): Die Dichotomie Lernen / Erwerben. In: Bausch, K.-R./Christ, H./Krumm, H.-J. (eds.) (1995): Handbuch Fremdsprachenunterricht. 3. Aufl. S. 428 - 431. Tübingen: Francke.

Köpf, G. (ed.) (1981): Rezeptionspragmatik: Beiträge zur Praxis des Lesens. München: Wilhelm Fink.

Kohn, K. (1987): Fachsprache, Fachtext, Fachwissen. In: Redard, F./Wyler, S. (eds.) (1987): Fachsprache als System, Fachsprache als Gebrauchstext. Actes du Symposium de la Commission interuniversitaire suisse de linguistique appliquée, Saint-Gall, 10-11 mars 1986. Bulletin CILA, 45. S. 6-14. Neuchâtel.

Kornmann, R. (1993): Diagnostik bei ausländischen Kindern mit sprachlich bedingten Lernproblemen. In: Grundschule, Jg. 25, Heft 1/1993, S. 17-18. Braunschweig: Westermann.

Kragh, B. (1991): LSP, science and technology: a sociological approach. In: Copenhagen studies in language, Nr. 14/1991, S. 39-52. Copenhagen.

Krampitz, G.-A./Glier, E. (eds.) (1989): Sachwörterbuch zur fachbezogenen Fremdsprachenausbildung. Leipzig.

Krashen, S.D. (1982): Theory versus Practise in Language Training. In: Blair, R.W. (ed.): Innovative Approaches to Language Teaching. Rowley (Mass.): Newbury House Publishers.

Krumm, H. J. (1995): Interkulturelles Lernen und interkulturelle Kommunikation. In: Bausch, K.-R./Christ, H./Krumm, H.-J. (eds.) (1995): Handbuch Fremdsprachenunterricht. 3. Aufl. S. 156 - 161. Tübingen: Francke.

Krupatkin, Y. B. (1991): LSP from the start: grading of grammar in beginning reading. In: Unesco ALISED-LSP newsletter 13, S. 3-12. Copenhagen.

Kühn, G. (1986): Einführung in die Sprachförderung von ausländischen Arbeitnehmern: Eine Handreichung für Ausbilder und Dozenten der beruflichen Bildung sowie für betriebliche Führungskräfte (Vorarbeiter, Meister). Heft 84. Berlin – Bonn: BIBB.

Kühn, G./Marek, S./Neumann, K.-H. (1994): Berufliche Weiterbildung von Aussiedlerinnen und Aussiedlern: Ergebnisse von Untersuchungen in der Angebotspraxis. Heft 172. Berlin – Bonn: BIBB.

Kühn, G./Markert, W. (eds.) (1983): Aus- und Fortbildung von Ausländern. Untersuchungen in Betrieben und außer-, überbetrieblichen Einrichtungen in der Bundesrepublik Deutschland. Berichte zur beruflichen Bildung, Heft 53. Berlin – Bonn: BIBB.

Kuhberg, H. (1991): Longitudinal L2-attrition vs. L2-acquisition in three Turkish children: empirical findings. In: Rassegna italiana di linguistica applicata, Nr. 3/1991, S. 137-154. Rom.

Kultusminister des Landes Nordrhein-Westfalen (ed.) (1990): Handreichung für den Sprachunterricht mit ausgesiedelten Kindern und Jugendlichen. Frechen: Verlagsgesellschaft Rittersbach.

Kupfer-Schreiner, C. (1994): Sprachdidaktik und Sprachentwicklung im Rahmen interkultureller Erziehung: Das Nürnberger Modell – Ein Beitrag gegen Rassismus und Ausländerfeindlichkeit. Weinheim: Deutscher Studienverlag.

Lajios, K. (ed.) (1991): Die zweite und dritte Ausländergeneration: Ihre Situation und Zukunft in der Bundesrepublik Deutschland. Opladen: Leske & Budrich.

Lauren, C./Nordman, M. (1991): Corpus selection in LSP research. In: Schröder, H. (ed.): Subject-oriented texts: languages for special purposes and text theory. S. 218-230. Berlin: De Gruyter.

Laur-Ernst, U. (ed.) (1991): Neue Fabrikstrukturen – Veränderte Qualifikationen: Ergebnisse eines Workshops. Heft 8. Berlin – Bonn: BIBB.

Leenen, W. R./Grosch, H./Kreidt, U. (1990): Bildungsverständnis, Plazierungsverhalten und Generationskonflikt in türkischen Migrantenfamilien: Ergebnisse qualitativer Interviews mit „bildungserfolgreichen" Migranten der Zweiten Generation. Zeitschrift für Pädagogik, Jg. 36, Heft 5/1990, S. 753-771. Weinheim – Basel: Beltz.

Legenhausen, L./Wolff, D. (1991): Der Micro-Computer als Hilfsmittel beim Sprachenlernen: Schreiben als Gruppenaktivität. In: Praxis des neusprachlichen Unterrichts, Jg. 38, Heft 4/1991, S. 346-356. Dortmund: Verlag Lambert Lensing.

Leisen, J. (1992): „Ich glaube, daß zwei Meter sind." Sprachprobleme im deutschsprachigen Physikunterricht. In: Der deutsche Lehrer im Ausland, Jg. 39, Heft 2/1992, S. 130-134.

– (1994): Handbuch des deutschsprachigen Fachunterrichts (DFU): Didaktik, Methodik und Unterrichtshilfen für alle Sachfächer im DFU und fachsprachliche Kommunikation in Fächern wie Physik, Mathematik, Chemie, Biologie, Geographie, Wirtschafts-/Sozial-kunde. Bonn: Varus-Verlag.

Leont'ev, A. A. (1975): Psycholinguistische Einheiten und die Erzeugung sprachlicher Äußerungen. München: Max Hueber.

Lernbereitschaft und Lernfähigkeit zwischen Schule und Beruf. OECD/CERI-Seminar Luzern. hrsg. von Bund-Länder-Kommission für Bildungsplanung und Forschungsförderung. Bonn 1988.

Le Roux, C. (1992): The problem of ethnocentric bias in speech act studies: implications for language teaching. In: Stellenbosch papers in linguistics 25, S. 61-88. Stellenbosch, Südafrika.

Liebetrau, I./Neuner, G./Schmitt, W./Stoll, M. (1990): Neuer Start 1: Sprachbuch und Sachinformation für Aussiedler. Berlin – München: Langenscheidt.

Linke, A./Nußbaumer, M./Portmann, P. R. (1994): Studienbuch Linguistik. Reihe germanistische Linguistik; 121 Kollegbuch. 2. Aufl. Tübingen: Niemeyer.

Lipold, G. (1991): Deutsch erlernen – Deutsch erwerben. Wien: Edition Praesens.

Lisop, I. (1973): Die Denk- und Sprachsysteme der Wirtschaftswissenschaften und des Rechts in der Didaktik der Wirtschaftslehre. In: Golas, H. G. (1973): Didaktik der Wirtschaftslehre: Situation, Diskussion, Revision. S. 166 – 183. München.

Lohfert, W. (1983): Kommunikative Spiele für Deutsch als Fremdsprache. München: Max Hueber.

Loser, F./Terhart (eds.) (1977): Theorien des Lernens. Stuttgart: Klett.

Ludwigsen, H. (1981): Zur Geschichte des Deutschunterrichts im beruflichen Schulwesen. Die Krise eines Faches zwischen beruflicher und allgemeiner Bildung. Monographien Literatur + Sprache + Didaktik, 28. Königstein/Ts.

Lüger, H.-H. (ed.) (1993): Gesprächsanalyse und Gesprächsschulung. In: Beiträge zur Fremdsprachenvermittlung aus dem Konstanzer SLI, Heft 25/1993, S. 1-132. Universität Konstanz.

-- (1993): Routinen und Rituale in der Alltagskommunikation. Fernstudieneinheit 6 der Reihe: Fernstudienangebot DaF, hrsg. vom Deutschen Institut für Fernstudien Tübingen, von der Gesamthochschule Kassel und dem Goethe-Institut München. München: Langenscheidt.

Maas, G. (1989): Handlungsorientierte Begriffsbildung im Musikunterricht: Theoretische Grundlagen, Entwicklung und vergleichende Evaluation eines Unterrichtskonzepts. Musikpädagogik, Bd. 28. Mainz-London-New York-Paris-Tokyo: Schott.

Macha, J. (1991): Der flexible Sprecher: Untersuchungen zu Sprache und Sprachbewußtsein rheinischer Handwerksmeister. Köln – Weimar – Wien: Böhlau.

Mackensen, L. (1981): Das Fachwort im täglichen Gebrauch: Das aktuelle Wörterbuch mit über 25 000 Begriffen. München: Südwest Verlag.

Marburger, H. (ed.) (1991): Schule in der multikulturellen Gesellschaft: Ziele, Aufgaben und Wege Interkultureller Erziehung. Werkstatt-Berichte, Nr. 3. Frankfurt/M.: Verlag für Interkulturelle Kommunikation.

Markert, W. (1985): Die Lernstatt. Ein Modell zur beruflichen Qualifizierung von Ausländern am Beispiel der BMW AG: Vom Sprachmodell für Ausländer zum betrieblichen Organisationsentwicklungsmodell. Heft 79. Berlin – Bonn: BIBB.

Mayer, E. (1981): Betriebliche Ausbildung und gesellschaftliches Bewußtsein. Frankfurt/M.-New York: Campus.

Medo, M. (1993): Muttersprache – Zweitsprache – Fremdsprache. Sprachkompetenzen erweitern ohne zu verzweifeln. In: Grundschule, Jg. 25, Heft 1/1993, S. 52-55. Braunschweig: Westermann.

Meese, H. (1984): Systematische Grammatikvermittlung und Spracharbeit im Deutschunterricht für ausländische Jugendliche. München: Langenscheidt.

Menk, A.-K. (1989): Sprachliches Lernen im Fachunterricht. In: Deutsch lernen, Jg. 14, Heft 2-3/1989, S. 153-165. Baltmannsweiler: Schneider Verlag Hohengehren.

-- (1992): Sprachpolitik hier und anderswo. In: Deutsch lernen, Jg. 17, Heft 1/1992, S. 3-8. Baltmannsweiler: Schneider Verlag Hohengehren.

Ministerium für Bildung und Kultur Rheinland-Pfalz/Schläger, H. (eds.) (1987): Berufsvorbereitung ausländischer Jugendlicher in der Berufsschule. Mainz: Hase & Koehler.

Ministerium für Bildung und Kultur Rheinland-Pfalz (ed.)/Diewald, A. et. al. (1991): Förderung ausländischer Jugendlicher in der Berufsausbildung. Speyer.

Möhn, D./Pelka, R. (1984): Fachsprachen: Eine Einführung. Tübingen: Niemeyer.

Müller, B.-D. (ed.) (1988): Textarbeit – Sachtexte. Studium DaF – Sprachdidaktik Bd. 2. München: iudicium.

Müller, B. (1994): Wortschatz und Bedeutungsvermittlung. Fernstudieneinheit 8 der Reihe: Fernstudienangebot DaF, hrsg. vom Deutschen Institut für Fernstudien Tübingen, von der Gesamthochschule Kassel und dem Goethe-Institut München. München: Langenscheidt.

Muhr, R. (1994): Handlungsorientierte Deutsch als Fremdsprache-Lehrerausbildung: Wider eine Pädagogik des schlechten Gewissens. In: Info DaF, Jg. 21, Heft 4/1994, S.409-421. München: iudicium.

Nabrings, K. (1981): Sprachliche Varietäten. Tübinger Beiträge zur Linguistik 147. Tübingen: Narr.

Nauck, B. (1994): Erziehungsklima, intergenerative Transmission und Sozialisation von Jugendlichen in türkischen Migrationsfamilien. In: Zeitschrift für Pädagogik, Jg. 40, Heft 1/1994, S. 43-62. Weinheim – Basel: Beltz.

Nestvogel, R. (1988): Kann die Aufrechterhaltung einer unreflektierten Mehrheitskultur eine Aufgabe öffentlicher Erziehung sein? In: Zeitschrift für Pädagogik, 23. Beiheft, S. 39-49. Weinheim – Basel: Beltz.

Neubert, G./Reinhardt, W./Schütze, R./Witzmann, A. et al. (1984): Das deutsche Fachwort der Technik: Bildungselemente und Muster. Sammlung und Ratgeber für die Sprachpraxis. Leipzig: VEB Verlag Enzyklopädie.

Neumann, U. (1995): Zweitsprachenunterricht Deutsch. In: Bausch, K.-R./Christ, H./Krumm, H.-J (eds.) (1995): Handbuch Fremdsprachenunterricht. 3. Aufl. S. 95 – 99. Tübingen: Francke.

Neuner, G. et. al. (1983): Förderung ausländischer Schüler im Sprach- und Fachunterricht. Deutsches Institut für Fernstudien an der Universität Tübingen (DIFF). Tübingen.

– (1987): Fachtheorietexte in der Berufsausbildung ausländischer Jugendlicher – Verstehensbarrieren, Verstehenshilfen, Verstehensstrategien. In: Zielsprache Deutsch, Jg. 18, Heft 3/1987, S. 36-49. Ismaning: Max Hueber.

Neuner, G./Krüger, M./Grewer, U. (1981): Übungstypologie zum kommunikativem Deutschunterricht. München: Langenscheidt.

Nieke, W. (1994): Interkulturelle Erziehung und Bildung: Wertorientierungen im Alltag. Schule und Gesellschaft, Bd. 4. Opladen: Leske & Budrich.

Nieke, W./Boos-Nünning, U. (eds.) (1991): Ausländische Jugendliche in der Berufsausbildung: Auf dem Weg zur Chancengleichheit? Opladen: Leske & Budrich.

Noack, C. (1990): Verständliches Gestalten technischer Fachtexte. In: Becker, Th./Jäger, L./Michaeli, W./Schmalen, H. (1990): Sprache und Technik: Gestalten verständlicher technischer Texte. – Konzepte, Probleme, Erfahrungen. S. 195-229. Aachen: Alano.

Nordman, M. (1992): Point of View in LSP Texts. In: Fachsprache, Jg. 14, Heft 3-4/1992, S. 121-126. Wien: Braumüller.

Norman, D. A./Rumelhart, D. E. (1975): Explorations in cognition. San Francisco: Freeman. (Deutsch: Strukturen des Wissens. Stuttgart: Klett, 1978).

Nussbaumer, M. (1991): Was Texte sind und was sie sein sollen: Ansätze zu einer sprachwissenschaftlichen Begründung eines Kriterienrasters zur Beurteilung von schriftlichen Schülertexten. Reihe Germanistische Linguistik; 119. Tübingen: Niemeyer.

Offe, K. (1970): Leistungsprinzip und industrielle Arbeit. Frankfurt/M.

Ohnacker, K. (1991): Die Syntax der Fachsprache Wirtschaft. In: Zielsprache Deutsch Jg. 22, Heft 4/1991, S. 221-230. Ismaning: Max Hueber.

– (1994): Eine didaktische Grammatik im fachbezogenen Fremdsprachenunterricht – Fachsprache Wirtschaft. In: Zielsprache Deutsch, Jg. 25, Heft 2/1994, S. 92-97. Ismaning: Max Hueber.

Oksaar, E. (1979): Sprachliche Mittel in der Kommunikation zwischen Fachleuten und Laien im Bereich des Rechtswesens. In: Mentrup, W. (1979). S. 100-113.

– (1983): Fachsprachen, interaktionale Kompetenz und Kulturkontakt. In: Kelz, H. P. (ed.) (1983): Fachsprache 1: Sprachanalyse und Vermittlungsmethoden. Dokumentation einer Tagung der Otto Benecke Stiftung zur Analyse von Fachsprachen und zur Vermittlung von fachsprachlichen Kenntnissen in der Ausbildung von Flüchtlingen in der Bundesrepublik Deutschland. Dümmlerbuch 6302. S. 30-45. Bonn: Dümmler.

– (1986): Gutes Wissenschaftsdeutsch – Perspektiven der Bewertung und der Problemlösungen. In: Kalverkämper, H./Weinrich, H. (eds.) (1986): Deutsch als Wissenschaftssprache. 25. Konstanzer Literaturgespräch des Buchhandels 1985. Forum für Fachsprachen-Forschung, Bd. 3, S. 100-118. Tübingen: Narr.

– (1988): Fachsprachliche Dimensionen. Forum für Fachsprachen-Forschung, Bd. 4. Tübingen: Narr.

– (1995): Zweitspracherwerb: Wege zur Mehrsprachigkeit und interkulturellen Verständigung. Stuttgart – Berlin – Köln – Mainz: Kohlhammer.

Oldenburg, H. (1992): Angewandte Fachtextlinguistik: 'Conclusions' und Zusammenfassungen. Forum für Fachsprachen-Forschung, Bd. 17. Tübingen: Narr.

Oomen-Welke, I. (ed.) (1991): Deutschdidaktik interkulturell. Der Deutschunterricht, Heft II/1991. Stuttgart: Klett.

– (1991): Deutschunterricht in interkulturellen Lebenswelten. Bericht vom 9. Symposium Deutschdidaktik: „Veränderte Lebenswelten – veränderter Deutschunterricht?" In: Interkulturell, Heft 4/1991, S. 189-194.

Orthey, R. (1990): Interferenzfehler im Deutscherwerb polnischer Aussiedler. In: Deutsch lernen, Jg. 15, Heft 4/1990, S. 315-324. Baltmannsweiler: Schneider Verlag Hohengehren.

Pätzold, G. (ed.) (1992): Handlungsorientierung in der beruflichen Bildung. Frankfurt/M.: Gesellschaft zur Förderung arbeitsorientierter Forschung und Bildung.

Paivio, A. (1969): Mental imagery in associative learning an memory. Psychol. Review, 76, S. 241 – 263.

Pals Svendsen, L. (1991): Equivalence in translation of LSP texts: theoretical and practical aspects. In: Copenhagen studies in language, Nr. 14/1991, S. 92-100. Copenhagen.

Paprottka, L. (1994): Entwicklung beruflicher Handlungskompetenz durch Vermittlung von Schlüssel- und Transferqualifikationen in Handwerksberufen, dargestellt am Beispiel »Speicher-Programmierbarer Steuerungen« in elektronischen Ausbildungen. Dissertation. Dortmund.

Peters, I. P. (1994): Zur Wissensvermittlung durch Unterrichtsmedien. Dargestellt am Beispiel fachkundlicher Schulbücher des Berufsfeldes Körperpflege. Oldenburg i. O.: Werbedruck Köhler.

Petzold, H.-J./Schlegel, W. (1991): Die zweite Schwelle als Stolperstein? Benachteiligte Jugendliche beim Übergang ins Beschäftigungssystem. Reinheim: Hundertmorgen Medienversand.

Pfaff, C.W. (1991): Turkish in contact with German: language maintance and loss among immigrant children in Berlin (West). In: International journal of the sociology of language 90, S. 97-129. The Hague.

Pfundt, H. (1981): Fachsprache und Vorstellungen der Schüler – dargestellt an Beispielen aus dem IPN-Lehrgang „Stoffe und Stoffumbildungen". In: Duit, R. et. al. (1981): Alltagsvorstellungen und naturwissenschaftlicher Unterricht. Didaktik der Naturwissenschaften, Bd. 6, S. 161-181. Köln: Aulis-Verlag.

– (1981): Die Diskrepanz zwischen muttersprachlichem und wissenschaftlichem „Weltbild": ein Problem der Naturwissenschaftsdidaktik. In: Duit, R. et. al. (1981): Alltagsvorstellungen und naturwissenschaftlicher Unterricht. Didaktik der Naturwissenschaften, Bd. 6, S. 114-131. Köln: Aulis-Verlag.

Piaget, J. (1936): La naissance de l'intelligence chez l'enfant. Neuchâchtel: Delachaux et Niestlé. (Deutsch: Das Erwachen der Intellingenz beim Kinde. Stuttgart: Klett, 1969.

– (1973): Die Entwicklung des menschlichen Erkennens. Bd. II. Das physikalische Denken. Stuttgart.

– (1978): Das Weltbild des Kindes. Stuttgart: Klett.

– (1979): Sprechen und Denken des Kindes. 4. Aufl. Düsseldorf: Pädagogischer Verlag Schwann.

Pörksen, U. (1986): Deutsche Naturwissenschaftssprachen. Tübingen: Narr.

Popp, J. (1993): Ausbildung benachteiligter Jugendlicher: Literatur, Handreichungen, Modellversuche, Adressen. Berlin – Bonn: BIBB.

Priem, F. (1994): Fachsprache und Fachtext: linguistische Theorie und fachlicher Fremdsprachenunterricht. In: ITL. Review of applied linguistics S.117-158. Leuven.

Pudszuhn, M. (1990): Zum Verhältnis von Objekt-/Sachverhalts-Sprachsystem- und Handlungsorientierung im fachsprachlichen Unterricht. In: Pfeiffer, W. (ed.) (1990): Deutsch als Fachsprache in der Deutschlehrerausbildung und -fortbildung. Materialien des Int. Symposiums des Polnischen Neuphilologenverbandes und des Internationalen Deutschlehrerverbandes Sopot, 23.-27.9.1988. Universitet im. Adama Mickiewicza w Poznániu Seria Jezykoznawstwo Stosowane/UAM 10. S. 131-134. Poznán.

– (1993): Fachsprache in der Vermittlung – Lehr- und Lernmaterialien. In: Zielsprache Deutsch, Jg. 24, Heft 1/1993, S. 35-40. Ismaning: Max Hueber.

Puhan-Schulz, B./Bellermann, E. (1984): Gib mir mal'n Ekmek! – Kinder mit zwei Sprachen. In: Akpinar, Ü./Zimmer, J. (eds.): Von wo kommst'n du?: Interkulturelle Erziehung im Kindergarten. München: Kösel.

Rabitsch, E. (1981): Deutsch als Zweitsprache für Kinder ausländischer Arbeitnehmer. Didaktische Grundlagen – methodische Vollzugsformen. Donauwörth: Verlag Ludwig Auer.

Rauer, C./Salzenberg, M. (1993): Sprachlernspiele im Unterricht mit Kindern, die Deutsch als zweite Sprache lernen. Bremen: WIS.

Redard, F./Wyler, S. (eds.) (1987): Fachsprache als System, Fachsprache als Gebrauchstext. Actes du Symposium de la Commission interuniversitaire suisse de linguistique appliquée, Saint-Gall, 10-11 mars 1986. Bulletin CILA, 45. Neuchâtel.

Reetz, L. (1994): Zum Konzept des handlungsorientierten Lernens in der beruflichen Bildung. In: Pädagogische Notizen, Jg. 7, Heft 2/1994, S. 6-9.

Reetz, L./Reitmann, Th. (eds.) (1990): Schlüsselqualifikationen: Dokumentation des Symposiums in Hamburg. „Schlüsselqualifikationen – Fachwissen in der Krise?" Materialien zur Berufsausbildung, Bd. 3. Hamburg: Feldhaus.

Rehbein, J. (ed.) (1985): Interkulturelle Kommunikation. Tübingen: Narr.

– (1987): Diskurs und Verstehen. Zur Rolle der Muttersprache bei der Textverarbeitung in der Zweitsprache. In: Apeltauer (1987): Gesteuerter Zweitsprachenerwerb. S. 113-172. München: Hüber.

Reich, H. H. (1989): Wege zu einem sprachsensiblen Fachunterricht. In: Deutsch lernen. Zeitschrift für den Sprachunterricht mit ausländischen Arbeitnehmern, Jg. 14, Heft 2-3/89, S. 131-152. Baltmannsweiler: Schneider Verlag Hohengehren.

– (1991): Sprachbildung von Migrantenkindern. In: Forstner, M./Schilling, K. von (eds.): Interdisziplinarität: deutsche Sprache und Literatur im Spannungsfeld der Kulturen. Festschrift für Gerhart Mayer zum 65. Geburtstag. S. 361-370. Frankfurt/M: Lang.

– (1992): Grundsatzüberlegungen zum Muttersprachlichen Unterricht. In: Deutsch lernen, Jg. 17, Heft 1/1992, S. 77-84. Baltmannsweiler: Schneider Verlag Hohengehren.

Reich, H.H./Segermann, K. et. al. (1991): Fremdsprachenvermittlung. In: Stoffel, H.-P./Mattheier, K. J. (eds.): Ein Europa – viele Sprachen: Kongreßbeiträge zur 21. Jahrestagung der Gesellschaft für Angewandte Linguistik, S. 79-89. Forum Angewandte Linguistik, 22. Frankfurt/M: Lang.

Reichel, N. (1992): Multikulti – Mehr als nur ein Zauberwort? Warum und wie Lernen (nicht nur in Schulen) international gestaltet werden muß. In: Pädagogische Führung, Jg. 3, Heft 2/1992, S. 84-87.

Reinecke, W. (1982): Skizzen zu einer Theorie des Spracherwerbs. In: Fachsprache – Special Language, Jg. 4, Heft 4/1982, S. 158-173. Wien: Braumüller.

Reinhardt, W. (1988): Zur Problematik eines Wortbildungsminimums für den fachsprachlichen Unterricht Deutsch für Ausländer. In: Deutsch als Fremdsprache, Jg. 25, Heft 2/1988, S. 65-68. Leipzig: VEB Verlag Enzyklopädie.

Reisch, R. (1988): Neue Technologien in Arbeit und Beruf: Problemfelder und Grundlagentexte. IBAB. Heidelberg.

– (1990): Projektausbildung und Leittextmethode – Ein Handbuch für Ausbildung und Beschäftigung. hrsg. vom Institut für berufliche Bildung, Arbeitsmarkt und Beschäftigung. Heidelberg.

Rheinisch-Westfälische Auslandsgesellschaft e.V. (ed.) (1993): Computergestützter und berufsorientierter Sprachkurs für ausländische Arbeitnehmer in der Metall- und Stahlindustrie. Dortmund.

Röhrig, W. (1993): „Wir planen unsere Zeit" – Die Leittextmethode als Möglichkeit zur inneren Differenzierung bei handlungs- und projektorientiertem Sprachlernen. In: Staatliches Institut für Lehrerfort- und -weiterbildung des Landes Rheinland-Pfalz (ed.): Eingliederung junger Aussiedler, Bd. 3. Speyer.

Röhr-Sendlmeier, U. M. (1990): Social context and the acquisition of German by Turkish migrant children. In: Journal of multilingual and multicultural development, Jg. 11, Heft 5/1990, S. 377-391. Clevedon.

Roelcke, T. (1991): Das Eineindeutigkeitspostulat der lexikalischen Fachsprachensemantik. In: Zeitschrift für Germanistische Linguistik, Jg. 19, Heft 2/1991, S. 194-208.

Rösler, D. (1995): Deutsch als Fremd- und Zweitsprache: Gemeinsamkeiten und Unterschiede. In: Dittmar, N./Rost-Roth, M. (eds.) (1995): Deutsch als Zweit- und Fremdsprache: Methoden und Perspektiven einer akademischen Disziplin. Werkstattreihe Deutsch als Fremdsprache, Bd. 52. S. 149 - 160. Frankfurt/M. – Berlin – Bern – New York – Paris – Wien: Peter Lang.

Rohrer, J. (1985): Was ist fertigkeitsorientierter Sprachunterricht? In: Lebende Sprachen, Jg. 30, Heft 2/1985, S. 65-70.

Ropohl, G./Lenk, H. (1976): Technische Intelligenz im systemtechnologischen Zeitalter. Düsseldorf: VDI-Verlag.

Roßnagel, Ch. (1994): Mündliche Instruktionen als nicht-gesprochene Sprechprodukte: Zur Hörerorientierung geübter Instrukteure. Dissertation Heidelberg.

Rotthowe, A./Fuchsgruber, A./Kotte, R./Theilmeier, J. (1974): Lehrbuch für Metallberufe unter Einbeziehung der technologischen Grundlagen. 3., verb. Aufl. Hannover: Gebrüder Jönecke Verlag.

Rotthowe, A. et. al. (1974): Grundstufe Berufsfeld Metall. Hannover – Dortmund – Darmstadt – Berlin: Hermann Schroedel.

Rützel, J. (ed.) (1994): Gesellschaftlicher Wandel und Gewerbelehrerausbildung: Analysen und Beiträge für eine Studienreform. Darmstädter Beiträge zur Berufspädagogik, Bd. 14. Alsbach: Leuchtturm-Verlag.

Rützel, J./Schapfel, F. (1995): „Gruppenarbeit in Fertigungsverbundenen Lern- und Arbeitsinseln unter dem besonderen Aspekt der Qualitätssicherung." Zweiter Zwischenbericht . Wissenschaftliche Begleitung des Modellversuchs „FLAI". TH Darmstadt.

Sachs, B. (1993): Schlüsselqualifikationen in der Berufsausbildung und im allgemeinbildenden Technikunterricht. Teil 2. In: tu – Zeitschrift für Technik im Unterricht, Jg. 18, Heft 70/ 4. Quartal 1993, S. 5-14. Villingen – Schwenningen: Neckar-Verlag.

– (1993): Schlüsselqualifikationen in der Berufsausbildung und im allgemeinbildenden Technikunterricht. Teil 1. In: tu – Zeitschrift für Technik im Unterricht, Jg. 18, Heft 69/ 3. Quartal 1993, S. 5-12. Villingen – Schwenningen: Neckar-Verlag.

Sachtleber, S. (1991): Die Organisation wissenschaftlicher Texte: Eine kontrastive Analyse. Europäische Hochschulschriften: Reihe 21, Linguistik; Bd. 127. Frankfurt/M. – Berlin – Bern – New York – Paris – Wien: Peter Lang.

Sager, J. C. (1991): A theory of text production, modification, reception. In: Schröder, H. (ed.): Subject-oriented texts: languages for special purposes and text theory. S. 244-253. Berlin: De Gruyter.

Salzenberg, M. (1991): Deutsch als Zweitsprache – Lernen vor Ort und in der Schule. Bremen: Wissenschaftliches Institut für Schulpraxis.

Schaeder, B./Bergenholtz, H. (eds.) (1994): Fachlexikographie: Fachwissen und seine Repräsentation in Wörterbüchern. Forum für Fachsprachen-Forschung, Bd. 23. Tübingen: Narr.

Schefe, P. (1975): Statistische syntaktische Analyse von Fachsprachen mit Hilfe elektronischer Rechenanlagen am Beispiel der medizinischen, betriebswirtschaftlichen und literaturwissenschaftlichen Fachsprachen im Deutschen. Dissertation. Göppingen. Verlag A. Kümmerle.

Schenkel, P. et. al. (eds.) (1993): Didaktisches Design für die multimediale, arbeitsorientierte Berufsbildung. Berlin – Bonn: BIBB.

Schlemmer, H. (1993): Zum Einfluß der Erstsprache auf den Erwerb der Zweitsprache am Beispiel von Fehleranalysen – Griechisch-Deutsch und Türkisch-Deutsch. In: Zielsprache Deutsch, Jg. 24, Heft 3/1993, S. 149-157. Ismaning: Max Hueber.

Schleyer, W. (1992): Möglichkeiten und Bedingungen der Übungsgestaltung im fachsprachlichen Fremdsprachenunterricht. In: Albrecht, J./Baum, R. (eds.) (1992): Fachsprache und Terminologie in Geschichte und Gegenwart. Forum für Fachsprachen-Forschung, Bd. 14. S. 277-294. Tübingen: Narr.

Schmalen, H. (1990): Faktoren der Schwerverständlichkeit technischer Texte: Analyse konkreter Produktions- und Rezeptionssituationen durch Autoren- und Leserbefragungen. In: Becker, Th./Jäger, L./Michaeli, W./Schmalen, H. (1990): Sprache und Technik: Gestalten verständlicher technischer Texte. – Konzepte, Probleme, Erfahrungen. S. 125-154. Aachen: Alano.

Schmalz-Jacobson, C./Hansen, G. (eds.) (1995): Ethnische Minderheiten in der Bundesrepublik Deutschland: Ein Lexikon. München: Beck.

Schmidt, H.-W. (1988): Fachbezogener Unterricht. Deutsch als Fremdsprache. Dissertation.

Schmidt, J. U. (ed.) (1995): Prüfungsaufgaben entwickeln, einsetzen, wiederverwenden: Praxis und Perspektiven der zentralen Entwicklung von Prüfungsaufgaben und Aufgabenbanken. Berichte zur beruflichen Bildung, Heft 191. Berlin – Bonn: BIBB.

Schmidt-Hackenberg, B. et. al. (1989): Neue Ausbildungsmethoden in der betrieblichen Berufsausbildung: Ergebnisse aus Modellversuchen. Heft 107. Berlin – Bonn: BIBB.

Schmidtmann-Ehnert, A./Selka, R. (1987): Türkische Jugendliche ausbilden: Informationen und praktische Hilfen. Berlin: BIBB.

Schmitt, G. (1989): Der didaktische Baukasten – Konzept für die Förderung ausländischer Jugendlicher in der Zweitsprache und in der Fachkunde. In: Deutsch lernen, Zeitschrift für den Sprachunterricht mit ausländischen Arbeitnehmern, Jg. 14, Heft 2-3/1989, S. 68-82. Baltmannsweiler: Schneider Verlag Hohengehren.

Schmitt, P. A. (1986): Die „Eindeutigkeit" von Fachtexten – Bemerkungen zu einer Fiktion. In: Snell-Hornby, M. (ed.) (1986): Übersetzungswissenschaft – eine Neuorientierung. zur Integrierung von Theorie und Praxis. UTB 1415. S. 252-282. Tübingen.

Schneeberger, A./Thum-Kraft, M. (eds.) (1992): Bedarf der Wirtschaft an Qualifikationen. Anforderungen der Berufswelt an Schule, Betrieb und Universität. Institut für Bildungsforschung der Wirtschaft, Schriftenreihe, 80. Wien.

Schneider-Wohlfahrt, U. (1990): Wo wir Unterschiede und Gemeinsamkeiten entdecken – Fortbildungen im Bereich „Interkulturelle Bildungsarbeit". In: VHS-Kurs- und Lehrgangsdienst, hrsg. von der Pädagogischen Arbeitsstelle des Deutschen Volkshochschul-Verbandes.

Schnell, H./Steininger, Th. (eds.) (1985): Lesen – Verstehen. Frankfurt: Hirschgraben.

Schröder, H. (1988): Aspekte einer Didaktik/Methodik des fachbezogenen Fremdsprachenunterrichts (Deutsch als Fremdsprache): Unter besonderer Berücksichtigung sozialwissenschaftlicher Fachtexte. Werkstattreihe DaF, Bd. 20. Frankfurt/M. – Bern – New York – Paris: Peter Lang.

– (1988): Fachtext, interkulturelle Kommunikation und Aufgaben einer spezialisierten Didaktik/Methodik des fachbezogenen Fremdsprachenunterrichts. In: Gnutzmann, C. (ed.) (1988): Fachbezogener Fremdsprachenunterricht. Forum für Fachsprachen-Forschung, Bd. 6, S. 107-124. Tübingen: Narr.

– (1989): Fachtext und interkulturelle Autor-Leser-Kommunikation: Überlegungen zum Übersetzen wissenschaftlicher Fachtexte aus dem Bereich der Gesellschaftswissenschaften. In: Laurén, C./Nordman, M. (eds.) (1989): From office to school. Papers presented at the 6th European Symposium on LSP at the University of Vaasa, Aug. 3rd – 7th, 1987. S. 21-38. Clevedon – Philadelphia.

– (1989): Gesellschaftswissenschaftliche Fachtexte und interkulturelle Fachkommunikation: Probleme für den Fremdsprachenlerner und Übersetzer. In: Fachsprache – Special Language, Jg. 11, Heft 1-2/1989, S. 37-41. Wien: Braumüller.

– (ed.) (1991): Subject-oriented texts: languages for special purposes and text theory. Berlin: De Gruyter.

– (ed.) (1993): Fachtextpragmatik. Forum für Fachsprachen-Forschung, Bd. 19. Tübingen: Narr.

Schulz, R. A. (1991): Second language acquisition theories and teaching practice: how do they fit? In: The Modern language journal, Jg. 75, Heft 1/1991, S. 17-26.

Schwarz, M. (1992): Einführung in die Kognitive Linguistik. UTB für Wissenschaft: Uni-Taschenbücher 1636. Tübingen: Francke.

Schweikert, K. et. al. (1993): Ausländische Jugendliche in der Berufsausbildung: Strukturen und Trends (Ausländische Jugendliche in Deutschland). Heft 164. Berlin – Bonn: BIBB.

Searle, J. R. (1974): Sprechakte: Ein sprachphilosophischer Essay. Frankfurt/M.: Suhrkamp.

Segermann, K. (1990): Mut zum Sprachenlernen für Europa. In: Englisch – Zeitschrift für Englischlehrerinnen und Englischlehrer, Heft 2/1990, S. 47-52. Bielefeld: Cornelsen.

Selka, R./Conrad, P. (1987): Leittexte – ein Weg zum selbständigen Lernen. Berlin: BIBB.

Sen, F./Duymaz, I. (1995): Berufsbildungssituation in der Türkei. Berlin – Bonn: BIBB.

Sieber, P. (ed.) (1994): Sprachfähigkeiten – besser als ihr Ruf und nötiger denn je!: Ergebnisse und Folgerungen aus einem Forschungsprojekt. Reihe Sprachlandschaft, Bd. 12. Aarau – Frankfurt/M. – Salzburg: Verlag Sauerländer.

Sparks, R. L./Ganschow, L. (1991): Foreign language learning differences: affective or native aptitude differences? In: The Modern language journal, Jg. 75, Heft 1/1991, S. 3-16.

Spier, A. (1981): Mit Spielen Deutsch lernen. Frankfurt/M.: Scriptor.

Spillner, B. (1982): Formen und Funktionen wissenschaftlichen Sprechens und Schreibens. In: Ermert, K. (1982): Wissenschaft – Sprache – Gesellschaft. Über Kommunikationsprobleme zwischen Wissenschaft und Öffentlichkeit und Wege zu deren Überwindung. Loccumer Protokolle, Nr.6/1982, S. 33-57. Rehburg – Loccum.

– (1986): Fachtext und Fachstil. In: Wierlacher, A. et. al. (ed.) (1986): Jahrbuch Deutsch als Fremdsprache, Bd. 12, S. 83-97. München: Max Hueber.

– (ed.) (1990): Interkulturelle Kommunikation: Kongreßbeiträge zur 20. Jahrestagung der Gesellschaft für Angewandte Linguistik. Frankfurt/M.: Lang.

Sprachverband – Deutsch für Ausländische Arbeitnehmer e. V. (ed.) (1989): Deutsch lernen. Zeitschrift für den Sprachunterricht mit ausländischen Arbeitnehmern, 14. Jg., Heft 2 – 3/1989.

Stahlheber, E. (1991): LSP text corpus establishment: 35 years after T.B.W. Reid: a pea for the deductive, rather than inductive, establishment of LSP text corpora. In: Feldbusch, E./Pogarell, R./Weiss, C. (eds.): Neue Fragen der Linguistik. Bd. 2: Innovation und Anwendung: Akten des 25. Linguistischen Kolloquiums, Paderborn 1990. S. 419-430. Tübingen: Niemeyer.

Steiner-Khamsi, G. (1992): Multikulturelle Bildungspolitik in der Postmoderne. Opladen: Leske und Budrich.

Steinmüller, U. (1990): Deutsch als Fremdsprache: Didaktische Überlegungen zum Fachsprachenunterricht. In: Zielsprache Deutsch, Jg. 21, Heft 2/1990, S. 16-23. Ismaning: Max Hueber.

– (1992): Spracherwerbsbiografie und Zweisprachigkeit. In: Berliner Beiträge zu Deutsch als Fremdsprache, Jg. 41, Heft 5/1992, S. 25-40.

Steinmüller, U./Scharnhorst, U. (1987): Sprache im Fachunterricht. Ein Beitrag zur Diskussion über Fachsprachen im Unterricht mit ausländischen Schülern. In: Zielsprache Deutsch, Jg. 18, Heft 4/1987, S. 3-12. Ismaning: Max Hueber.

Strauss, D. (1984): Didaktik und Methodik Deutsch als Fremdsprache: Eine Einführung. München: Langenscheidt.

Szagun, G. (1996): Sprachentwicklung beim Kind. 6., vollst. überarb. Aufl. Weinheim: Psychologie Verlags Union.

TEFAS (1996) (masch. Ms.): Modellversuch: Entwicklung einer Textbank zum fach-sprachlichen Unterricht für ausländische Jugendliche an beruflichen Schulen. 1. Zwischenbericht. Darmstadt.

– (1997) (masch. Ms.): Modellversuch: Entwicklung einer Textbank zum fachsprachli-chen Unterricht für ausländische Jugendliche an beruflichen Schulen. 2. Zwischenbericht. Darmstadt.

Tesch, F. et. al. (1990): Sprachdidaktik: Erst- und Fremd-/Zweitsprachendidaktik, Di-daktik der Mehrsprachigkeit, computergestütztes Sprachlernen. In: Spillner, B. (ed.): Interkulturelle Kommunikation: Kongreßbeiträge zur 20. Jahrestagung der Gesellschaft für Angewandte Linguistik. Forum für Angewandte Linguistik, Bd. 21. S. 213-223. Frankfurt/M: Lang.

Thomas, V. (1993): Ausländische Jugendliche in Schule und Beruf. Die Eingliederung geht langsam aber stetig voran. In: Bildung und Wissenschaft, Heft 5/6/1993, S. 17-18.

Thürmann, E. (1995): Herkunftssprachen der ausländischen Wohnbevölkerung. In: Bausch, K.-R./Christ, H./Krumm, H.-J. (eds.) (1995): Handbuch Fremdsprachen-unterricht. 3. Aufl. S. 99 – 104. Tübingen: Francke.

Titone, R. (1991): A psycho-sociolinguistic perspective in second language learning: the role of attitude as a dynamic factor. In: Rassegna italiana di linguistica applica-ta, Heft 3/1991, S. 5-17. Rom.

Tully, C. J. (1994): Lernen in der Informationsgesellschaft: Informelle Bildung durch Computer und Medien. Opladen: Westdeutscher Verlag.

Vögeding, J. (1981): Das Halbsuffix „-frei". Zur Theorie der Wortbildung. Studien zur deutschen Grammatik, Bd. 14. Tübingen: Narr.

– (1990): Sechs Thesen zum Fachsprachenunterricht. In: Der deutsche Lehrer im Aus-land, Jg. 37, Heft 1/1990, S. 35-40.

– (1995): „Wenn in einen gesättigten Wasser Kochsalz gibt...": Zur Lernbarkeit na-turwissenschaftlicher Fächer in der Fremdsprache Deutsch – am Beispiel eines deutschsprachigen Chemieunterrichts in der Türkei (Istanbul Lisesi). Sammlung Groos; 55. Heidelberg: Groos.

Vogel, T. (1992): „English und Deutsch gibt es immer Krieg" – Sprachverarbeitungs-prozesse beim Erwerb des Deutschen als Drittsprache. In: Zielsprache Deutsch, Jg. 23, Heft 2/1992, S. 95-99. Ismaning: Max Hueber.

Vollers-Sauer, E. (1988): Mit Haut und Haaren – Fachkunde für den Laien. In: Praxis Deutsch, Jg. 15, Nr. 91/1988, S. 53-55. Seelze: Friedrich Verlag.

Volpert, W. (1983): Handlungsstrukturanalyse als Beitrag zur Qualifikationsfor-schung. Köln.

Wahrig, G. (ed.) (1986): Deutsches Wörterbuch. völlig überarb. Neuausgabe. Mün-chen: Mosaik-Verlag.

Weisgerber, B. (1974): Theorie der Sprachdidaktik. UTB 329. Heidelberg: Quelle und Meyer.

Weiß, H. P. (1987): Fachsprachen- und Allgemeinsprachenunterricht? Grenzen und Möglichkeiten. In: Kelz, H. P. (1987): Fachsprache 2: Studienvorbereitung und Di-daktik der Fachsprachen. Dümmlerbuch 6303, S. 15-22. Bonn: Dümmler.

Weissberg, B. (1993). The Graduate Seminar: Another Research-Process Genre. In: English for specific purpose, Jg. 12, Heft 1/1993, S. 23-35. New York – Oxford – Seoul – Tokio: Pergamon Press.

Wierlacher, A. (ed.) (1986): Jahrbuch Deutsch als Fremdsprache 12. Thematischer Teil: Fachsprache und Fachsprachenvermittlung, hrsg. von Dietrich Eggers. München.

– (ed.) (1992): Jahrbuch Deutsch als Fremdsprache 18. München: iudicium.

Winkel, R. (1993): Junge Ausländer: Großes Ausbildungs- und Beratungsinteresse – geringe Ausbildungsversorgung: Ergebnisse eines Forschungsprojekts des Türkischen Lehrervereins Köln zur Ausbildungssituation ausländischer Jugendlicher. In: Gewerkschaftliche Bildungspolitik, Heft 6/1993, S. 136-141. Bochum: Berg-Verlag.

Wittwer, W. (1992): Berufliche Bildung im Wandel: Konsequenzen für die betriebliche Ausbildung. Weinheim – Basel: Beltz.

Wode, H. (1988): Psycholinguistik: Eine Einführung in die Lehr- und Lernbarkeit von Sprachen. Ismaning: Max Hueber.

Wohlleben, R. (1992): „In Deutschland leben", „Deutsch aktiv" und Computer Assisted Language Learning (CALL). In: Bildungsarbeit in der Zweitsprache Deutsch, Heft 3/1992, S. 51-56.

Wolff, A. (ed.) (1991): Deutsch als Fremdsprache im europäischen Binnenmarkt; Grammatikbeschreibung und Grammatikvermittlung; Fiktionale Texte im Sprachunterricht; Computer und Computerunterstützung im Bereich Deutsch als Fremdsprache. Vorträge und Materialien der 18. Jahrestagung DaF, Bonn 1990. Materialien Deutsch als Fremdsprache, 33. Regensburg.

Wolff, A./Justen, K.-D./Klingel, H. (eds.) (1991): Rahmenbedingungen des Auslandsstudiums; Didaktik der Wissenschaftspropädeutik und Sprachvermittlung; Phonetik- und Ausspracheschulung im DaF-Unterricht; Leseverstehen – Textaufgaben – Schreiben. Vorträge und Materialien der 17. Jahrestagung DaF, Karlsruhe 1989. Materialien Deutsch als Fremdsprache, 32. Regensburg.

Wolff, J. (1994): Ein Tandem für jede Gelegenheit?: Sprachlernen in verschiedenen Begegnungssituationen. In: Die neueren Sprachen, Bd. 93, Heft 4/1994, S. 374-385. Frankfurt/M.: Diesterweg.

Wollmann, H. P. (1993): Modische „Arbeitstugenden" oder mehr? „Zauberformel" Schlüsselqualifikationen. In: Grundlagen der Weiterbildung, Jg. 4, Heft 3/1993, S. 135-138. Neuwied: Luchterhand.

Womack, J. P./Jones, DT./Ross, D. (1992): Die zweite Revolution in der Autoindustrie. Frankfurt/M. – New York: Campus.

Worbs, M. (1993): Probleme des Deutschunterrichts für Aussiedlerinnen und Aussiedler. In: Lernen in Deutschland, Jg. 13, Heft 2/1993, S. 156-162.

Wüster, E. (1991): Einführung in die allgemeine Terminologielehre und terminologische Lexikographie. Abhandlungen zur Sprache und Literatur, 20. 3. Aufl. Bonn: Romanistischer Verlag.

Wyss Kolb, M. (1995): Was und wie Lehrlinge schreiben: Eine empirische Untersuchung zu den Schreibgewohnheiten und zu den schriftsprachlichen Leistungen an der Sekundarstufe II für Personen aus Schule und Sprachwissenschaft. 1. Aufl. Berufspädagogik bei Sauerländer, Bd. 21. Aarau: Sauerländer.

Yesiltas, M. (1993): Felix und Ayca besuchen ihren Freund. Deutschunterricht in multinationalen Klassen. In: Unterrichten, erziehen, Heft 3/1993, S. 40-46.

Zellerhoff, R. (1992): Sprachliche Abweichungen bei mehrsprachigen Schülern – erwartbare Schwierigkeiten oder Störungen? In: Vorderwülbecke, K. (ed.) (1992): Phonetik, Ausspracheschulung und Sprecherziehung im Bereich Deutsch als Fremdsprache. Materialien Deutsch als Fremdsprache, Heft 32, S. 157-163. Universität Regensburg.

Zentrum für Türkeistudien (ed.) (1994): Ausländer in der BRD. Ein Handbuch. Opladen: Leske & Budrich.

Zhang, D. (1990): Komplexe lexikalische Einheiten in Fachsprachen: Eine Untersuchung am Beispiel der Fachsprachen der Umformtechnik und der Fertigungstechnik. Sammlung Groos 42. Heidelberg: Julius Groos.

Zielke, A. (1987): Verstehensprobleme ausländischer Jugendlicher mit Fachtexten. In: Zielsprache Deutsch, Jg. 18, Heft 3/1987, S. 50-58. Ismaning: Max Hueber.

– (1989): Berufsfeldübergreifender fachsprachlich orientierter Deutschunterricht. In: Deutsch lernen, Jg. 14, Heft 2-3/1989, S. 83-107. Baltmannsweiler: Schneider Verlag Hohengehren.

Angewandte Sprachwissenschaft

Band 1 Karl-Heinz Jahn: Multimediale interaktive Lernsysteme für Auszubildende. Eine Untersuchung zur Erschließung von Fachtexten. 1998.